MANUEL
DE LA
LANGUE HINDOUSTANI

MANUEL
DE LA
LANGUE HINDOUSTANI

(Urdu ET Hindi)
Grammaire, Textes, Vocabulaires

JULIEN VINSON

GYAN

Published by

Gyan Publishing House
5, Ansari Road
Daryaganj, New Delhi-110002
Phone: 011-47034999, 9811692060
E-mail: books@gyanbooks.com

Distribution Network
gyanbooks.com
India, USA, Canada, UK, Australia, France

ISBN : 978-81-212-4455-8 (PB)
First Published, 1899

2nd Impression 2020

Printed at: Gyan Press, Delhi.

Manuel De La Langue Hindoustani
Author: Julien Vinson

Se fossè pieno tutto 'l mio dimando,
Risposi lui, voi non sareste ancora
Dell' umana natura posto in bando:

Chè in la mente m'è fitta, ed or m'accuora,
La cara e buona imagine paterna
Di voi, quando nel mondo ad ora ad ora

M'insegnavate come l'uom s'eterna:
E quant' io l'abbo in grado, mentre io vivo,
Convien che nella lingua mia si scerna.

DANTE
(*Inferno*, Ch. XV, v. 79-87).

AVANT-PROPOS.

Le décret du 10 Germinal an III par lequel la Convention a créé l'École des Langues Orientales Vivantes stipule expressément que les Professeurs de cette École composeront en français la Grammaire des langues qu'ils enseigneront. Cette disposition était sans doute, dans la pensée des auteurs du décret, essentiellement transitoire; elle devait forcément devenir caduque au bout d'un certain nombre d'années. Les premiers professeurs auraient en effet rédigé pour leurs élèves des livres élémentaires dont l'usage se serait naturellement continué sous leurs successeurs. A la réflexion cependant, on s'aperçoit qu'il n'a pu et qu'il ne peut en être ainsi et que tel livre excellent ou seulement suffisant devient bientôt médiocre et de peu d'utilité. Outre le plus ou moins de valeur technique des professeurs, si j'ose m'exprimer ainsi, il est indubitable que l'étude des langues a fait de grands progrès depuis un siècle et que chaque année voit s'en réaliser de nouveaux. De plus, chose plus importante encore, les méthodes d'enseignement ont changé du tout au tout depuis cinquante ou soixante ans.

En linguistique, et même en linguistique pratique, comme, hélas! en philosophie, en politique et en tout ce qui concerne l'humanité, — car tout se tient, ou, comme disait Jacotot, tout est dans tout, — nous constatons la lutte de deux conceptions diamétralement opposées, l'ancienne et la nouvelle, qui procèdent, l'une du principe d'autorité, l'autre du principe de liberté. Pour l'une, il convient d'aller de haut en bas, d'ordonner, de prescrire. de conduire fermement; pour l'autre, il faut seulement faire réfléchir, aider, guider doucement. En ce qui concerne l'enseignement des langues, pendant de longs siècles, on s'est imaginé que le meilleur moyen de faire apprendre à quelqu'un une langue étrangère était de lui mettre en mains une grammaire pleine de règles et de préceptes compliqués, présentés dans un ordre conventionnel et factice, sans lien entre eux et dont on ne donnait point la raison d'être, puis un «cours de thèmes gradués» avec un vocabulaire spécial. La version n'était considérée que comme un exercice accessoire ayant pour principal résultat de faire écrire en bon français. Ce procédé avait le grand inconvénient d'ennuyer l'élève et de fatiguer le maître; les progrès de l'étudiant étaient fort longs jusqu'au jour où il était parvenu à force de travail à savoir assez de mots pour déchiffrer seul un texte; il pouvait alors continuer ses études sans s'embarrasser de l'empirisme grammatical.

Aujourd'hui nous partons de cette idée qu'il faut avant tout laisser à l'élève la plus grande somme possible d'initiative, j'allais dire de responsabilité. Il faut le laisser marcher à peu près seul, en se contentant de le guider et de lui donner les conseils de l'expérience. Nous lui mettons entre les mains une grammaire réduite à son minimum, c'est à dire exposant uniquement les éléments simples du langage méthodiquement classés suivant leur nature originelle ou leur fonction, et une série de textes que nous lui faisons lire, que nous lui apprenons à analyser et d'où il devra déduire lui-même les fameuses règles. La version, ou plutôt la lecture des textes, devient la base de tout le travail, et le thème, purement imitatif des textes étudiés, n'est plus que l'application de la théorie qu'on s'est formée, que la justification de la science acquise. L'étude devient relativement agréable, intéressante, aisée et rapide.

Pour apprendre n'importe quelle langue, il n'est besoin que deux ou trois tableaux de formes grammaticales, un dictionnaire, enfin et surtout un texte; l'idéal serait d'avoir en plus une bonne traduction française de ce texte. En 1876, j'ai voulu traduire en français l'*Essai sur la langue basque* écrit en hongrois par M. Fr. Ribáry, professeur à l'Université de Buda-Pest. Qu'ai-je fait pour y arriver en peu de temps? Je me suis procuré un petit dictionnaire magyare-français et une grammaire magyare quelconque; j'ai commencé par lire cette grammaire, la plume à la main, et j'en ai résumé la partie essentielle (déclinaisons et conjugaisons) en quelques tableaux. Puis, je me suis attaqué au texte. Le commencement a été pénible: le sens général se détachait difficilement des mots rapprochés; mais, dès la dixième page, tout était plus clair; à la cinquantième, le travail devenait facile; à la fin, je traduisais presque à livre ouvert. J'ai de même étudié seul plusieurs langues, de l'ancien et du nouveau monde, et toujours, grâce à la méthode, avec un égal succès; j'ai vu souvent les gens des pays où se parlaient ces langues s'étonner de l'exactitude de mes traductions et même de la manière dont j'étais arrivé à comprendre la prononciation. En revanche, j'ai, par mes conseils, aidé plusieurs de mes amis à apprendre assez rapidement des langues étrangères; l'un d'eux notamment, qui s'est mis à étudier l'anglais à l'âge de quarante ans, le sait aujourd'hui admirablement et ne le prononce pas trop mal, sans être jamais allé en Angleterre, et après n'avoir eu que fort peu de rapports personnels avec des Anglais. Je ne veux pas parler de mes élèves de l'École de Langues Orientales, mais je crois que mon enseignement n'y a pas été jusqu'ici tout à fait infructueux. Ce que je me suis surtout proposé d'ailleurs, c'est de donner à mes auditeurs une série d'indications, un résumé de notions élémentaires et positives qui puisse les amener à travailler seuls et à mettre en pratique leurs connaissances malgré tout toujours un peu théoriques. Nous n'avons pas en effet, ou nous n'avons plus, la prétention d'enseigner une langue de toutes pièces; on ne pourra jamais apprendre à parler un idiome quelconque que dans le pays même où il est parlé ou en fréquentant des gens du pays. Tout ce que nous pouvons faire, c'est de mettre les élèves en état de comprendre et d'analyser les premières paroles qui leur seront adressées, et de composer rapidement des phrases correctes.

Je me heurte ici à une objection qui m'a été faite plusieurs fois. A quoi bon, disent encore aujourd'hui certaines personnes, donner place à la théorie dans un livre qui a surtout un intérêt pratique? Cette objection, à mon avis, est une erreur capitale. La théorie, quand elle n'est, comme il convient, que le résultat des faits d'observation, est non seulement utile, mais nécessaire pour rendre compte des phénomènes grammaticaux. Les règles doivent être une résultante, une conséquence, et non pas une cause.

Quoiqu'il en soit, il est manifeste que la plupart des livres d'enseignement pour les langues étrangères remontant à plus de vingt-cinq ou trente ans ne répondent plus à leur but et doivent être refaits. Les *Rudiments* de M. Garcin de Tassy, écrits en 1829 et en 1847, sont devenus insuffisants et il m'avait paru nécessaire, en 1882, de rédiger une grammaire hindoustanie élémentaire dont le présent volume n'est qu'une seconde édition révisée. M. Garcin de Tassy d'ailleurs n'était pas linguiste; c'était un excellent orientaliste dans l'acception qu'on donnait à ce mot au commencement de ce siècle; il était profondément imbu des habitudes, des procédés et, qu'on me permette le mot, des manies de la grammaire sémitique qui est encore aujourd'hui la plus arriérée de toutes. On y prend trop souvent pour point de départ l'écriture et non pas les sons; et on y abuse vraiment trop de l'empirisme. Le lecteur y est constamment agacé par l'enchevêtrement des règles, la niaiserie des définitions, et cette logomachie baroque: mutation des points, lettres mobiles ou quiescentes, état construit, verbes concaves, etc. L'exposé des formes du verbe arabe est donné ordinairement en un tableau sériaire où chacune n'est distinguée que par un numéro d'ordre. N'est-il pas à la fois plus simple et plus commode de faire voir que le verbe sémitique a deux voix, la voix active et la voix passive, différant par les voyelles radicales; que chaque verbe peut prendre plusieurs formes (à deux voix chacune) différenciées surtout par des additions ou des suppressions de voyelles et de consonnes; que ces formes se classent d'abord en trois formes simples: ordinaire *QaTaLa* «il a tué», intensive *QaTTaLa* «il a beaucoup tué», augmentative *QâTaLa* «il a massacré» (et leurs passés *QuTiLa*, *QuTTiLa*, *QûTiLa*); que des trois formes simples on dérive des causatifs par la préfixation de *'a*: l'arabe n'a que *'aQTaLa* «il a fait tuer», mais l'éthiopien a les trois formes; que *ta* ou *na* préfixé dérive des réfléchis: *'iQTataLa* (pour *taQaTaLa*), *taQaTTaLa*, *taQâTaLa*, *'inQaTaLa*, etc.? Un exemple remarquable de ces habitudes déplorables et de ce manque absolu de méthode m'a particulièrement choqué dans une grammaire hindoustanie récemment publiée: la particule adjective کا, کے, کی du génitif y est traitée d'*izâfet* et assimilée à l'*i* persan ainsi désigné. Or, le *kâ, kê, kî* est une altération du participe passé sanscrit *kṛta* «fait» et il se place après le déterminant quel que soit l'ordre des mots dans la phrase, tout en s'accordant avec le déterminé (*rajâ kî bêṭî* ou *bêṭi râjâ ki* «la fille du roi»), tandisque l'*i* persan se joint au déterminé qui doit absolument précéder le déterminant (*bandah-i k'udâ* «l'esclave de Dieu»); on sait du reste que cet *i* représente le vieux pronom relatif perse *hya* «qui, lequel»: cf. dans les inscriptions de Behistân: *Iyam Gaumâta hya Magus adurujiya* «Celui-ci, Gomata le Mage, mentit», etc.

C'est dans ces idées que j'ai écrit la grammaire ci-après dont on voudra bien excuser les imperfections et les défauts. Je ne parle pas des fautes d'impression, inévitables dans un travail de cette nature, malgré l'aide obligeante d'amis ou d'élèves qui n'ont pas tous ce qu'on pourrait appeler l'œil typographique. Je parle d'erreurs plus graves, fondamentales et dont un auteur doit être seul responsable. Il importe de considérer cependant qu'il y a dans la Grammaire hindoustanie bien des choses douteuses encore et que le problème est rendu plus difficile par l'absence de formes transitionnelles entre le sanskrit ou plutôt les prâkrits classiques d'une part et les patois populaires modernes de l'autre. J'aurais pu distinguer, par des caractères différents, la partie, pour ainsi dire pratique, à apprendre et à retenir, qui donne l'état actuel de la langue générale, et la partie scientifique qui explique la première et cherche à faire connaître la raison d'être des formes grammaticales. Il m'a paru que le lecteur saurait faire lui-même cette distinction et qu'il ne convenait pas de paraître trop lui faciliter le travail.

J'ai, dans tout le cours de la *Grammaire*, employé concurremment les deux écritures, arabe et hindoue, en les accompagnant d'une transcription aussi exacte que possible. On me reprochera peut-être de ne pas avoir donné assez de détails sur les alphabets, l'écriture, la prononciation; c'est que beaucoup de choses à mon avis doivent être réservées à l'enseignement oral et que d'autres s'observent d'elles-même. Ainsi, était-il nécessaire de faire voir que, dans les mots très nombreux empruntés au persan, l'*a* bref garde sa prononciation et ne sonne pas *é*? Nous disons *chikasta*, *agar*, etc., et non *chikesté*, *égér*, etc. La raison en est fort simple : à l'époque de l'invasion persane, cet affaiblissement ne s'était pas encore produit dans la langue des conquérants et l'Inde a conservé la vieille prononciation. J'ai distingué l'*ê* et l'*î*, à la fin des mots, par les signes respectifs ـے et ي; cela n'est pas d'usage général et absolu, mais c'est commode et fort utile au point de vue de la distinction des formes grammaticales[1]. En revanche, je n'ai pas insisté sur l'habitude plus générale, au moins dans les livres imprimés, de réserver à la marque de l'aspiration cette forme médiane du *hé* qu'on a appelée l'*h* papillon et qui, dans ce livre, a cette figure ـھـ; on l'aura facilement remarqué. Peut-être aurais-je pu dresser aussi un tableau comparatif des deux alphabets, mais j'ai préféré laisser au lecteur le soin de le faire lui-même, si cela lui paraît utile.

Mais c'est surtout en ce qui concerne la grammaire proprement dite, c'est à dire la morphologie et la syntaxe, que ce livre prêtera à la critique. On y relèvera sans

---

(1) Dans le conte *du Prince et de Gulânâr* (p. 126–143 ci-après), cette distinction n'a pas été observée afin d'habituer les élèves à reconnaître les formes grammaticales.

doute bien des omissions et de nombreuses inexactitudes. Ainsi, à la p. 30, j'aurais peut-être dû expliquer que *sampattôm* est le pluriel de *sampat* et *sampattiyôm* celui de *sampattî*. Aux p. 44-45, on aura compris que, si les particules se joignent au signe du génitif, c'est que ce sont des adverbes ou des substantifs pris adverbialement (mais conservant leur genre, ce qui rend compte de l'emploi du *kî* féminin). A la p. 58, l'exemple *tum sâ mitr* تم سا متر n'est peut-être pas suffisant pour montrer que *sâ* se joint à l'oblique; j'aurais mieux fait de prendre l'autre exemple donné par M. Kellogg मुझ सा पापी *mujh sâ pâpî* «pécheur comme moi». A la p. 60, à côté du dialectique *dunum*, on aurait pu donner les variantes historiques *dunâum*, *dûnâum*, de *dônôm* «tous deux» et citer même *ubhay*, *ubhâu* qui représentent le duel sanskrit *ubhâu* «*ambo*» et qui ont pour succédanés *jug*, *jugal*, *yugal*, *jôṛî*, *jôḍâ* (de *yuga* «paire, couple»). A la p. 80, était-il utile de faire remarquer expressément que *kî*, *dî*, *lî*, sont les féminins de *kiyâ*, *diyâ*, *liyâ*, les autres féminins étant régulièrement *huî*, *muî*, *gayî*, *ṭhâî*? A la p. 84, en citant *dîjê* et *kîjê*, j'aurais pu faire observer que les respectueux *-jiyê* et *-jiyô* se contractent en *-jê* et *-jô* dans certaines formes très usuelles. A la p. 70, on trouvera probablement peu précise l'explication de la différence de sens entre le *transitif* et le *causatif*; cette différence se comprend pourtant sans peine si l'on veut bien considérer que «ouvrir» est le transitif et «faire ouvrir» le causatif: dans le premier, c'est le sujet qui fait l'action; dans le second, l'action est faite par un autre que le sujet. La difficulté existe surtout pour les verbes essentiellement transitifs comme «boire, manger»; «boire» *pî-nâ* a pour transitif *pilânâ* «abreuver, donner à boire à quelqu'un» et pour causatif *pilwâ-nâ* «faire boire, faire donner à boire, faire que quelqu'un boive»; «faire» *kar-nâ* a pour transitif *karâ-nâ* «faire agir quelqu'un» et pour causatif *karwâ-nâ* «faire qu'une chose soit faite», et ainsi de suite. Je n'en finirais pas si je voulais relever tous les points qui demanderaient une discussion plus approfondie ou des explications supplémentaires.

Quelques lecteurs regretteront peut-être que je n'aie pas donné plus de détails sur les calendriers musulman et indien, sur les monnaies, sur les poids et mesures; il m'a paru que cela regardait le dictionnaire plus que la grammaire. Il ne manque pas de livres excellents où cela se trouve; c'est d'ailleurs de l'ethnographie et non plus de la linguistique. Mais j'ai donné la liste des principaux ouvrages que j'ai consultés et c'est d'eux que vient certainement le peu de bon qu'il y aura dans cet ouvrage.

Les textes qui suivent la grammaire sont généralement faciles. J'ai tâché de les graduer autant que possible. Ils suffiront sans doute pour les deux premières années du Cours de l'École des langues orientales, car en troisième année on pourra varier et multiplier les lectures.

Les textes *urḍûs* sont de cinq espèces différentes: 1° vingt contes ou historiettes empruntées à la *Chrestomathie* de M. Garcin de Tassy, aux *Selections* de 1830, au recueil de M. Shakespear, aux grammaires de MM. Monier Williams et Eastwick; le no. 20, qui est en dakhnî, a été recueilli à Karikal en 1859 par mon père, alors président du Tribunal de première instance de cette ville; — 2° un extrait de l'ouvrage bien connu le *Bâġ ô Bahâr*, traduction du roman persan *Qiççah-i cahâr darwêṣ* faite en 1802 par Mîr Ammân, de Delhi, à la demande de J. Gilchrist, pour servir précisément de texte d'étude; — 3° la seconde partie du *Masnawî* de Mîr Taqî contre les ignorants qui veulent faire des vers[1]; — 4° le commencement d'un roman religieux *Tâubat-un-Naçuk'*, par Maulwî Nazîr

---

[1] Ce poème satirique, qui a paru pour la première fois dans les œuvres de Mîr Taqî imprimées en 1811 à Calcutta, a été réimprimé à Londres en 1820 par M. Shakespear et traduit en français en 1826 dans le *Journal Asiatique* par M. Garcin de Tassy. Cette traduction a été tirée à part et forme une brochure de 18 p.; en 1891, M. Pugliesi Pico la traduisit en italien sous le titre de *Consigli ai cattivi poeti* (Palerme, 16 p. in-8°). M. Garcin de Tassy avait donné en effet à l'ouvrage le titre de *Conseils aux mauvais poètes*. Dans la *Revue de Linguistique* (1891, p. 101-110) j'ai montré que la traduction de M. Garcin de Tassy, et par suite celle de M. Pugliesi Pico, n'est qu'une paraphrase agréable. Je disais à cette occasion: «Le système de traduction de M. Garcin de Tassy, qui était généralement adopté de son temps, a encore aujourd'hui des adeptes. Le procédé est fort simple: on prend le sens général d'un paragraphe; on retient, de loin en loin, quelques expressions caractéristiques, qu'on se permet du reste d'atténuer ou de renforcer, et on broche sur le tout une amplification de rhétorique écrite dans le meilleur français possible. C'est ce qu'on pourrait appeler la traduction *synthétique*. On peut voir à ce point de vue avec quel art merveilleux sont faites les traductions de M. Garcin de Tassy: elles se lisent avec un plaisir infini; elles ne sont point du tout inexactes et donnent bien le sens du texte, mais elles ne sont d'aucun secours pour l'étude grammaticale et linguistique de ce même texte. On comprend, en présence de traductions de ce genre, les vieilles discussions sur l'utilité relative des versions et des thèmes, et l'on conçoit que les thèmes fussent recommandés de préférence aux versions. Mais aujourd'hui nous avons d'autres habitudes, d'autres exigences; nous voulons des traductions *analytiques*: nous prétendons traduire phrase par phrase et mot par mot; nous cherchons à donner un correspondant précis à chaque expression d'un texte étranger, et, si nous nous préoccupons d'écrire dans un français correct, nous n'en faisons pas une condition nécessaire et absolue, nous ne trouvons pas mauvais qu'un certain effort soit exigé du lecteur, qui ne pourra pas ainsi oublier que ce qu'il a sous les yeux est seulement la forme secondaire d'une pensée originairement exprimée dans une langue étrangère; une pareille traduction aidera beaucoup pour l'étude d'un texte. C'est pourquoi nous faisons, nous, dans l'enseigne-

Ah'med, écrit dans le langage de Delhi, en 1874, et dont M. Kempson a donné en 1884 une traduction abrégée; — 5° le conte du prince de Sérandîb et de la belle Gulândâz, qui a été publié par M. Garcin de Tassy dans sa *Chrestomathie hindoustanie* et qui est en un dialecte mixte où domine le dakhnî.

Les textes *hindîs* comprennent 1° onze contes ou morceaux en prose pris dans les recueils que j'ai déjà nommés et dans les Manuels de MM. Etherington et Pincott: le premier n'est qu'une transcription en dêvanagarî du premier conte hindoustani-urdû; — 2° un petit poème fort intéressant, les lamentations de Daçaratha, par le célèbre Bâbû Hariçcandra, extrait du petit volume compilé par Ayôdhya Prasâd, de Muzaffarpur et publié par M. Fr. Pincott à l'occasion du jubilé cinquantenaire de la Reine Victoria; — 3° l'épisode du roi Vikramâditya et des quatre rubis, qui forme le dix-septième conte du *Siṁhâsan battîsî*(1).

Après les textes viennent deux vocabulaires, hindoustani-urdû et hindî, dans l'ordre alphabétique de chacun des deux alphabets indo-persan et dêvanagarî. J'ai joint à chacun des mots sa transcription; dans le vocabulaire

ment d'une langue quelconque, de la version le principal, et du thème l'accessoire. La version, par ses trois opérations successives: recherche des mots, décomposition des phrases grammaticales, rédaction en français, enseigne successivement le vocabulaire, la grammaire, la syntaxe; le thème n'est que la répétition des mots appris, l'application des règles constatées, la confirmation pratique des études quotidiennes».

(1) Je possède, de cet intéressant recueil de contes, un exemplaire lithographié dans l'Inde (avec figures) et relié avec un *Bâg' ô Bahâr*, un *Bâitâl pacisi*, un *Môhanî caritr* et un *Kavittâwalî*, tous en caractères dêvanagaris et lithographiés. Ce volume a appartenu au regretté James Darmesteter auquel on l'avait donné à Lahore le 22 mars 1886.

hindî, j'ai représenté l'anusvâra par *m̃* plutôt que par les nasales des différents ordres. Dans le vocabulaire urdû, j'ai mis *n* pour le ن final qui dans la prononciation courante forme une voyelle nasale avec la voyelle longue précédente et que dans la grammaire j'ai indiqué par un *m* romain dans les mots italiques et *vice versâ*; il m'a paru que c'était plus scientifique et plus commode. J'ai représenté ث par *s* et j'ai confondu ذ, ژ, ظ sous la même transcription *z*; je ne crois pas qu'il y ait un grand inconvénient à cette confusion. J'ai transcrit *'kâ* le groupe خوا dont le و ne se fait pas sentir dans le langage. J'ai cru devoir traduire, me conformant à l'usage reçu, par l'infinitif les noms verbaux en *nâ: kahnâ* p. ex. par «dire» au lieu de «l'action de dire», mais les lecteurs n'oublieront pas que ce sont là des substantifs variables, pouvant même jouer le rôle d'adjectifs. J'ai pris dans leur sens de substantifs les prétérits que les Persans emploient comme noms verbaux: آمد «venue» au lieu de «il est venu». Au surplus, il ne m'a pas paru utile de mettre à chaque mot ces mentions, habituelles dans les dictionnaires: nom, pronom, verbe, etc. Il me semble que la nature des mots résulte de leur sens et que de pareilles indications ne sont que très rarement utiles; j'ai seulement indiqué par *m.* ou *f.* le genre masculin ou féminin, en apparence anormal, de certains mots. Dans le glossaire hindî, je n'ai indiqué les mots d'emprunt, arabes ou persans, que par leur transcription en caractères arabes; dans l'urdû, j'ai précisé davantage et distingué par A, T, P, AP, TP, HP, E les mots arabes, turcs, persans, arabes déjà modifiés par les Persans, turcs modifiés par les Persans, persans un peu altérés par les Hindous, et anglais. La grammaire apprendra à reconnaître ou à former les principaux dérivés. Ces vocabulaires sont certainement, malgré tous les soins que j'y ai apportés, incorrects et défectueux; je sollicite toute l'indulgence des lecteurs, comme je les prie de me pardonner les omissions qu'ils auront occasion de constater. Il est d'ailleurs évident que, dans un dictionnaire, les traductions ne peuvent être rigoureuses, les mots n'ayant jamais, dans aucune langue, une signification précise et absolue correspondant exactement à celle de tels mots d'une autre langue.

Deux appendices terminent le volume, le second est une liste des principaux ouvrages dont je me suis servi; ce n'est point du tout une Bibliographie. Le premier appendice est formé par des notions très générales et très sommaires de grammaire arabe et de grammaire persane. Il me paraît indispensable que celui qui veut apprendre l'hindonstani ait une idée générale de la morphologie sémitique et ne soit pas tout à fait ignorant de la dérivation persane, tant le persan et l'arabe ont influé sur l'*urdû*. Dans l'*Introduction*, j'ai cherché à donner un tableau très rapide de l'hindoustani, de ses origines et de son histoire; j'y ai joint quelques spécimens dialectiques.

Il ne me reste plus qu'à remercier tous ceux qui m'ont aidé dans la composition et l'impression de ce petit livre. Je leur en suis extrêmement reconnaissant car la tache était vraiment peu attrayante . . . . . Mais, en laissant aller ce volume, je ne puis m'empêcher de songer aux jours déjà bien éloignés où je commençais à apprendre l'hindoustani. C'était au plus fort de mes études tamoules, dans cette jolie ville de Karikal, où nous étions à peine une vingtaine d'Européens au milieu de quinze mille indigènes. Un vieux musulman, qui avait fait le pèlerinage de La Mecque, m'avait vivement engagé à apprendre aussi la langue de Mahomet et, pour m'en faciliter l'étude, m'avait apporté une grammaire persane de W. Jones, incomplète et en assez triste état, qu'il tenait de M. Ducler, administrateur de Karikal en 1828, et que j'ai conservée comme un intéressant souvenir; c'est avec cette grammaire et un alphabet malais acheté à un marin revenu de Singapour que je me mis à l'ouvrage . . . . . J'aurais voulu envoyer le présent *Manuel* à ce zélé mahométan, mais il y a bien longtemps déjà qu'il ne cherche plus d'amateurs pour le langage de son Prophète. C'était d'ailleurs un excellent homme: ni prêtre, ni soldat, ni derviche, il est mort bourgeoisement comme il avait vécu, dans sa ville natale, marquant ses années de déceptions plus ou moins prévues ou de satisfactions inespérées, menant de front ses devoirs sociaux et les exigences de sa foi philosophique ou religieuse. Ne devrait-il pas en être de même pour chacun de nous? la vie de l'homme ne devrait-elle pas toujours se résumer dans l'amour ardent du travail fécond et consolateur, la recherche obstinée de la justice et le culte infatigable de la liberté?

PARIS, le 25 Mars 1899.

JULIEN VINSON.

ÉLÉMENTS

DE LA

GRAMMAIRE GÉNÉRALE HINDOUSTANIE.

INTRODUCTION.

Le mot *hindoustani* signifie, en persan, «la langue de l'Hindoustan (*Hindûstân-î*)», mais en réalité ce n'est là qu'une entité, car il n'y a pas de langue nationale dans l'Inde, pas plus qu'il n'y a d'unité ethnographique, anthropologique ou politique. L'hindoustani est proprement le langage ordinaire des musulmans d'origine persane répandus un peu dans toute l'Inde et dont le nombre s'élève à cinquante millions environ soit un sixième de la population totale; d'origine persane, ai-je dit, car il existe en outre, principalement sur les côtes, des hindous mahométans d'origine plus ancienne qui parlent les langues des régions où ils sont établis (ils les écrivent d'ailleurs à l'aide de l'alphabet arabe) et dont on évalue le nombre à cinq cent mille environ.

Quelle est aujourd'hui la statistique linguistique de l'Inde?

Si nous laissons de côté le *brâhûî* parlé par des tribus

assez peu nombreuses sur les frontières de l'Afghanistan[1] et d'autres idiomes parlés dans les vallées limitrophes du Tibet, de l'Indo-Chine, etc., nous trouvons dans l'Inde trois groupes de langues tout à fait distincts et parfaitement indépendants l'un de l'autre.

Le groupe le moins important, géographiquement le plus central, comprend les langues auxquelles M. G. Campbell a proposé en 1869 de donner le nom de *Kolariennes*. Elles sont parlées sporadiquement dans la région qui s'étend du 18e au 25e degré du latitude Nord et du 73e au 86e degré de longitude orientale. Elles sont au nombre de huit ou dix dont les principales sont le

---

(1) On a rapproché le *brâhûî* des langues dravidiennes. Il présente avec elles une analogie remarquable de vocabulaire; ainsi les adjectifs numéraux de 1 à 3 y sont dravidiens (*asî*, *asiṭ* un; *irâ*, *iraṭ*, deux; *musî*, *musiṭ*, trois; cf. le dravidien *or*, *iraḍ*, *muṇ*; au dessus de 3 les numéraux brâhûî sont persans), de même que les pronoms personnels (*i* moi, *nan* nous, *nî* toi, *num* vous; drav. *yân*, *yâm* et *nâm*, *nî*, *nîm* et *num*); mais il présente des particularités grammaticales qui indiquent un état certain d'infériorité et d'antiquité relatives, par exemple, il incorpore au nom les affixes pronominaux et dit *khank-nâ* «les yeux de toi» ou *dandânk sadaf-nâ* «tes dents de perles, les-dents perles de toi».

Le brâhûî a été étudié par Leech en 1838 (*Journal of the Bengal Asiatic Society*, article réimprimé à part en 1849), par Lassen (t. V de la *Zeitschrift für Kunde des Morgenlandes*), par F. Finzi (*Bolletino della società geogr. ital.*, fasc. 5º, 1870) et surtout par Bellew (*From the Indus to the Tigris*, Londres, 1874, appendice). Une grammaire en caractères arabes, dont je dois un exemplaire à la libéralité du Secrétaire d'État Anglais pour l'Inde que je remercie de cette faveur toute spontanée, a été publiée en 1877 à Karratchi, par M. Alla Bux (*Hand-book of the birouhi language*, (ii)-xii-134-7 p. pet. in-4º). Le travail le plus complet et le plus scientifique est celui de M. Trumpp dans les *Sitzungsberichte der königl. bayer. Akademie der Wissenschaften* (4 déc. 1880, I. Phil.-phil. Cl. t. I fasc. 6, p. 1-126, in-8º). L'*Indian antiquary* a publié deux chansons brâhûîs.

santàlî, le *mundârî*, le *sawâra*, le *juâng*, et embrassent une population de trois millions d'hommes. Ces langues sont essentiellement agglutinantes; elles aiment les hiatus de voyelles; elles se servent couramment du duel; elles ont une conjugaison incorporante très-développée; elles comptent par vingt, ce qui est un signe certain de vieillesse relative et d'infériorité sociale([1]).

Le second groupe linguistique de l'Inde est celui des langues *dravidiennes*, ainsi nommées du mot sanskrit *drâviḍa* ou *drâvira*, nom de la région sud-orientale, de la côte de Coromandel; elles sont parlées dans toute la pointe méridionale de la péninsule, au dessous d'une ligne oblique partant d'un peu au sud de Goa à l'ouest pour aboutir vers Cattack à l'est, et dans la moitié septentrionale de Ceylan. Les langues dravidiennes sont agglutinantes, mais leur grammaire est relativement très-simple: elles n'ont pas de duel; elles ne sont pas incorporantes; elles ont la numération décimale. Le nombre total de ceux qui les parlent s'élève à cinquante quatre millions. Elle comprennent le *tamoul* (17 000 000 d'hommes) au Sud-est notamment à Pondichéry et Karikal, le *télinga* au nord-est (19 000 000), le *canara* au nord-ouest (10 000 000), le *tuḷu* (500 000) et le *malayâḷa* (5 500 000) au sud-ouest, le *gond* (1 350 000), le *khond* (300 000) et l'*uraon* (370 000) en plusieurs îlots à l'extrême frontière nord-est de la région dravidienne, ainsi que cinq ou six autres idiomes plus ou moins incultes([2]).

([1]) Il a été publié sur les diverses langues kolariennes, outre de nombreux articles de revues, plusieurs bonnes grammaires, celles notamment de Phillips (1852), Skrefsrud (1877), Witley (1873), Nottrott (1882), Heumann (en danois, dans le *Bulletin* de l'Académie des Sciences de Copenhague, 1892, p. 148–230).

([2]) Il n'est pas possible de donner ici la Bibliographie de ces

Ces langues kolariennes et dravidiennes sont probablement les idiomes naturels des habitants primitifs de l'Inde. Quelques personnes ont même supposé que les kolariens seuls étaient vraiment indigènes et que les Dravidiens formaient une population immigrée, arrivée de très bonne heure par mer dans les plaines du sud, à peu près à la façon des Malais débarquant à Madagascar(1). Quoi qu'il en soit, ce sont là les représentants de races indépendantes, tandis que les idiomes qui forment le troisième groupe linguistique indien, le plus important au point de vue numérique, le plus moderne, se rattache à la même race et à la même famille que les langues de l'Europe.

L'Indo-européen primitif avait poussé en orient deux branches principales dont la plus avancée a formé les langues aryennes de l'Inde. Toutes ces langues, y compris le *cinghalais* ou *élu* parlé dans le sud de l'île de Ceylan, sont flexionnelles. Elles ont toutes pour prototype le sanskrit classique; elles sont parlées par près de deux-

---

langues; mais il est utile de faire remarquer que ce sont les premières langues de l'Inde qui aient été étudiées par les Européens depuis quatre siècles.

(1) L'une des populations dravidiennes les plus intéressantes est celle des Todas qui habitent les hauts plateaux des Nîlagiris. Réduits actuellement à 736 (recensement de 1891, 424 hommes et 312 femmes), ils sont de grande taille (1m 70 en moyenne pour les hommes) et présentent un beau type physique: leur indice céphalique moyen est 73, 3. Ils ont une religion naturaliste où le lait joue un rôle fort important. Ils pratiquaient naguère encore la polyandrie simple, chaque maison n'ayant qu'une femme commune à tous les hommes qui l'habitaient; aussi l'infanticide femelle s'y commettait-il régulièrement. L'abolition de l'infanticide a modifié cette situation; il y a aujourd'hui plus d'une femme dans chaque maison, mais elles y sont communes à tous les hommes. Le contact de la civilisation européenne va amener la perte prochaine de cette belle population, déjà ravagée par l'alcoolisme et la syphilis.

cents millions d'hommes. On n'a pas encore adopté de nom spécial pour désigner l'ensemble de ces langues; M. Hoernle, à défaut d'autres, a proposé celui de *Gaudien* (de *Gâuḍî* «langue du *Gâuḍa*, région centrale du Bengale»).

On sait que le sanskrit est une langue littéraire, académique pour ainsi dire, corrigée et résumée par les savants du vieux parler fixé dans les hymnes du *Vêda*, des vieux dialectes populaires. Ces vieux dialectes ne nous sont connus que par ce que les grammairiens hindous ont appelé les *prâkrits* c'est à dire «idiomes informes»; ces prâkrits ont été employés, dans les ouvrages dramatiques, pour représenter le langage des diverses classes de la Société: les demi-dieux, les rois et les héros se servent du *Mahârâṣṭrî* et du *Çâurasênî*; les hommes de castes inférieures du *Mâgadhî*; les démons et les mauvais génies du *Pâiçâcî*; tandis que le sanskrit est le langage des dieux. Les trois premiers de ces noms sont des appellations géographiques rappelant les pays de *Mahârâṣṭra* (Mahrattes actuels), de *Çurasêna* (Braj) et de *Mâgadha* (Bihâr); le *pâiçâcî* était censé figure le jargon impur des indigènes anaryens qui habitaient les pays limitrophes du domaine aryo-indien pur c'est à dire du Décan, du Pâṇḍi, du Népâl, etc.; ils changeaient, paraît-il, *ṇ* en *n*, *l* en *ḷ* et durcissaient les explosives initiales. On distinguait encore le *cûlikâ-pâiçâcî* qui comprenait principalement les patois du Népâl et du Kuntala, et l'*Apabhramça* qui était l'idiome des Abhîras (Ophir?) et des habitants de la côte occidentale. Ces appellations et ces explications ne doivent point être prises au pied de la lettre, car il y a, dans les textes donnés sous ces diverses rubriques, une grande part de convention. Mais les noms sont évidemment inspirés par des faits réels. M. Hoernle en étudiant les grammaires prâkrites, a pu se rendre exactement compte des choses. Le *mahârâṣṭri* et le *çâurasênî* ne doivent être regardés que comme deux variantes d'un même dialecte dont l'habitat était le nord-ouest de la région aryenne de l'Inde; le *mâgadhi* était le dialecte du sud-est; c'étaient d'ailleurs deux idiomes cultivés et littéraires et ils peuvent être regardés comme jouant vis à vis du sanskrit le rôle que la langue d'oïl et la langue d'oc ont rempli à l'égard du français. Pour continuer la comparaison, les *pâiçâcîs* seraient représentés par les patois français tels qu'ils sont parlés par les peuplades étrangères chez qui finit notre parler national, c'est à dire par les Basques, les Bretons, les Flamands, etc. Quant aux *Apabhramças*, il y en a un assez grand nombre et ils peuvent être comparés à nos divers patois populaires, le picard, le normand, le bourguignon, etc. Les *apabhramças* ont une longue histoire; ils ont eu aussi une fonction littéraire; le spécimen le plus ancien qu'on en connaisse est le *pâlî*, la langue sacrée de Ceylan, qui se rattache au *Mâgadhî*: serait-il trop audacieux d'en voir un type encore plus ancien dans le langage du *Véda?*

Les grammairiens hindous énumèrent dix prâkrits apabhramças principaux dont voici les noms avec l'indication des régions qui leur correspondent: *abhîrî* (Sindh), *âvantî* (Râjpûtânâ), *gâurjarî* (Gujarat), *bâhlikâ* (Panjâb), *çâurasênî* (Brâj), *mâgadhî* ou *prâchyâ* (Bihâr), *oḍrî* (Uriya), *gauḍî* (Bengale), *dâkṣinâtyâ* ou *vâidarbhikâ* (pays des Mahrattes), *nâipâlî* (Népal). Une autre division forme deux groupes comprenant l'un le *mâgadhî* (Bihâr), l'*arddha-mâgadhî* (Bénarès), le *dakṣinâtyâ* (mahrattes du Décan), l'*utkalî* (Uriya), le *çabârî* (Ratnapur), et l'autre le *mahârâṣṭrî* (Mahrattes), le *çâurasênî* (Brâj), l'*âvantî* (Ujjâin, Râjpûtâna), le *prâchyâ* (Bihâr) et le *sakkî* (Sindh et Panjâb); le premier groupe, le groupe *mâgadhî*, est le prototype des langues actuelles du sud (dialectes *mârâṭhî*) et de l'est (*Uṛiyâ, Bangalî, Hindî oriental*); le second, le groupe *mâhârâṣṭrî-çâurasênî* est le père des idiomes modernes du nord (le *nâipâlî*) et de l'ouest (*Panjâbî, Sindhî, Gujaratî, Hindî occidental*).

On vient de lire les noms des langues aryennes qui se partagent aujourd'hui la partie de la péninsule indienne au-dessus de la région des langues kolariennes et dravidiennes. Il est utile de préciser et de donner quelques détails. Il y a huit ou neuf langues différentes, savoir :

1° au Nord le *Nêpâli* ou *Nâipâlî*, parlé, dans le Népâl et dans la région qui l'avoisine, par environ deux millions d'hommes; on y rattache le *Gaṛhwâlî* et le *Kumaônî* dont les noms indiquent la position géographique; on fait aussi de ces deux variétés, et même du *Nêpâlî* général des dialectes de l'*Hindî*.

2° Au nord-ouest, le *Panjâbî* divisé en *Kaṣmîrî* (Kachemir), en *Panjâbî septentrional* (Lahore) et en *Multânî* (Multan), parlé par près de dix-huit millions d'Indiens.

3° A l'ouest, le *Sindhî* (cours inférieur de l'Indus) partagé en *Sirâïkî, Tharêlî, Lâṛî* (2 500 000).

4° A l'ouest encore, mais plus au sud, vers les golfes de Katch et de Kambaye, le *Gujâratî*, auquel on peut joindre le *Kacchî* qu'on rattache également au Sindhî (10 000 000).

5° Au sud-ouest, le *Marâṭhî* (19 000 000), subdivisé en *Konkanî* (Bombay, Goa), en *Marâṭhî sud-oriental* et en *Marâṭhî du Décan*.

6° Au sud-est, l'*Uṛiya* (Ganjam, Balassore (9 000 000).

7° Au nord-est, le *Bangalî* (Bengale) divisé en *Ban-*

galî du Nord, du Centre (Dacca), *du Sud* (Calcutta, Chandernagor) et *de l'Est* (en tout 41 000 000 d'hommes).

8° enfin l'*Hindî*, dont nous allons examiner de plus près les subdivisions dialectales et qui est parlé par près de 87 000 000 de personnes soit un peu plus du quart de la population de l'Inde entière.

L'*Hindî* est donc la principale langue de l'Inde. Il est parlé sur une étendue d'environ 400 000 kilomètres carrés, limitée au nord par la chaîne de l'Himâlaya; à l'ouest par une ligne à peu près droite partant de Chamba, au nord de Simla, et aboutissant au golfe de Katch; au sud par la Narmadâ et les monts Vindhya; à l'est par une ligne qui part de Raipur et monte vers le N.-E. jusqu'au confluent du Gange et de la Sankhasî qui sert ensuite de limite.

Sur une aussi vaste étendue de terrain, le langage ne saurait être uniforme. Pas plus que dans les langues d'Europe, le peuple n'a partout les même prononciation, le même vocabulaire, les mêmes formes grammaticales. On peut néanmoins classer les variétés locales en grands dialectes régionaux dont les principaux seraient, en allant de l'ouest à l'est: — les dialectes de la Râjpûtâna occidentale et principalement le *Mâṛwâṛî*, parlé par la tribu des *Mâṛs* à l'ouest des monts Aravalli vers Jodhpur et Jaynagar; — ceux de la Râjpûtânâ orientale entre les monts Aravalli et la Bêṭwâ vers Jâipur et Kôtah, qu'on subdivise en *Bikanîrî*, *Mêwâṛî*, *Mâirwâṛî*, *Jâipurî*, *Alwarî*, *Hâṛôtî*, *Ujjâinî*; — le *Braj bhâkhâ* (skr. *vraja bhâṣâ* «langue du pays des bergers») au nord, dans le haut Dôâb, dans les plaines de la Jamnâ et du Gange, vers Agrâ, Mathurâ et Delhî; — le *Kanâujî* vers l'ancienne ville de Kanâuj, dans le bas Dôâb et le Rôhilkhaṇḍ; — le *Bâiswâṛî* ou *Âwadhî* chez les Râjpoutes Bâis, au nord d'Allahâbâd, au sud d'Audh (Oude) et de Lakhnaû (Lucknow); — le *Baghêlkhaṇḍî*, chez les Râjpoutes Baghels, au sud d'Allahâbâd; — le *Bhûndêlkhaṇḍî*, au sud-ouest d'Allahâbâd, au sud-est de Goualior, et le *Riwâî*, entre Bénârès et Jabalpûr; — le *Bhôjpurî*, sur les bords du Gange, vers Bénârès et Tchaprâ; — le *Mâithilî* à Tirhût, Muzaffarpur et Darbhanga (il tire son nom de l'ancienne ville de Mithilâ où est né Râma); — enfin le *Mâgadhî* ou *Bihârî*, vers Gayâ, Patnâ et Bhâgalpûr.

Le *Bâiswâṛî* et les autres dialectes énumérés à sa suite sont souvent désignés sous le nom de *pûrbî* ou orientaux. D'ailleurs, les dialectes hindis se partagent naturellement en deux grandes divisions séparées par le 78e degré de longitude, l'*hindî occidental* et l'*hindî oriental*. Suivant M. Georges A. Grierson, ce dernier devrait recevoir le nom de *Biharî* et se subdiviserait en *Bhôjpurî*, *Mâithilî* et *Mâgadhî*; M. Hoernle le rapproche du Bangalî, de l'Uṛiya et du Marâṭhî qui viendraient, comme nous l'avons déjà vu, des apabhramças du vieux Mâgadhî, tandis que ceux du Mahârâṣṭrî-Çaurasênî auraient donné naissance à l'Hindî occidental ainsi qu'au Népalî, au Panjabî, au Sindhî et au Gujaratî.

On aura remarqué que les noms de ces divers idiomes ou de leurs dialectes se retrouvent dans les parlers populaires, apabhramças, énumérés par les grammaires prâkrites. Il est donc probable que les divisions actuelles existaient déjà, en principe du moins, depuis de longs siècles, lors que l'invasion mahométane vint bouleverser le pays. Je n'ai pas à faire ici l'histoire de la conquête persane dont on peut fixer la date à la bataille de Panîpat, près de Delhi, perdue en 1192 par le dernier roi indigène, Prithirâj. Mais je puis dire que si le persan devint alors la langue officielle des gouvernants, il se forma un idiome vulgaire une sorte de *lingua franca* qui est l'hindoustani. Les envahisseurs avaient établi, autour de Delhi, de vastes camps militaires (*urdû*) où les habitants des régions avoisinantes, Braj, Mâṛwâṛ, Panjâb, se trouvèrent en rapport constants avec les soldats persans. Du mélange de ces divers parlers populaires naquit l'*urdû* ou hindoustani écrit en caractères arabes et dont la grammaire, basée sur le parler de Braj, a subi l'influence du Mâṛwâṛî et du Panjâbî tandis que son vocabulaire s'imprégnait fortement de mots persans, arabes, et même turcs. Par une réaction naturelle, les Hindous non convertis au mahométisme écrivirent l'urdû en caractères dêvanagarî et cherchèrent à employer le moins de mots étrangers possible; c'est ainsi que se produisit l'*hindî* classique. L'urdû n'est devenu littéraire qu'au seixième siècle; il se répandit dans toute l'Inde avec les fonctionnaires musulmans, mais il n'a jamais vraiment été le langage du peuple. L'hindî littéraire ne date que de ce siècle et on appelle *hindûî* les vieux langages dont nous avons des spécimens écrits. Les plus célèbres sont le poème de Tulsîdâs sur la vieille légende de Râma (qui date du seizième siècle et qui est en vieux bâiswâṛî, pûrbî ou hindî oriental) et l'épopée sur Prithirâj de Cand Bardaî (qui vivait au treizième siècle et qui a écrit en un dialecte occidental mélangé de Panjâbî et de Gujaratî). M. Trumpp a publié des spécimens plus anciens des idiomes originaux indiens conservés dans les livres sacrés des Sikhs; de son côté, M. Garcin de Tassy a cru trouver des vers hindoustanis composés par le poète persan Sa'adi dès la fin du douzième siècle.

Quoi qu'il en soit, l'*urdû* compte au moins deux siècles de littérature; l'*hindî* classique n'en a pas un entier encore. Celui-ci n'est guère parlé que par les pandits brahmaniques; le premier est connu généralement de tous les musulmans de l'Inde. On reconnaît à l'*urdû* au moins un dialecte, le *dakhnî* ou langue du Décan, qui, employé dans les états du Nizâm d'Hâiderâbâd et dans le reste de la province de Madras, est plus riche en mots étrangers que le dialecte classique; sa grammaire offre d'intéressantes particularités qui seront signalées dans le courant de cet ouvrage. D'après le recensement de 1891, il y aurait dans l'Inde près de 3 700 000 individus dont on regarderait l'*urdû* comme la langue naturelle.

J'ai classé ci-après les éléments grammaticaux de l'hindoustani — c'est à dire de l'idiome moderne artificiel urdû et hindî dont je viens de montrer la formation — de la manière qui m'a paru la plus naturelle et la plus scientifique. Mais comme cet idiome est essentiellement hindou et n'est qu'une forme de l'hindî (en prenant ce nom dans le sens de «langue populaire» par opposition à l'hindî classique ou littéraire), il m'a paru indispensable d'indiquer les variations régionales de l'idiome et de donner un aperçu rapide de son histoire grammaticale. La présente grammaire est seulement au surplus dans ma pensée un résumé, un programme, à l'usage des élèves de l'École des langues orientales, qui devra être repris et développé dans les leçons orales, ainsi qu'au fur et à mesure de la lecture des textes. Depuis que, dans l'Inde anglaise, le persan n'est plus la langue officielle, c'est à dire depuis 1837, un mouvement très sensible s'est opéré en faveur de la purification de l'urdû, et la connaissance de l'hindî est devenue absolument nécessaire.

Il me paraît intéressant de terminer cet exposé général et sommaire par quelques spécimens de l'hindûî, de l'hindî et de l'urdû à diverses époques.

I. HINDUI DE JAYADÊVA (12e SIÈCLE).

1. *Paramâdi purakha manòpimam̃*
   sati âdi bhâvaratam̃
   paramada bhutam parakriti param
   jadicinti sarabagatam̃
   (rahâü 1) *kêvala râmanâma manôramam̃*
   badi amritatatamaïam̃
   na danôti jasamaraṇê na janama
   jarâdhi maraṇa bhaïam̃
2. *ichasi jamâdi parâbhayam̃ jasu*
   svasati sukritakritam̃
   bhava bhûta bhâva sambiyam̃
   paramam̃prasam̃na midam̃
3. *lôbhâdi drisaṭi paragriham̃*
   jadibidhi âcaraṇam̃
   taji sakala duhakrita duramati
   bhaju cakradhara saraṇam̃
4. *hari bhagat nij nihakêvalâ*
   rida karamaṇâ bacasâ
   jôgêna kim̃ jagêna kim̃
   dânêna kim̃ tapasâ
5. *gôbim̃d gôbim̃dêti japi nara*
   sakala sidhi padam̃
   jâidêva âïü tas saphuṭam̃
   bhava bhûta saraba gatam̃

M. Trumpp traduit ainsi:

«1. Le très-haut esprit primordial est incomparable, étant actif, le commencement, plongé dans l'amour; — formé de l'air le plus élevé, loin de la matière, l'inconcevable est ce qui est éternel.

«(*Rahâû*)[1]. Le nom seul de Râma est réjouissant: invoque celui qui est l'essence de l'ambroisie! — par l'invocation duquel il n'y a plus l'incendie (de la douleur), ni l'effroi de la renaissance, ni la misère de la vieillesse et de la mort.

«2. Tu désires la défaite de Yama et des autres; la gloire et la prospérité sont le fruit des bonnes actions; — dans le passé, le présent et le futur, il est éternel, il est extrêmement gracieux et doux.

«3. La cupidité et le reste, la contemplation d'une autre femme et ce qui est inconvenant, — abandonne toute mauvaise action, ô méchant penseur; fuis au refuge de celui qui porte le disque!

«4. Le culte de Hari dans le cœur de chacun, à quoi servent les paroles et les actes? — que produit la méditation? que produit le sacrifice? que produisent les aumônes et la pénitence?

«5. Murmure: «Gôvinda! gôvinda!», ô homme! c'est la marche vers l'absolue perfection; — Jayadêva (dit que) sa venue est féconde: passé et présent, tout y va».

II. VIEUX PURBI DE TULSIDÂS.

dêkhi rasâl biṭap bar çâkhâ
têki par caṛhêü madan man nâkhâ
suman câp nij sar sandhânê
atirisatâkisravan lagitânê

---

(1) Le *rahâu* est une sorte de refrain, de résumé, de sommaire. Dans la poésie hindî, les consonnes muettes comptent comme si elles étaient accompagnées d'un *a* bref. Aussi ai-je transcrit le texte sans me préoccuper de la prononciation moderne. Il est probable cependant qu'il faudrait lire *sarba*, *janma*, *marna*, etc.

chârê biṣam bisikh ur lâgê
chûṭi samâdhi çambhu tab jâgê
bhayaü îç man chôbh bisêṣî
nayan ughâri sakal disidêkhî
sâurabh pallaw madan bilôkâ
bhayahu kôp kampêü trilâukâ
tab çiw tîsr nayan ughârâ
citwat kâm bhayaü jarichârâ
hâhâkâr bhayaü jag bhârî
ḍarpê sur bhayê asur sukhârî
samujhi kâm sukh sôc him̃ bhôgî
bhayê akaṇḍak sadhak jôgî

(Râmâyaṇa, ch. I, str. 98.)

« Ayant vu un manguier aux branches larges, — Kâma (l'Amour), dans sa folie, s'élança sur cet arbre; — mettant une flèche à son arc de fleurs, — il fit un effort dans sa grande passion, — et, tirant la corde à son oreille, il envoya les flèches dans la poitrine du Dieu. — L'extase fut rompue et alors Çambhu s'éveilla. — Il y eut une grande agitation dans l'esprit d'Îça; — il ouvrit les yeux et regarda de tous côtés: — il aperçut l'Amour sur le manguier; — de sa colère, les trois mondes tremblèrent. — Alors Çiva ouvrit son troisième œil: — par son éclat, Kâma fut réduit en cendres. — L'univers fut rempli d'une clameur, — les dieux étaient dans la crainte, les açuras dans la joie; — les riches furent troublés en pensant aux joies de l'amour, — les saints et les *yôgis* furent délivrés d'une épine ».

III. HINDI ORIENTAL.

Ek baṛâ âdimi angûr *kâi bâṛî ô khêt*
Un grand homme vigne de plantation et champ
bôvales; ôkê câr bêṭavâ rahalâiṁ. Jab û
possédait; à lui quatre fils demeuraient. Quand lui
marâi lagal, tab bêṭavan sê kahales: ê bêṭâ môrê
mourir commencé, alors fils à il-dit: ô fils de-moi
pâs javan dhan rahal, tâunê kê mâi, angûr *kê*
auprès quelle fortune demeurée, ceci à moi vigne de
khêtavâ mê gâṛ dihalê bâtôṁ; sê tûmlôg khanaba,
champs dans trou ayant-fait je-place; cela vous fouillant,
tô païbah. Jab û âdimi *mari gayal, tab*
alors à-obtenir. Quand cet homme mort allé, alors
ôkar sab bêṭâuvâ mil kê khêt kî cârô ôr sê
de-lui tous fils s'étant réunis champ à quatre côté de
khanâi lagalaiṁ; lêkin *dhan kâi khôj na milal;*
fouiller commencèrent; mais fortune de trace non trouvée;
bâkî *khêt acchî* tarah *sê khôdal gayal. O*
seulement champ bonne manière de creusé allé. Cela
sê angûr *kâi pêṛ* khûb *panaphalâiṁ âur* khûb
avec vigne de tiges excellemment fructifièrent et excel-
angûr *kâi phal upajalâiṁ. Tab tô sab bêṭâ*
lemment vigne de fruits reproduisirent. Alors tous fils
mil kê ô kê bêcalâiṁ, âur bahut êk dhan
s'étant réunis cela à vendirent, et beaucoup une fortune
pâulâiṁ; baṛâ khus *bhaïlâiṁ. Êsê ham-lôgan kê*
obtinrent; grande joie furent. Ceci-avec nous-autres à

î bât sîkhâi kê câhî, kî baṛâ lôg jâun
cette affaire enseigner à désiré, que grands gens quelle
bât kahâim̃ tâunê kê jarûr *mânâi kê câhî,*
parole disent cela à nécessaire observer à désiré,
ṭârai kê na .câhî; êhî mê hamarê lôgan
négliger à non désiré; ceci-même dans nous autres
kâi kalyân hôî. I laṛikan kê sîkhâi kê badê
de bonheur devient. Ceci enfants à enseigner à bon
kahanî kâuvâi.
conte sera.

«Un homme riche possédait un terrain planté en vigne; il avait quatre fils. Sur le point de mourir, il dit à ses fils: «Mes enfants, la fortune que j'ai acquise, je l'ai cachée dans un trou dans ma vigne; en y fouillant, vous la trouverez». Quand cet homme fut mort, ses fils d'accord se mirent à fouiller le terrain dans tous les sens. Ils ne trouvèrent aucune trace de trésor, mais le terrain ayant été remué de la bonne manière, les pieds de vigne donnèrent d'abondantes pousses et d'excellents raisins se produisirent. Les quatre fils d'accord les vendirent et en retirèrent beaucoup d'argent, à leur grande joie. Ceci doit nous enseigner qu'il faut suivre les conseils des hommes supérieurs et ne pas les laisser de côté, et cela fera notre bonheur. C'est là un conte bon à apprendre aux enfants».

IV. HINDI CLASSIQUE.

एक बार मैं ने दक्षिणारण्य में फिरते देखा कि एक बुड्ढा व्याघ्र नहा कर कुश हाथ में सरोवर के तीर पर कहता है। हे पथिक इस

सुवर्ण के कंकण को ले। उस की बात सुन कर डर से उस के पास कोई न जाता . . . .

Êk bâr mâim nê Dakṣiṇâraṇya mêm phirtê dêkhâ
Une fois moi par Dakchinâranya dans tournant vu
ki êk bûṛhâ vyâghr nahâ-kar kuç hâth mêm
que un vieux tigre s'étant-baigné du-kuça main dans,
sarôvar kê tîr par, kahtâ hâi: hê pathik is suvaraṇ
étang de bord sur, disant est: ô voyageur, ce or
kê kankaṇ kô lê! Us kî bât sun-kar ḍar
de bracelet à prends! Lui de parole ayant-entendu peur
sê us kê pâs kôî na jâtâ . . .
avec lui de auprès quelqu'un non allant.

«Me promenant un jour dans le Dakchiṇâraṇya, je vis un vieux tigre, qui, après s'être baigné, se tenait, un brin d'herbe à la main, sur le bord d'un étang et disait: ô voyageur! venez prendre ce bracelet d'or! On entendait ces paroles, mais la peur empêchait les gens de s'approcher de lui . . . . »

Voici le texte sanskrit:

अहमेकदा दक्षिणारण्ये चरन्नपश्यम्। एको वृद्धव्याघ्रः स्नातः कुशहस्तः सरस्तीरे ब्रूते। भो भोः पान्थ इदं सुवर्णकङ्कणं गृह्यताम्। तद्वचनमाकर्ण्य भयात्कोपि तत्पार्श्वं न भजते . . . .

Aham êkadâ dakṣiṇâraṇyê caran apaçyam;
Moi une-fois dans-le-Dakchinâraṇya errant je-vis:
êkô vṛddha-vyâghraḥ snâtaḥ kuça-hastaḥ saras-
un vieux-tigre baigné kuça-ayant la main lac-sur
tîrê brûtê: bhô bhôḥ pântha idam̃ suvarṇa-kankanam̃
rivage parle: hô hô voyageur ce or-bracelet

gṛhyâtâm; *tad* *vacanam* *âkarṇya* *bhayât* *kôpi*
kas-api
soit-à-prendre! cette parole entendant par-peur quel-
tat-pârçva na bhajatê ....
qu'un-sur ce côté non fréquente ....

V. URDU

اسي امّيد مين بادشاه كي عمر چاليس برس كي هو
گئي — ايک دن شيش محل مين نماز ادا کرکے وظيفه پڑه
رهے تهے — ايکبارگي آئينے كي طرف خيال جو کرتے هَين تو
ايک سفيد بال موچهون مين نظر آيا كه مانند تارِ مغّيش
کے چمک رها هی

Is-î ummêd *mêm* bâdṣâh *kî* ʿumr *câlîs*
Cette-même espérance dans Roi de âge quarante
baras *kî* *hô* *gayî* — *êk* *din* ṣîṣ mahʿall *mêm*
années de devenu allé — un jour miroir palais dans
namâz adâ *karkê* wazîfa *paṛh* *rahê*
prière accomplissement ayant-fuit leçon lu demeuré
thê; — *êk*-bârgî âyînê *kî* taraf kʿiyâl *jô* *kartê*
était; — tout à coup miroir de côté idée quand faisant
hâim, *tô* *êk* sufêd *bâl* *mûchôm* *mêm* nazar
est, alors un blanc poil moustaches dans vue
âyâ *ki* mânind târ-i muqqaîṣ *kê* *camak-ra-*
venu que pareillement fil-de broderie de éclat de-
hâ *hai* ....
meuré est ....

«Dans cette espérance (d'avoir un fils), le roi arriva à l'âge de quarante ans. Un jour, comme il venait de finir sa prière dans une salle tapissée de miroirs, il se mit à lire sa leçon journalière: tout à coup, un hasard ayant attiré ses regards sur une glace, il vit dans ses moustaches un poil blanc qui brillait comme le fil d'une broderie ....»

J'ai laissé en romain les mots arabes ou persans. On aura remarqué le pluriel honorifique (*haim*, *thē*) pour le singulier. *Wazîfa* c'est la leçon journalière du Qoran, le passage que chacun doit lire chaque jour.

Le texte sur lequel a été fait le vocabulaire, pour le morceau p. 150–158, étant un peu différent de celui qui a été imprimé aux p. 150–158, les lecteurs devront prendre garde à l'orthographe de quelques mots: कमल pour कमलकल, करोड़ pour कड़ोड़, मूरख pour मूर्ख, मेघनाग pour मेघनाद, स्वभाव pour सुभाव, क्योंकि pour क्यौंकि, et plusieurs fois ण pour न: गुण pour गुन, etc.

CHAPITRE PREMIER.

PRÉLIMINAIRES.

§ A. — *La grammaire — le langage — les éléments du langage — l'étude des langues.*

La grammaire d'une langue quelconque n'est pas seulement l'art d'écrire et de parler correctement cette langue. Une pareille définition est, on le sait, inexacte ou tout au moins incomplète. La grammaire, dans le sens précis de ce mot, est, pour ceux qui ne réduisent pas la science à un empirisme grossier, l'étude de tous les éléments du langage.

Mais qu'est-ce que le *langage?* Proprement l'expression de la pensée. Par conséquent, tout ce qui tend à la manifestation extérieure de la pensée est un langage: la musique, le dessin, le geste, la parole, l'écriture, sont autant de langages différents, les uns *simples* comme la parole ou le geste, les autres *complexes* comme l'écriture qui tient à la fois du geste par son origine (représentation figurée, parlant aux yeux) et de la parole par son but (lecture orale, prononciation sonore des mots). En général cependant, on restreint le sens de *langage* à la parole, au langage sonore.

Or, quels sont les éléments de ce langage proprement dit, de ce langage parlé, de la pensée sonore?

La pensée parlée se présente sous la forme d'une *proposition*, d'une sentence, d'une phrase, composée de trois éléments fondamentaux: action, être ou objet intéressé dans cette action, direction ou but de cette action; ce qu'on résume par trois mots: *sujet*, *verbe* et *attribut*, *prédicat*, *complément* ou *régime*. La disposition, l'arrangement, la complexité ou la simplicité du sujet, du verbe ou de l'attribut, c'est à dire *l'étude des mots dans la proposition*, constituera donc un objet d'étude nécessaire et primordial dans la grammaire. La partie de la grammaire qui est consacrée à cette étude spéciale a reçu le nom de syntaxe.

Mais, avant de considérer les mots dans la phrase, ou plus exactement dans leur rôle extérieur, dans leur côté objectif, ne convient-il pas de les envisager en eux-mêmes, dans leur côté subjectif, dans leur rôle intérieur, dans leur nature intime? Évidemment oui. A ce point de vue, deux études différentes s'imposent.

L'une prend le mot tout formé, complet, tel qu'il se prononce, le mot *formel* comme disent les linguistes, — par exemple «femme, *homo*, *wise*, *lieben*», etc. — et en étudie l'histoire. Elle dissèque les écrivains, elle analyse les monuments littéraires des divers âges, elle fouille les patois et les habitudes populaires, et découvre par quelles nuances de sens a passé ce mot suivant le temps et les lieux, par quelle succession d'emplois il est devenu adjectif ou verbe, à quel mot ancien il a été substitué; en résumé quelle est et quelle a été sa fonction individuelle dans la langue dont on se préoccupe.

L'autre étude du mot a pour but de rechercher les éléments différents qui le composent. L'existence de ces éléments est manifeste et ne saurait faire doute. En comparant entre eux par exemple, d'une part des mots tels que *aimerons, aimât, aimasse, aimé,* et d'autre part des mots tels que *aimerons, pleurerons, finirons, rendrons,* la complexité de ces divers mots nous apparait évidente. Il est donc éminemment commode, utile, nécessaire, de rechercher quels sont les éléments distincts qui entrent dans leur composition, pourquoi il se juxtaposent ou se combinent et dans quelles conditions. Cette partie de la grammaire, qui a pour objet l'étude des *formes,* a été désignée sous le nom de **morphologie**; on l'appelle aussi **dérivation,** surtout lorsqu'on se place au point de vue des éléments significatifs primordiaux, car tout mot formel répond à un double but, à ce qui constitue la pensée entière, le sens et la forme, la *signification* et la *relation* (c'est à dire le rapport extérieur possible suivant le temps et l'espace).

Ces éléments de dérivation, ces *éléments formels,* doivent être étudiés à leur tour quant à leur nature intime. Nous sommes ainsi arrivés à rechercher quelle est la substance même du langage. Si la *syntaxe* s'occupe du corps et de ses allures; si l'étude de la *fonction* enseigne la loi du développement et les usages divers dont sont capables les membres divers de ce corps; si la *dérivation* montre dans ces membres la chair, les os et le sang; une dernière étude devra faire connaître de quoi se composent ce sang, ces os et cette chair: elle devra rechercher les éléments simples dont l'alliance ou la combinaison les produit; elle découvrira ici du carbone et de l'azote, là du fer, là de l'hydrogène, et dira par quelles lois physiques et chimiques ces éléments simples se sont unis et combinés. Qu'y a-t-il à la base du langage? quels matériaux primaires emploie la parole pour exprimer la pensée? Des sons et des bruits produits par les organes de la respiration. C'est ce qu'étudie la **phonologie** ou **phonétique**.

Une bonne grammaire, une grammaire complète, devra par conséquent être composée de quatre traités successifs; le premier enseignera le matériel sonore de la langue étudiée; le second donnera la série des formes grammaticales; le troisième révélera l'histoire de la signification des mots (on appelle aujourd'hui cette étude la *sémantique*) et de leur rôle grammatical; le quatrième apprendra à construire des phrases conformément à ce qu'on appelait jadis le «génie» de l'idiome donné.

Il n'y a pour ainsi dire pas encore, pour aucun idiome, de grammaire bonne et complète. Mais au moins les meilleures s'occupent-elles de la phonétique, de la morphologie et de la syntaxe.

§ B. *Notions phonétiques.*

La *phonétique* est à proprement parler l'étude des sons et des bruits exclusivement employés par tel ou tel idiome. On s'en rend compte en analysant d'abord les mots de la langue même, puis en voyant quelles modifications ont subies les mots que les gens du pays ont empruntés à d'autres peuples dont ils ont adapté les sons et les bruits à leurs propres habitudes. On recherche aussi si les mots originaux ne varient pas ou n'ont pas varié soit d'un siècle à un autre, soit d'une région géographique à une autre; et l'on découvre par là les lois naturelles de formation du langage; ce qui permet d'en reconstituer plus ou moins exactement la forme primitive, d'en faire l'histoire, d'en établir les étymologies, et par là d'en faciliter, pour ainsi dire indirectement, la connaissance précise et complète au point de vue pratique.

L'hindoustani s'écrit principalement à l'aide de deux alphabets entièrement différents, l'alphabet *persan* et l'alphabet *hindou* proprement dit.

1. L'alphabet *persan* dérive de l'alphabet *arabe*; on y a seulement ajouté quatre caractères pour représenter des articulations inconnues aux Arabes, le پ *p*, le چ *tch*, le ژ *j* français, et le گ *g* dur. Ces nouveaux caractères ont été fort logiquement déduits des anciens: pour le *p*, on a pris le *b* ب arabe, auquel on a souscrit trois points au lieu d'un seul; pour le *tch* on a pris le ج *dj* qu'on a pareillement triponctué; pour le *j*, on a mis de même trois points au lieu d'un seul sur le ز *z*; et quant au *g*, on l'a différencié du ك *k* par un simple trait au-dessus.

Les indiens, en adoptant l'alphabet persan, ont procedé de même. Ils y ont ajouté trois signes pour représenter leurs cérébrales, ٹ *ṭ*, ڈ *ḍ*, ڑ *ṛ*, qu'ils ont formés avec les *t, d, r* arabes surmontés de quatre points [1]; ils n'ont pas cru devoir transcrire exactement le *ṇ* lingual qu'ils ont confondu, ainsi que leurs nasales gutturales et palatales, avec le *n* dental.

L'écriture persane admise dans l'Inde comporte plusieurs variétés: les principales sont la *nask'î* نسخي ou écriture droite; la *ta'lîq* تعليق ou écriture suspendue, oblique; la *nasta'lîq* نستعليق ou mixte, qui est très employée dans l'Inde, et la *chikastah* شكسته «rompue», c'est-à-dire «courante, expédiée», beaucoup plus pénible à déchiffrer.

Cette écriture, adoptée et propagée à la fois dans un but politique et religieux, a perdu de son importance depuis 1837, depuis que la Compagnie Anglaise a abandonné l'usage du persan comme langue officielle pour y substituer soit l'anglais soit les principaux idiomes locaux. Elle est fort

---

(1) Certains écrivains usent d'une autre combinaison: ils superposent le *toï* ط aux signes non ponctués du *t*, du *d*, du *r* arabes. D'autres encore indiquent les cérébrales en tirant un trait sur les *t, d, r* arabes (le *t* garde naturellement ses deux points).

mal commode : la ressemblance de beaucoup de caractères que des points faciles à omettre différencient seuls, l'absence générale des voyelles, enfin sa non-convenance à la représentation exacte des voyelles et des consonnes hindoues, suffisent pour en condamner l'emploi. On objecte en vain l'égale inaptitude de l'écriture originale indienne à la figuration des mots arabes; quel que soit le nombre de mots arabes ou plutôt persans usités en hindoustani, ce ne sont jamais que des mots d'emprunt et le fond de la langue — grammaire et vocabulaire — n'en est pas moins essentiellement indien.

L'alphabet arabe-indo-persan comprend les signes suivants. On remarquera que les lettres changent de formes suivant qu'elles sont initiales, médiales ou finales; mais que plusieurs d'entre elles ne se lient qu'à la lettre qui les précède et jamais à celle qui les suit:

Isolée	Finale	Médiale	Initiale	Nom	Transcription
ا	ـا	ـا	ا	*élif*	ʼ... (*esprit doux*)
ب	ـب	ـبـ	بـ	*bé*	*b*
پ	ـپ	ـپـ	پـ	*pé*	*p*
ت	ـت	ـتـ	تـ	*té*	*t* (*dental*)
ٹ	ـٹ	ـٹـ	ٹـ	*ṭé*	*ṭ* (*cérébral*)
ث	ـث	ـثـ	ثـ	*sé*	*s*
ج	ـج	ـجـ	جـ	*djim*	*j*
چ	ـچ	ـچـ	چـ	*tchim*	*c*
ح	ـح	ـحـ	حـ	*ha*	*h'*
خ	ـخ	ـخـ	خـ	*kha*	*k'*
د	ـد	ـد	د	*dal*	*d*
ڈ	ـڈ	ـڈ	ڈ	*ḍal*	*ḍ*
ذ	ـذ	ـذ	ذ	*zal*	*ẓ*
ر	ـر	ـر	ر	*ra*	*r*
ڑ	ـڑ	ـڑ	ڑ	*ṛa*	*ṛ*
ز	ـز	ـز	ز	*za*	*z*
ژ	ـژ	ـژ	ژ	*ja*	*ż* (*j fr.*)

Isolée	Finale	Médiale	Initiale	Nom	Transcription
س	ـس	ـسـ	سـ	*sin*	*s*
ش	ـش	ـشـ	شـ	*chin*	*ş*
ص	ـص	ـصـ	صـ	*çad*	*ç*
ض	ـض	ـضـ	ضـ	*zad*	*ẓ*
ط	ـط	ـطـ	طـ	*ta, toé*	*ṯ*
ظ	ـظ	ـظـ	ظـ	*za, zoé*	*ẕ*
ع	ـع	ـعـ	عـ	*aïn*	ʿ... (*esprit rude*)
غ	ـغ	ـغـ	غـ	*gain*	*gʿ*
ف	ـف	ـفـ	فـ	*fé*	*f*
ق	ـق	ـقـ	قـ	*kaf*	*q*
ك	ـك	ـكـ	كـ	*kaf*	*k*
گ	ـگ	ـگـ	گـ	*gaf*	*g*
ل	ـل	ـلـ	لـ	*lam*	*l*
م	ـم	ـمـ	مـ	*mim*	*m*
ن	ـن	ـنـ	نـ	*nun*	*n*
و	ـو	ـو	و	*waw*	*w*
ه	ـه	ـهـ ـہـ	هـ	*hé*	*h*
ى	ـى ے	ـيـ	يـ	*yé*	*y*

En principe, tous ces signes sont exclusivement consonantiques et l'écriture arabe est une sorte de sténographie où les voyelles ne sont jamais écrites. Cependant, comme on a éprouvé le besoin de distinguer certains mots des autres et d'en préciser la prononciation, on a inventé des signes accessoires pour marquer les voyelles brèves. Ces signes sont un petit trait oblique au-dessus de la lettre pour *a*, au-dessous pour *i*, une sorte de virgule au-dessus pour *u*:

بَ	بِ	بُ
ba	*bi*	*bu*

Doublés, ces signes indiquent qu'une nasale est jointe à la voyelle:

بً	بٍ	بٌ
ban	*bin*	*bun*

On appelle ces signes en arabe *fatḥa*, *kasra*, *ḍamma* et en persan *zabar*, *zêr*, *pêch*.

Les voyelles hindoustanies, longues ou brèves, sont indiquées par les signes conventionels suivants:

a	initial	أ	médial et final	ـَ
â	«	ا	« « «	ـا
i	«	اِ	« « «	ـِ
î	«	اِي	« « «	ـِي
u	«	اُ	« « «	ـُ
û	«	او	« « «	ـو
ê	«	اي	médial ي final	ـے
ô	«	او	médial et final	ـو
âi	«	اي	« « «	ـَي
âu	«	او	« « «	ـَو

D'autres signes accessoires sont d'un usage fréquent: le *jazmá* ـْ qui indique qu'une consonne est muette, بْ *b*; le *tachdîd* ـّ qui double une consonne بّ *bb*; le *madda* qui allonge l'*a* initial آب *âb*; le *waçla* qui indique la suppression de la voyelle initiale de l'article arabe ال après une autre voyelle فِي ٱلْفَوْر *fi 'l fâur* «à l'instant»; et le *hamza* qui en hindoustani est simplement la marque d'un hiatus ou d'une diérèse: كيا *kyâ* et كئا *kiyâ*, كوءی *kôî* qu'on écrit plutôt كوئي, etc.

2. L'alphabet hindou, naturellement designé pour écrire l'hindoustani, a plusieurs formes dont la plus ordinaire et la plus connue est la *nâgarî* classique. On sait l'histoire de cette écriture, empruntée vraisemblablement à des Sémites deux ou trois siècles avant notre ère.

Elle a plusieurs formes ou variétés bien connues, la *dêvanâgarî*, la *nandinâgarî*, etc., et dans chacune certains caractères présentent d'assez nombreuses variétés. Ces formes sont pour ainsi dire classiques; mais, dans l'usage courant, on emploie d'autres formes, dérivées de celles-là et fort altérées.

La plus communément répandue est la *kâyathî* ou *kàithî* كايتهى (de *kâyath* कायथ, skr. *kâyastha*, écrivain) qui n'a que vingt neuf lettres différentes. Elle emploie en effet un seul signe pour les quatre nasales, gutturale, palatale, linguale et dentale; un seul pour les deux sifflantes *ç* et *s*; un seul pour *kh* et *ch*; un seul pour *b* et *v*; un seul pour *j* et *y*. Lorsqu'on veut écrire, on trace sur le papier une ligne horizontale après laquelle vienne se suspendre les traits qui complètent chacun des caractères; mais cette ligne horizontale est quelquefois omise. On omet également souvent les signes diacritiques qui distinguent *i* et *u* longs de *i* et *u* brefs, *k* de *ph*, *p* de *dh*, *r* de *t*, et *tch* de *ḍh* ou *y*.

Deux variétés de la *kâithî*, la *mahâjanî* «écriture marchande» (de *mahâjan* महाजन مهاجن banquier), *koṭhîvâlî* «écriture de bureau» كوٹهيوالي ou *çarrâfi* صرّافي (de l'arabe *çarrâf* صرّاف changeur), et la *baniâuṭî* बनिश्रोटी sont ordinairement employées par les négociants et les banquiers. Elles sont beaucoup plus difficiles à lire et suppriment toujours le trait horizontal supérieur.

3. Quelle que soit la forme de l'écriture adoptée, nous devons partir des alphabets types (persan et dêvanâgarî) pour reconnaître de quelles voyelles et de quelles consonnes fondamentales se compose la langue générale de l'Hindoustan.

L'alphabet dêvanâgarî compte quarante-huit lettres dont voici en même temps le classement et les signes transcriptifs:

Voyelles: अ *a*, आ *â*, इ *i*, ई *î*, उ *u*, ऊ *û*, ऋ *ṛ*, ॠ *ṝ*,
ऌ *ḷ*, ॡ *ḹ*, ए *ê*, ऐ *âi*, ओ *ô*, औ *âu*

Consonnes:

gutturales ou plutôt
palatales: क *k*, ख *kh*, ग *g*, घ *gh*, ङ *ṅ*,
palatales ou plutôt
palatales mouillées: च *c*, छ *ch*, ज *j*, झ *jh*, ञ *ñ*.
linguales: ट *ṭ*, ठ *ṭh*, ड *ḍ*, ढ *ḍh*, ण *ṇ*.
dentales: त *t*, थ *th*, द *d*, ध *dh*, न *n*.
labiales: प *p*, फ *ph*, ब *b*, भ *bh*, म *m*.
semivoyelles: य *y*, र *r*, ल *l*, ळ *ḷ*, व *v* ou *w*.
sifflantes: श *ç*, ष *ṣ*, स *s*.
aspirée: ह *ḥ*.

Signes divers:

aspiration: ः *ḥ*, nasalisation: ं ँ m, *m̃*, *ṃ*

Le signe de l'aspiration s'appelle *visarga* et celui de la nasalisation *anusvâra* ou *anunâsika*. Il faut pour l'hindoustani moderne, ajouter le *ṛ* lingual qu'on écrit ड़, mais les voyelles *r* et *l* ont disparu. Le *ṛ* lingual provient de *ṭ*, *ḍ*, *t*, *d*, *r* sanskrits; il a une aspirée, *ṛh*, qu'on écrit ढ़, et qui vient de *ḍh*, *ṭh*, *th*, *dh*; ex.:

چمڑا *camṛâ*, skr. चर्मन «cuir, peau»;
گھڑا *ghaṛâ*, sk. घट «pot, cruche»;
پڑ *paṛ* sk. पत «tomber»;
گھوڑا *ghoṛâ*, sk. घोट, -क «cheval» etc.

Le *ḷ* lingual, déjà oublié en sanskrit du moins dans l'idiome classique, n'existe pas en hindî; et parmi les idiomes congénères, il ne se retrouve qu'en Panjabî et en Marâthî.

L'alphabet arabe a prêté à l'hindoustani (1) les signes suivants: lettres solaires ث *tsa*, ذ *zal*, ز *za*, ص *çād*, ض *zād*, ط *toe*, ظ *zoé*; lettres lunaires: ح *ḥa*, خ *kha*, ع *'ain*,

(1) C'est à dire que l'hindoustani a pris à l'arabe des mots qui contiennent ces lettres.

غ *gain*, ف *fé*, ق *qaf*, qu'on a essayé de transcrire en dêvanâgarî par des lettres ponctuées: le *z* par exemple par un *j* ज़ sousponctué; le خ *k* par *kh* ख़, le *f* ف par *ph* फ़, le ع par ़अ, इ; le غ par ग़ et ainsi de suite.

L'écriture indienne étant syllabique, les voyelles se joignent aux consonnes à l'aide de signes particuliers que voici joints au *k*.

क *ka*, का *kâ*, कि *ki*, की *kî*, कु *ku*, कू *kû*, कृ *kr*, के *kê*, कै *kâi*, को *ko*, कौ *kâu*.

Il en serait de même avec les autres consonnes, sauf pour *r* qui fait रु *ru* et रू *rû*.

L'usage fera connaître les groupes de consonnes muettes; les deux plus difficiles à reconnaître sont क्ष *kṣ* (kch) et ज्ञ *jñ* (djgn) que les hindous modernes prononcent ordinairement *kh* et *gy*, de même qu'ils disent *s* pour *ç* श et *kh* pour *ṣ* ष.

R joint à une consonne se marque de deux façons différentes suivant qu'il précède la consonne ou qu'il la suit: र्क *rka*, क्र *kra*.

A la fin d'une syllabe et surtout d'un mot, une consonne est censée muette: अपना *apnâ*, राम *râm*, बीरबर *bîrbar*.

4. Les lettres européennes que nous avons employées ci-dessus serviront comme signes transcriptifs dans tout le cours de cette étude.

On a d'ailleurs essayé de généraliser dans l'Inde l'usage de l'écriture latine ou romane; on a même imprimé des livres dans ce système qui néanmoins ne saurait avoir que peu d'avenir. Celui qui veut apprendre une langue à fond ne peut être sérieusement rebuté par la difficulté apparente ou réelle de l'alphabet original.

5. La prononciation des sons et des articulations indiennes n'est pas non plus d'une difficulté insurmontable. Les voyelles correspondent aux voyelles européennes dont les

caractères les représentent (*u* par exemple vaut *u* général européen, *ou* français); les aspirées ne diffèrent des simples que par l'addition d'un soufflement assez fort; les *dj*, *tch*, *gn* (*j*, *c*, *ñ*) ne sont point étrangers à la langue française; la première sifflante sanskrite est un *ś* mouillé, quelque chose comme le *ch* allemand de *mich*; la seconde vaut le *ch* français; les cérébrales se retrouvent en anglais [1]: ce sont des *ṭ*, *ḍ*, *ṇ*, *ḷ*, *ṛ*, articulés en reportant la pointe de la langue vers le fond du palais; enfin les *tsa*, *zal*, *za*, *sad*, *zọé* arabes sont confondus dans l'Inde sous la même prononciation *z*; *toé* y vaut *t* dental ordinaire; *qaf* s'y transcrit et s'y prononce *k* क़; *fé* est notre *f* soufflant; *ḥ'a*, *k'a*, *ʿain*, *ġain*, s'articulent comme *h* àspiré ou plus exactement comme le *ch* allemand de *hoch*, *nach* (c'est la *jota* espagnole, le *chi* grec moderne, le *c'h* breton etc.).

6. Les altérations euphoniques dont les mots sont susceptibles dans toutes les langues par la seule action du temps sont déterminées, entre autres causes générales, par l'*accent* et la *quantité* des syllabes qui les composent. Il faut n'avoir pas écouté des Anglais, des Allemands ou des Espagnols pour refuser de se rendre compte de la valeur de l'accent. Le français classique a régulièrement son accent sur la dernière voyelle (e muet final ne compte pas), aussi le phénomène échappe-t-il à l'observation; mais dans les patois populaires, surtout dans les patois provençaux, l'accent est parfaitement sensible. Quand par exemple un Béarnais prononce les noms basques *Echeberry*, *Biarritz*, sa voix s'enfle fortement sur les syllabes *ber*, *bia* qui attirent seules l'attention de l'auditeur tandis que les finales

(1) Les finales des adjectifs en *ble* offrent incontestablement par exemple *ḷ* cérébral. Du reste les Anglais disent qu'il faut prononcer les *ṭ* et *ḍ* indiens comme leurs *t* et *d*; et les Indiens transcrivent *lâḍ*, *mĕjisṭrĕṭ*, *kalekṭar* les mots *lord*, *magistrate*, *collector*.

sont à peine perceptibles. On comprend par là comment *sánguinem* a pu se réduire à *sang*, *scándalum* à *esclandre*, *sorórem* à *sœur*, et ainsi de suite. Pour les langues néo-hindoues, de pareils exemples abondent.

La quantité des voyelles, c'est à dire leur nature longue, grave, sonore ou brève, légère, sourde, est de même, on le conçoit aisément, un élément d'altération ou de conservation fort important.

7. Un autre point à considérer aussi, c'est l'âge des mots. Il est certain que les mots les plus anciens sont les plus altérés et que ceux d'usage récent, d'importation moderne, présentent une forme plus intacte. Il faudra tenir compte encore du point particulier, de la région spéciale du pays où le mot considéré aura été employé pour la première fois. Enfin il faudra voir si le mot ne constitue pas un *doublet*.

Un *doublet* c'est, on le sait, quelque chose comme la seconde édition d'un mot. Les savants, les gens de lettres, les orateurs qui ne prononcent pas les langues anciennes ou étrangères comme elles devraient être prononcées, ne reconnaissent pas parfois certains mots anciens ou étrangers sous leur forme vulgaire, et refont ces mots de toutes pièces, soit avec le même sens, soit avec un sens analogue, soit avec une signification absolument différente d'après les besoins du langage et d'après certaines considérations dont l'étude est précisement l'objet de la *sémantique*. D'autres fois on a emprunté à des langues étrangères des mots que l'on possédait déjà sous d'autres formes. C'est ainsi qu'à côté d'*esclandre*, on a fait *scandale* en avançant l'accent naturel d'une syllabe, *tunnel* à côté de *tonneau*, *hôtel* à côté d'*hôpital*, *intègre* et *entier*, *noir* et *nègre*, *façon* et *fashion*, etc., etc.

8. A ce propos, il est utile de faire remarquer que les

grammairiens hindous ont distingué, dans le vocabulaire de leur langue, trois catégories principales de mots: les *tatsama*, les *tadbhava*, les *dêçya*.

Les *tatsama* «identique à cela» sont des mots qui ont absolument la même forme qu'en sanskrit; par exemple. भ्राता *bhrâtâ* «frère» (Hindî or), राजा *râjâ* «roi». On étend pourtant cette appellation aux mots plus ou moins récemment empruntés au sanskrit, et ayant subi de légères altérations insuffisantes pour en dénaturer l'origine; par exemple: Hindî or. बिस्नु *bisnu* par विष्णु *viṣṇu*; H. or. करम *karam* (H. occ. काम *kâm*) «ouvrage, affaire» pour *karma* कर्म; *chhamâ* چهما «patience» pour *kṣamâ* क्षमा, *darṣan* درشن «vue» pour *darçanam*, दर्शनं etc.

Les *tadbhava* «de la même nature que cela» sont des mots sanskrits qui ont été très sensiblement altérés, au point d'être souvent devenus méconnaissables. Ce sont les expressions qui se rattachent aux formes traditionnelles des anciens prâkrits: Hindî or. *pût* पूत «fils» de l'anc. mag. *putt*, pali *putta*, sk. *putra* पुत्र — H. or. *râti*, H. occ. *rât* राति, रात «nuit», ap. *latti*, A. mag. *râî*, sk. *râtri* रात्रि — *âmkh* انكه «œil» sk. *akṣi* अक्षि — *garddhâ*, *gadhâ* گدھا «âne», sk. *gardabha* गर्दभ — *kôïl* كويل कोइल «cuculus», sk. कोकिल, etc.

Les *dêçya* «régional, provincial» sont en théorie des mots d'une filiation difficile à établir, exclusivement usités dans certaines parties du territoire où se parle la langue étudiée. Beaucoup de ces mots seraient vraisemblablement empruntés aux idiomes voisins, à des langues étrangères. La détermination des mots *dêçya* laisse beaucoup à désirer.

9. Quoi qu'il en soit les Hindous distinguent encore dans leur langue, ainsi composée de mots *tatsama*, *tadbhava* et *dêçya*, deux dialectes ou plutôt deux manières de parler différentes.

La première appellée *ṭhêṭh bhâṣâ* (pron. *bhâkhâ*) ٹھیٹھ بھاکھا «langue pure, originale» ou *gâmvârî bhâṣâ* (*bhâkhâ*) گانوارى بھاکھا «langue vulgaire, rustique, villageoise» désigne l'idiome véritablement populaire; la seconde dite *kharî bôlî* کھری بولي «langue honnête» ou *nâgarî bhâkhâ* ناگری بھاکھا «langue de ville» désigne l'idiome de la conversation courante entre les lettrés ou les gens du monde. De pareilles distinctions existent dans tous les pays; il y a, au point de vue surtout de la prononciation, de fort intéressantes observations à faire sur les dialectes populaires.

10. Le dialecte hindoustani de la province de Madras, d'Haïderabad, du Décan, le *dakhnî*, a par exemple une tendance certaine à l'allongement des voyelles: il dit *ûskî* «de lui» اوسکي pour اسکي *uskî*, اوتهنا *ûṭhnâ* pour اٹھنا *uṭhnâ* «se lever», etc.; et substitue souvent ڈ *ḍ* à ڑ *ṛ*.

L'Hindî oriental possède un *e* et un *o* brefs, un *ai* et un *au* diphtongues brèves; ce sont à proprement parler des abréviations des *ê*, *ô*, *âi*, *âu* classiques qui correspondent à des mutations en *i* et *u* brefs dans d'autres dialectes. L'hindî oriental a de plus une sorte de voyelle atone: M. Hœrnle l'appelle neutre, la transcrit par une apostrophe et la compare à un *chewa* hébreu mobile; c'est presque un *e* dit muet français; on peut la transcrire *e* surmonté du signe de la brève: elle sert de voyelle d'appui à la fin des mots ou entre deux consonnes. Ce même dialecte emploie de préférence *â*, *î*, *ê*. tandis que les dialectes occidentaux ont plutôt *u*, *ô*, *âu*; il préfère *r*, *rh*, à *ṛ*, *ṛh*; il substitue *r* à *l* ou *n* occidental, etc.

Le Mâithilî qui, suivant M. G.-A. Grierson, est parlé par plus de sept millions d'individus dont cinq millions n'entendent ni l'hindî vulgaire ni l'urdû présente de curieuses particularités phonétiques. La voyelle «neutre» y remplace dans la prononciation des *a*, *i*, *u*, écrits; le *ṇ* cérébral y est très nettement articulé; si, comme dans toute l'Inde aryenne, on y confond *y* et *j*, *ṣ* et *kh*, *jñ* et *gy*, *b* et *v*, les groupes *sp* et *hy* (dans *puṣp* «fleur» et *grâhya* «acceptable») s'y prononcent d'une manière spéciale, *hfp* et *j* fr. *jy* (Grierson: *puhfp*, *grâjdjya*).

Les dialectes du Nord et de l'Ouest ne sont pas moins intéressants. Dans la Râjputânâ, dans les vallées de l'Himâlaya, dans le *Mâṛwârî* par exemple, *c* et *ch* se sifflent en *s*. Ces dialectes aiment aussi beaucoup les cérébrales et disent par exemple *apṇâ* pour *apnâ* «son propre (adjectif possessif)», *rôṇô* «l'action de pleurer» pour *rônâ*, *kâuṇô* «l'action de dire» pour *kahanâ*; ce dernier exemple montre aussi leur aversion pour les aspirées. Le *ḷ* cérébral, dravidien, vêdique, y est d'usage courant.

Cet emploi régional des cérébrales est un argument sérieux contre la théorie des emprunts de sons. Une langue emprunte des mots mais non pas des sons. Seulement, il arrive que dans certaines circonstances particulières, climatériques, topographiques, elle développe des articulations primitivement étrangères à son organisme. C'est ainsi que les cérébrales, spéciales aux idiomes dravidiens, ont pris naissance dans les langues aryennes de l'Inde. C'est ainsi que s'est produite la *jota* espagnole, qui n'est qu'un dérivé du *l* latin et qui ne vient point de l'arabe: le *k'* ou *k'* arabe n'est jamais représenté en espagnol moderne par un *j*.

Pour terminer, je rappelle qu'il est utile de toujours se défier des transcriptions anglaises. *Jungle*, *Thug*, *Begum*, par exemple sont proprement *Jangal* جنگل «forêt», ٹهگ *Thag* «voleur» et *Bêgam* بیگم «femme du Beg»: comme *currie* n'est que le tamoul *kaṛi* «ragoût».

§ C. — *Morphologie.*

11. Les formes que peuvent présenter les mots d'une langue sont de différentes espèces; la *dérivation*, envisagée dans son ensemble, peut être considérée, pour employer un langage mathématique, comme l'étude de l'ensemble des fonctions d'une variable.

Cette variable, c'est la *racine*. Quelles sont les variations internes ou externes dont peut être affectée une racine?

Mais d'abord qu'entendons-nous par ce mot *racine?*

Lorsqu'on prend, dans une langue quelconque, un certain nombre de mots et qu'on en retranche tout ce qui, au premier coup d'œil, indique une relation objective, — *s* dans *hommes*, *ons* dans *marchons*, *té* dans *bonté* par exemple, — nous nous trouvons en présence de formules assez courtes, de deux ou trois syllabes tout au plus, et d'une signification assez générale: *bon*, *marche*, *faire*, etc. Si nous prenons ces formules, ces expressions, non plus dans une langue moderne, comme le français, l'anglais ou l'hindoustani, mais dans une langue ancienne, comme le sanskrit, le gothique, ou le latin; mieux encore, quand nous nous adressons à une langue primitive, mère comme on dit vulgairement, c'est-à-dire à une langue pour ainsi dire théorique, reconstituée par la comparaison d'un certain nombre d'idiomes dont l'origine commune est évidente; nous remarquons, en comparant ces expressions les unes avec les autres, tant au point de vue de leurs formes sonores qu'au point de vue de leurs significations, de leurs états idéologiques, qu'elles peuvent se classer en groupes distincts et parallèles et que chaque expression peut prendre place dans plusieurs groupes. Dans la plupart des cas, chacun de ces groupes peut être caractérisé par un élément sonore dont le sens original est ainsi facile à dégager; ce sens est d'ordinaire assez vague, assez général, mais susceptible pourtant d'être affecté de significations subjectives, *ouvrir* ou *éclairer* n'étant par exemple qu'une variation de *fermer* ou d'*être obscur*. En rapprochant à leur tour ces divers éléments primaires, ces *radicaux*, on peut souvent encore en déduire d'autres expressions sonores phonétiquement plus simples et dont le sens encore plus vague, exprimera par exemple le fait brut du mouvement qui amène l'éclat ou la lumière, qui produit l'ouverture ou la fermeture; ce sont ces éléments primordiaux qu'on a nommés les *racines*. Dans les langues indo-Européennes, et dans les langues dravidiennes à mon avis, toutes ces racines, fort peu nombreuses, expriment en général soit un mouvement simple: aller, passer, souffler, etc., soit une station: demeurer, être raide, etc., soit une combinaison de ces deux faits: pousser, presser, battre, etc.

Je sais bien que toute une école de linguistes, remarquable par la haute valeur de ses membres, repousse cette théorie des racines sous le prétexte assez vraisemblable qu'elle ne repose sur aucun fait réel, attendu que l'homme ne pense pas et ne parle pas par conceptions vagues: «aller, bâiller, manger» mais par sentences, par propositions: «je vais à la forêt, tu bâilles, il mange du bœuf». D'accord; mais l'existence des racines est un fait incontestable, c'est le résultat de l'analyse, de l'autopsie du langage. Il est possible, pourrait-on dire pour tout concilier, que les racines ne soient que le résultat d'une contraction, qu'elles ne soient que la réduction d'expressions anciennes plus complexes; de même que l'écriture analytique a procédé de l'écriture syllabique et de l'écriture figurative; de même par exemple que B, qui représente aujourd'hui seulement la consonne labiale explosive douce ou sonore, était jadis en phénicien la figure de «la maison, la demeure».

Mais est-il besoin de recourir à cette hypothèse? Que savons-nous de l'origine de l'homme, du développement de son intelligence et de l'histoire du langage? Quand à fini l'animal et quand a commencé l'homme? Comment la sensation s'est-elle exprimée par le cri, par le son, par le geste oral? Je n'ai pour ma part aucune répugnance à admettre une période primitive où la pensée était aussi vague et rudimentaire que la signification des racines qu'on retrouve au fond de toutes les langues. Il suffit d'observer le développement du langage chez l'enfant pour comprendre le peu de complexité formelle du langage primitif, l'incertitude de la signification et l'importance du geste.

Revenons donc aux racines qui sont des faits. Elles donnent naissance à des radicaux de divers ordres, dont la signification se spécialise de plus en plus jusqu'à ce qu'arrive le moment où doivent être rendues les relations objectives proprement dites, les rapports extérieurs suivant le temps et l'espace; jusqu'à ce qu'on ait à se servir de formes nominales ou verbales déclinées ou conjuguées.

Qu'est-ce que le *verbe* ou plus exactement que la conjugaison? Seulement l'expression simultanée de relations suivant le temps et l'espace; de là deux éléments propres à toute dérivation verbale: l'élément temporel, le signe du temps, et l'élément d'espace, l'élément sur lequel porte la relation exprimée, l'élément personnel, le signe de la personne. *Temps* et *personne*, voilà en quoi la conjugaison diffère de la déclinaison; car celle-ci ne s'occupe que du lieu, de la place du sujet. Mais cela n'est pas tout; dans le verbe, l'élement personnel peut être intéressé de deux façons différentes: il peut être agent ou patient, sujet ou régime; d'autre part, le temps peut être variable et peut au moins offrir les trois alternatives de passé, de présent et de futur. Enfin, l'idée significative dont les relations sont à exprimer peut varier dans sa nature intime au point d'être positive, précise, concrète ou abstraite, vague, contingente; il y aura par suite de ce chef à rendre ce que j'appelle les relations d'état, et ce qu'expriment les variations formelles connues sous le nom de *modes*. La conjugaison peut avoir à traduire encore d'autre idées pour ainsi dire subordonnées, accessoires, celles par exemple de causalité, de coërcition, de répétition, de continuité, de commencement, d'affirmation, de négation, sans parler des deux grandes divisions connues, des deux principaux points de vue auxquels peut être envisagée l'idée significative, selon qu'elle est considérée comme agissant en dehors d'elle-même ou comme ayant son objet en elle-même; c'est ce qu'ont pour but de mettre en relief les *voix* dérivées. De plus, il est parfois nécessaire de tenir compte des nuances de chacun de ces éléments, temps, modes, personnes, voix, c'est à dire des variations que l'élément significatif qui correspond à chacun d'eux est exposé à subir indépendamment des autres. Il est enfin utile d'exprimer les circonstances qui servent isolément à traduire analytiquement les conjonctions des langues modernes. On voit par là combien est multiple le rôle du verbe et quelles nombreuses modifications formelles il peut recevoir pour exprimer simultanément l'idée complexe qui résulte de toutes ces composantes.

Pour résumer cette complexité en une formule mathématique, soit R′ le radical du verbe, V une expression verbale quelconque, *v* l'idée de voix, *m* celle de mode, *t* celle de temps (*p* passé, *a* présent, *f* futur), *e* celle d'espace (*l* lieu et *p* personne), on aura

$$V=R'\,v\,m\,[((t\left\{\begin{matrix}p\\ a\\ f\end{matrix}\right\})(e\left\{\begin{matrix}p''\left\{\begin{matrix}s\\ r\left\{\begin{matrix}d\\ i\end{matrix}\right\}\end{matrix}\right.\\ l\end{matrix}\right.))]$$

ou $p''=p'$ varié en singulier, pluriel ou duel, p' étant lui-même p^1, p^2, ou p^3, c'est à dire l'une des trois personnes: moi, toi, ou lui, masculine, féminine ou neutre.

Quant aux formations nominales, quant à la *déclinaison*, il n'y a à exprimer que des relations d'espace; on fait donc $v=0$, $m=0$, $t=0$ et, en hindoustani[1] ou en français $p=0$, ce qui donne

$$N=R'\,l\left\{\begin{matrix}s\\ r\end{matrix}\right.\left\{\begin{matrix}d\\ i\end{matrix}\right.$$

où s représente le sujet c'est à dire le nominatif, r le régime c'est à dire le cas direct d (accusatif) ou les cas obliques, indirects i (datif, génitif, etc.). Il peut d'ailleurs être singulier, duel ou pluriel; masculin, féminin ou neutre.

Nous allons donc étudier la manière dont s'y prennent les dialectes indiens modernes que résume l'hindoustani pour exprimer les divers éléments du verbe et du nom.

CHAPITRE II.

FORMATIONS NOMINALES.

12. L'étude de la dérivation nominale comprend tout ce qui est relatif aux nuances subjectives de genre et de nombre, aux nuances objectives de cas, enfin aux diverses espèces de formations nominales: substantifs, adjectifs, pronoms, noms de nombre, adverbes, prépositions, conjonctions, etc.

---

(1) Beaucoup de langues ont dans leur déclinaison nominale l'idée personnelle; cf. l'arabe *kitâbuka* «ton livre, ô homme», le magyare *atyank* «notre père», le persan *mâdaram* «ma mère».

§ A. — *Genre et Nombre.*

L'indien antique, dont le sanskrit est le representant littéraire, distinguait trois genres: le masculin, le féminin et le neutre; et trois nombres: le singulier, le duel et le pluriel. Ces distinctions, conservées aussi par la plupart des anciennes langues indo-européennes, ont disparu dans beaucoup de langues modernes. Les genres étaient en effet devenus purement conventionnels: originairement le neutre caractérisait tout ce qui n'était pas susceptible de sexualité ([1]), mais plus tard on attribua un genre, masculin ou féminin, à des objets matériels ou abstraits qu'on voulut distinguer de la masse, qu'on personnifia. La distinction primitive n'avait plus de raison d'être; elle disparut tout à fait dans la suite des temps. C'est ce qui est arrivé en hindoustani.

Il en a été de même du *duel*. Ce nombre, intermédiaire entre l'unité et la collectivité, se retrouve dans beaucoup de langues très anciennes, dans beaucoup d'idiomes qui correspondent à un état de civilisation fort peu avancé ([2]). Mais les idiomes modernes l'ont presque toujours supprimé et confondu avec le pluriel. Ça été encore le cas de l'hindoustani.

([1]) Les langues dravidiennes font neutre tout ce qui n'est ni homme ni femme (par extension, ni dieu ni diable); les animaux et les enfants y sont neutres. En télinga même, une femme est neutre; c'est seulement au pluriel que les noms de femmes sont traités comme ceux d'hommes. Le dravidien en effet distingue ces cinq catégories: masculin singulier, féminin singulier, neutre singulier, masc. et fém. pluriel, neutre pluriel.

([2]) Par exemple les langues *kolariennes* du centre de l'Inde. Dans le langage de l'enfant, *deux* joue un rôle extrêmement important; longtemps, il ne compte que par un, deux ou beaucoup.

a. — DU GENRE.

13. L'hindoustani ne possédant que le masculin et le féminin, la plupart des mots neutres en sanskrit sont devenus masculins; les masculins et les féminins ont conservé leur genre.

Parmi les principales exceptions on peut citer:

1. Neutres devenus féminins: آنکہ *âmkh* «œil» de अक्षि *akṣi*, بست *bastu* «chose» de वस्तु *vastu*, گات *gât* «corps, membre» de गात्र *gâtra*.

2. Masculins devenus féminins: آگ *âg* «feu» de अग्नि *agni*, امچ *âmc* «flamme» de अर्चिस *arcis*, گہام *ghâm* «chaleur (solaire)» de घर्म *gharma*, باس *bâs* «parfum» de वास *vâsa* et encore le skt. a-t-il déjà अर्चि *arci* «flamme» fém.

En fait, dans le langage populaire, le genre des mots n'est guère distingué. Des confusions sont journellement faites surtout pour les mots terminés par une voyelle.

Beaucoup de noms sont masculins ou féminins pour ainsi dire de nature, par leur sens: مرد *mard* «homme», قاضی *qâzî* «juge» sont masculins; بیٹی *bêṭî* «fille», مرغی *murgî* «poule» sont féminins.

On donne comme une exception l'arabe قبیلہ *qabîla* (*qabîlah*) «épouse» qui est masculin parce que son sens primitif était «famille, tribu».

Sont aussi généralement masculins: les métaux, bijoux, minéraux (sauf چاندی *cândî* «argent» [1]; les noms de temps: an, mois, jour; les montagnes et les mers; les corps célestes; les qualités morales; les noms de parenté et les noms d'action.

Sont généralement féminins les noms des jours lunaires et les rivières ou fleuves.

---

(1) Parce qu'il vient du sanskrit *candrika* dérivé de *candra* «lune» et que ces dérivés en *ika* font normalement *î* féminin en hindî.

14. Quant aux terminaisons qui pourraient caractériser les genres, il n'y a non plus rien d'absolu. Cependant:

Les noms en ا *â*, ان *ân*, و *û*, ओ او *ô*, औ أو *âu*, و व *v* et ceux formés par les dérivatifs ج ज *j* (*ja*) «né de» پن *pan*, پنا *panâ*, پا *pâ* (substantifs de qualités) sont en général masculins, ainsi que les noms persans et arabes commençant par تَ *ta* et ayant un *u* à la dernière syllabe (تعلّق *ta'alluq* «relation, service») et ceux de même origine dont la voyelle pénultième est longue ou suivie d'une consonne redoublée (تصرّف *taçarruf* «usage, emploi»; تلاوت *talâwat* «lecture du Qoran»).

Les noms en *â* ا आ provenant de féminins skt.; ceux en इ *i*, ई ي *î*, ش *ṣ*, هت *hat*, وت *vat*, وٹ *vaṭ*, sont au contraire féminins, ainsi que les noms arabes et persans commençant par ت *ta* et dont la consonne finale est précédée de *î* ي (تصوير *taçwîr* «tableau», تقصير *taqçîr* «crime, faute»).

Les noms arabo-persans en *ah* sont assimilés aux noms originaux en *â*: بندہ *bandah* «serviteur», قلہ «sommet» sont masculins.

Les noms composée prennent le genre du dernier composant: شكارگاہ *ṣikârgâh* «terrain de chasse» est fém.; موہجامہ *mômjâmah* «toile cirée» est masc.

L'usage ou le dictionnaire apprendra le genre des noms, qu'il est utile de connaître pour l'accord grammatical exigé par la syntaxe; mais, en général, on peut dire que la grande distinction générique en hindoustani est marquée par: ا *â* pour le masculin (dial. de Braj *âu*; dial. occid. *ô*) et ي *î* pour le féminin: لڑکا *laṛkâ* «garçon», لڑکي *laṛkî* «fille»; گھوڑا *ghôṛâ* «cheval», گھوڑی *ghôṛî* «jument»; كالا *kâlâ* «noir», كالي *kâlî* «noire»; بولا *bôlâ* «parlé, il parla», بولي *bôlî* «parlée, elle parla»; كرتا *kartâ* «faisant (lui)», كرتي *kartî* «faisant (elle)».

15. Cette dernière règle est si naturelle que beaucoup de noms sanskrits ont été dédoublés. On leur a donné une forme masculine en ا *â* lorsqu'on a voulu y joindre une idée de force, de grandeur, et une forme féminine en ي *î* dans le cas contraire; ainsi, on a fait

De भाण्ड *bhâṇḍa* «pot» هانڈا *hâmḍâ* «marmite, grand chaudron» masculin, et هانڈی *hâmḍî* «pot de terre, petit chaudron» féminin;

De रश्मि *raçmi* «corde, rênes, brides» رسّا *rassâ* «câble» masculin et رسّی *rassî* «ficelle» féminin;

De गुड *guḍa*, गोल *gôla* «balle» گولا *gôlâ* «grosse boule, boulet de canon», masculin et گولی *gôlî* «boulette» fém.

On cite encore, entre autres, les nuances suivantes کنگھا *kanghâ* «peigne pour hommes, ordinaire, dentelé d'un seul côté» et کنگھی *kanghî* «peigne pour femmes, plus fin, dentelé des deux côtés.

Une terminaison féminine, comportant souvent une idée diminutive, est *iyâ* इया: दुखी *dukhî* «infortuné» et दुखिया *dukhiyâ* «infortunée»; ڈبّا *ḍibbâ* «boite, caisse», ڈبّی *ḍibbî* et ڈبیا *ḍibiyâ* «petite boite, cassette»; بوڑھا *bûṛhâ* «vieillard» et بڑھیا *buṛhiyâ* «vieille»; رنڈی *ranḍî* «femme» et رنڈیا *ranḍiyâ* «petite femme»; چڑی *ciṛî* et چڑیا *ciṛiyâ* «petit oiseau»; बेटा *bêṭâ* «fils» et बेटिया *bêṭiyâ* (e bref) «fille» (hindî oriental). Remarquez l'abréviation de la première voyelle dans ce dernier mot.

Quant à l'idée augmentative, on l'exprime au moyen de l'adjectif سا *sâ* (voyez plus loin).

16. Il suit de là que, pour féminiser les noms en *â*, il suffit de changer cet *â* en *î*: بیٹا *bêṭâ* «fils», بیٹی *bêṭî* «fille». Les mots en *ah* persan prononcé *a* suivent cette règle: بندہ *banda* (*bandah*) «esclave» fait بندی *bandî* au féminin.

Les grammairiens donnent de plus les règles suivantes:

A des noms terminés par une consonne on ajoute ى *î*; par exemple देव *dêv* «dieu», देवी *dêvî* «déesse»; ब्राह्मण *brâhman* «brahmane», ब्राह्मणी *brâhmaṇî*; بندر *bandar* «singe», بندرى *bandarî* «guenon»; بهيڑ *bhêṛ* «mouton, bélier», بهيڑى *bhêṛî* «brebis». Mais il suffit le plus souvent, pour expliquer ces formes, de se reporter aux prototypes sanskrits: देव *dêva*, ब्राह्मण *brâhmana*, वानर *vânara*, भेड *bhêḍa*.

Des noms de métiers en *î* font au féminin *in:* دهوبى *dhôbî* «blanchisseur» fait دهوبن *dhôbin*; مالى *mâlî* «jardinier» fait مالن *mâlin*; — cf. encore le sanskrit, masc. en *ika*, fém. en *inî*.

Certains noms en *â* font *an:* دولها *dûlhâ* «époux», دولهن *dûlhan* «épouse» (et دلها, دلهن); بريٹها *barêṭhâ* «blanchisseur», بريٹهن *barêṭhan* «blanchisseuse».

Quelques noms en *î* font *nî* (pour *inî* sans doute): هاتهي *hâthî* «éléphant» et هتهني *hathnî* «éléphant femelle» (1).

D'autres noms de métiers terminés par une consonne ajoutent *in, an* ou *nî:* سونار *sônâr* «orfèvre» fait سنارن *sunârin* ou *sunâran* et سنارني *sunârnî*.

D'autres mots, principalement des noms d'animaux, ajoutent aussi ني *nî*, en rétablissant euphoniquement s'il y a lieu l'*a* final masculin(2): सिंह سنه *simh* «lion» सिंहनी سنهنى *simhanî* «lionne», مور *môr* «paon» مورنى *môrnî*

(1) On remarquera l'abréviation de l'*a* radical. Des réductions analogues se produisent par exemple avec les dissyllabes brefs où la seconde voyelle tombe dans la composition. Ainsi *hiran* هرن हिरन «cerf, daim» fait *hirnî* هرني हिरनी «biche» et aussi «faon» (voy. ci-devant No. 15, le féminin servant de diminutif).

(2) L'*a* final thématique sanskrit tombe en affet régulièrement en hindoustani: राम *Râma* s'y prononce رام *Râm*, etc.

«paonne», باگھ *bâgh* «tigre» باگھنی *bâghnî* «tigresse»; et même ملّا *mullâ* «prêtre», *mullânî* ملاني «femme du mullâ».

Enfin, pour rendre cette idée «la femme de» on ajoute اني *ânî* au masculin, même s'il s'agit de mots d'emprunts: पण्डित *paṇḍit* «savant» fait पण्डितानी *paṇḍitânî*; le persan مهتر *mihtar* «balayeur» fait de même مهترانى *mihtarânî* ou *mihtrânî*. *Ânî* devient quelque fois *âîn*: گروائن *gurvâîn* गुरवाइन «la femme du guru» گرو गुरु ([1]).

Le mot turc بیگ *beg* «chef» et le mot persan خان *k̓ân* «seigneur» font leurs féminins en *am*: خانم *k̓ânam*, بیگم *bêgam* (souvent écrit par les Anglais *begum*.)

On cite quelques formations particulières: राजा *râjâ* «roi» et रानी *rânî* (pour *râjnî*) «reine», بھای *bhâî* «frère» et بهن *bahin* «sœur», नायक *nâyak* ou *nâik* «chef» et नायका *nâyikâ* ou *nâîkâ* «femme du chef», ماموں *mâmû* «oncle maternel» et مامي *mâmî*, ممانى *mumânî* «femme de l'oncle maternel», خالو *k̓âlû* «mari de la tante maternelle» et خاله *k̓âla* (*k̓âlah*) ou خالا *k̓âlâ* «tante maternelle».

Inutile d'ajouter que, comme dans beaucoup de langues, on emploie, dans bien des cas, des mots différents: سامڈ *sâmḍ*, سامڑ *sâmṛ* «taureau», گاو *gâô* «vache»; on a recours aussi au procédé des Persans qui, à l'instar des Anglais, ajoutent نر *nar* au masculin et ماده *mâdah* au féminin; نر گاو *nar gâô* «taureau», ماده گاو *mâdah gâô* «vache»; شير نر *ṣêr nar* «tigre», شير ماده *ṣêr mâdah* «tigresse».

b. — DU NOMBRE.

17. Il ne pouvait en être du nombre comme du genre. Le neutre pouvait devenir masculin ou féminin; le duel n'a pu que purement ou simplement disparaître. Tout ce qui n'est pas unique a été mis au pluriel.

([1]) Remarquez la consonnification de *u*.

Quel est en général le signe du pluriel en hindoustani? Voyons ce qui se passait en sanskrit et comment les dialectes populaires anciens ou modernes ont traité les terminaisons classiques tant dans les formations nominales que dans les dérivations verbales.

Le suffixe de pluralité du sanskrit est, dans les formes nominales, *as* pour le masculin et le féminin, *i* (*âni, îni, ûni*) pour le neutre; ces finales se retrouvent, variant en *ê* au masculin, dans les pronoms; dans le verbe, on a encore *s* (*as, us*) et *i* (*nti, ti*) qui varient en *a, an, am, hê, âi, ê, u* (*ntu, tu*). Le développement de ces variantes s'explique phonétiquement et l'on peut considérer comme bien établi en principe que la pluralisation en vieil indien s'opérait par *as* (où le *s* tend à être aspiré et le *h* subséquent à être nasalisé) ou par *i* précédé d'une nasale et pouvant tomber.

Dans les prâkrits, *as* ou *ah* passe généralement à *ê*, par affaiblissement avec allongement compensatif, si l'on veut et si l'on ne préfère pas y voir une mutation simple de *âs, âh*, pluriel des noms si nombreux du type *a*: ce phénomène s'était déjà opéré dans les pronoms sanskrits et dans les formes moyennes du verbe: le neutre *âni* est devenu *âi* ou *âiṁ*.

Dans le vieil hindî, nous trouvons *ani* pour le masculin (il n'y a déjà plus de neutre): नरनि *narani* «hommes», बत्तनि *battani* «paroles»; plus tard, l'*i* final tombe et l'on a बालकन *bâlakan* ou *bâlkan* «enfants», mais cette finale sert surtout à l'oblique pluriel.

L'hindî moyen conserve *ani* et *an* et a de plus *anh*, *anhi*: चरनन्ह *caranaṇh* «pieds», घोड़न्हि *ghôḍanhi* «chevaux» (oblique). Le nom pluriel est généralement dépourvu de terminaisons; les féminins terminés par une consonne font *âïm* pour prâkrit: रातैं *râtâim* «nuits» de रात *rât*;

ceux en *î* faisent *îm̃* पोथीं *pôthîm̃* «livres»; on trouve d'anciennes terminaisons masculines en *âm̃*, *ân*. Le dialecte moderne de Braj a des noms pluriels féminins en *îm̃* pour *iyâm̃* et *âim̃* pour *êm̃*.

Voilà pour les substantifs et adjectifs. Quant aux pronoms, on trouve dans les anciennes langues les terminaisons *ê*, *âun*, *an*, *ani*, *in*, *un*; il n'y a rien là de contraire à nos précédentes observations.

Le verbe prâkrit se pluralise en *o*, *h*, *nt* et le verbe hindouî (puisqu'on appelle ainsi le vieil hindî) par l'addition d'une nasale, sauf à la seconde personne.

L'hindoustani moderne a suivi la voie tracée. Les noms masculins en *â* y font leur pluriel en *ê* au nominatif, ceux en *ân* font *ê* ou *ê*m; les uns et les autres font *ô*m à l'oblique; ceux terminés par une consonne restent tels quels au pluriel nominatif, mais prennent *ô*n à l'oblique; — les féminins en *i*, *î* font *iyâ*m, *îâ*m au nominatif et *iyô*m, *îô*m à l'oblique (1); ceux en *û* peuvent ajouter *â*m et quelques-uns intercalent un *w* euphonique; ceux terminés par *â*, *u*, *û*, *ô* et par une consonne prennent *ê*m; ceux en *ah* et *î* élident ces finales devant *ê*m; les diminutifs en *iyâ* font *iyâ*m; — les noms de nombre ajoutent *ô*n au nominatif; — tous ont *ô*m à l'oblique.

Les pronoms font *ê* et *in*, *on*, *enh* suivant les dialectes, comme nous le verrons plus loin.

Le pluriel dans les verbes est essentiellement caractérisé par une nasale, sauf à la seconde personne qui est en *ô*, *âu*, *aü*, *av*, *ab*, etc. Dans le parler de Mithilâ, tous

(1) Les formes participiales verbales féminines en *î* font *în*: کهتے *kahtê* «ils disent», کهتین *kahtîn* «elles disent»; تها *thâ* «il était», تهی *thî* «elle était» تهین *thîn* «elles étaient». D'ordinaire, à défaut d'un sujet exprimé, ces formes sont accompagnées d'un pronom.

les temps du verbe ont une forme honorifique terminée en *ainhi* (l'*i* final ne se prononce presque pas); or on sait que l'honorifique, le respectueux, tient, dans toutes les langues, de la nature du pluriel.

18. Nous pouvons donc conclure que le signe général du pluriel en hindoustani est une nasalisation terminale, quelquefois latente si cette expression nous est permise.

Exemples pour la langue courante: masc. گھوڑا *ghôṛâ* «cheval», plur. nom. گھوڑے *ghôṛê*, plur. obl. گھوڑوں *ghôṛôn*; (1) — masc. دھواں *dhûân* «fumée», pl. دھویں *dhûên* دھووں *dhûô*m; — masc. بنیاں *baniyân* «marchand», pl. بنیے *baniyê*, بنیوں *baniyô*m; — مرد *mard* «homme», pl. مرد *mard*, مردوں *mardô*m; — گھر *ghar* «maison», pl. گھر *ghar* گھروں *gharô*m; — fém. پوتھی *pôthî* «livre», pl. پوتھیاں *pôthiyâ*m, پوتھیوں *pôthiyô*m; — جورو *jôrû* «épouse», جوروان *jôrûâ*m, جوروون *jôrûô*m; — رات *rât* «nuit», pl. راتیں *râtê*m, راتوں *râtô*m; کتاب *kitâb* «livre», pl. کتابیں *kitâbê*m, کتابوں *kitâbô*m; — گڑیا *guṛiyâ* «poupée», گڑیاں *guṛiyâ*m, گڑیوں *guṛiyô*m; — تین *tîn* «trois», تینوں *tînô*m «les trois»; — فاختہ *fâk'tah* «colombe», فاختیں *fâkhtê*m; etc.

Quelques noms en *i* bref peuvent supprimer cet *i*: सम्पत्ति *sampatti* «succès, prospérité» (on dit aussi سمپت *sampat*) fait p. ex. *sampattiyô*m ou *sampattô*m à l'obl. plur. Les féminins en *â* ou terminés par une diphtongue font *ê*m au nom. et *o*m à l'oblique pluriels. Les féminins diminutifs en *iyâ* font *iyâ*m au pluriel nom. et *iyô*m à l'oblique.

Certains substantifs en *â* venant du sanskrit ne varient pas au nominatif pluriel et ajoutent simplement *ô*m à l'ob-

(1) بندہ *bandah* «esclave» fait par analogie بندے *bandê*, بندوں *bandô*m.

lique : राजा *râjâ* «roi», चाचा *câcâ* «oncle paternel», दादा *dâdâ* «grand-père paternel», नाना *nânâ* «grand-père maternel», दाता *dâtâ* «donateur» font *râjâ* «rois», *câcâ* «oncle», etc., mais à l'oblique राजाओं का *râjâôm kâ*, दाताओं से *dâtâôm sê*, etc.

On signale comme irrégularités : *lakṛî* لکڑی «bois de chauffage» qui fait *lakṛî*, *lakṛîm*, *lakṛiyâm*, *lakṛiyêm* ; بهون *bhâum* «sourcil» qui devient *bhâuwêm*, *bhawêm*, *bhômêm*, *bhômhêm* ; سونه *sômh* «serment» qui donne, *sôêm somhêm* ; روم *rôm* «poil» qui se pluralise en *rôêm*. On cite aussi les obliques गाओं *gâôm* «villages», पाओं *pâôm* «pieds», etc. qui proviennent des singuliers गांव *gâmv* «village», पांव *pâmv* «pied», etc. mais on dit aussi *gâmôm* गांओं et même गओं *gaôm* ; *gâê* गाय گای «vache» fait au pluriel *gâêm* गाएं گاین et au pluriel oblique *gâyôm* गायों ou *gâôm* گاون. Le mot روپیه *rûpiyah*, *rûpaya* ou روپیہ *rupiya*, *rupaya* «roupie, monnaie d'argent» fait au pluriel et à l'oblique singulier روپئے qu'on prononce *rupaï* ou *rupaê*.

Il faut remarquer que quelques noms, qui sont singuliers en hindoustani, sont en arabe des pluriels : اولاد *âulâd* «race, descendance» qui est féminin singulier en hindoustani est en arabe le pluriel de ولد *walad* «enfant, fils» ; احوال *ah'wâl* «état, condition» qui est masc. sing. est le pluriel arabe de حال *h'âl* «situation, changement» ; etc. Il en résulte que lorsque les Hindous ajoutent à ces mots leur terminaison *ôm* de l'oblique pluriel, on a là des pluriels pléonastiques.

Certains duels arabes sont passés en hindoustani : والدین *wâlidâin* «les deux parents» c.-à-d. «le père et la mère».

19. Mais il y a de remarquables exceptions à signaler.

L'hindî oriental a perdu le pluriel des noms ; il dit bien तरुन *tarun* «arbres» et बेटन *bêṭan* «fils» à l'oblique pluriel mais il n'a pas de nominatif pluriel.

Les noms d'êtres raisonnables, au nominatif pluriel, ajoutent le mot लोग *log* «monde» qui fait लोगन *lôgan* à l'oblique et reçoit alors les suffixes déclinatifs ([1]): on a par exemple बेटालोग *bêṭâ lôg* «les fils» बेटालोगनकै *bêtâ lôgan kâi* «des fils», etc.

Les Mâithilî va encore plus loin; il a généralisé l'usage de ce pluriel périphrastique; aux noms raisonnables il ajoute लोकनि *lôkani* sans distinction de nominatif ou d'oblique, नेनालोकनि *nênâlôkani* «garçons»; mais en outre, à tous les noms il ajoute, soit devant soit derrière, सभ ou सबहि *sabh* ou *sabahi* (*i* presque muet) et ne sait pas former autrement le pluriel.: नेनासभ *nênâ sabh*, सबहनेना *sabah nênâ* «garçons», कथासभ *kathâ sabh* «histoires», इ सभ *i sabh* «ceux-ci», जे सभ *jé sabh* «lesquels» etc. Dans beaucoup de dialectes, *sab* s'emploie avec les noms d'objets inanimés. सब *Sab*, सभ *sabh*, सबह *sabah*, सबहि *sabahi* viennent de सर्व *sarva* «tout».

Le *dakhnî*, dialecte méridional de l'*urdû*, fait ses pluriels en *ân* ان: گھر *ghar* «maison», گھران *gharân* «maisons»; برس *baras* «année», برسان *barsân* «années»; à l'oblique pluriel, il fait *ân* ou *ôn:* مردون کو ou مردان *mardôn* ou *mardân kû* «aux hommes».

20. *Lôg* est d'ailleurs employé comme signe de pluralité dans l'hindî classique, mais seulement avec un sens de généralité: «les rois sont riches», «on est heureux parmi les pauvres», etc. et avec des noms de personnes. On emploie aussi dans le même sens les mots गण *gaṇ* «chœur, troupe», जन *jan* «individu», जाति *jâti* «espèce, caste», संकुल *samkul* «race, famille», समझ *samajh* «réunion», समुदाई *sa-*

([1]) Cet emploi de *lôg* (skr. *lôka* «monde») exclusivement appliqué aux personnes, dans l'acception de «gens», explique le sens particulier que prend dans la poésie tamoule le tadbhava *ulagu*, *ulagam* «le monde savant, les savants, les sages».

mudâî «mélange», et autres, mais l'emploi en est restreint à la poésie et ils ne servent que dans des cas déterminés. Il y a plutôt ici composition adjective que déclinaison.

Tous ces mots prennent ॐ *ôm* à l'oblique, c'est-à-dire avec les particules de relation.

§ B. — *Déclinaison.*

21. La *déclinaison* comprend la série des rapports d'espace que tout mot et principalement toute forme nominale peut exprimer. Dans les langues anciennes, en indo-européen surtout, ces rapports étaient rendus par des syllabes qui avaient eu primitivement un sens indépendant: «maison, localité, mouvement, etc.», mais qui s'étaient peu à peu phonétiquement altérées au point d'être tout à fait méconnaissables; de plus, beaucoup d'entre elles, par suite d'un long usage, se sont presque confondues avec le mot qu'elles modifiaient. Une conséquence remarquable de cette fusion a été la transposition du signe de pluralité qui, logiquement, devait être placé après le thème nominal, mais qui, en fait, s'est souvent joint au suffixe; par exemple, le sanskrit dit au pluriel *nâma-bhi-s* «par les noms» où *bhi* est «par» et où *s* marque le pluriel [1].

On a distingué, en sanskrit, *huit* rapports dans ces conditions; ce sont les *cas* des grammairiens. Il y a d'abord le *nominatif*, c'est-à-dire le sujet déterminé, puis l'*accusatif*, régime direct; l'*instrumental* correspondant à notre «par, au moyen de»; le *datif* traduisant «à, pour»; l'*ablatif* «de, depuis, hors de»; le *génitif* marquant la dépendance, la possession, l'appartenance; le *locatif* «dans»; et le *vocatif*, appel intense qui n'est proprement pas un cas et qu'on peut laisser de côté dans les paradigmes.

---

(1) Le *bhi* du singulier se retrouve en grec sous la forme φι.

De ces cas, les uns sont *directs*, c'est-à-dire peuvent être sujets, attributs ou régimes directs; les autres sont *indirects* ou *obliques*, c'est-à-dire ne sont intéressés qu'indirectement à une action ou à un fait, ne peuvent que servir d'intérmédiaires, de compléments.

Nous avons donc à étudier la formation des cas *directs* et celle des cas *obliques*, puis à rechercher les éléments qui servent à former ces cas.

a — CAS DIRECTS.

22. Les langues anciennes classiques, le sanskrit, le latin et le grec, ont deux cas directs, le *nominatif* et l'*accusatif*, indiqués par des suffixes différents ajoutés à un thème vague, indépendant et ordinairement inusité sans suffixes.

Les langues modernes, dont beaucoup ont développé un article déterminatif, n'ont plus distingué le nominatif du thème. Beaucoup d'entre-elles ont également perdu le suffixe de l'accusatif.

L'hindoustani, par une progression spéciale dont on retrouve des exemples dans d'autres idiomes (en espagnol et dans le français vulgaire), a assimilé le plus souvent l'accusatif au datif. Nous ne pouvons donc examiner chez lui que le nominatif.

23. Ce nominatif étant en même temps le thème, nous n'avons qu'à voir quelles sont ses principales terminaisons, d'où elles proviennent et ce qu'elles signifient.

Nous ne nous occupons, bien entendu, que du nominatif singulier.

On a vu plus haut qu'en général les noms masculins sont terminés en *â*, les féminins en *î*, et que beaucoup de mots ont les deux formes: چھوکرا *chôkrâ* «garçon», چھوکري *chôkrî* «fille»; mais cela n'est pas absolu.

Les noms masculins en *â* viennent: 1° de noms sanskrits en *a* dérivés par *ka*: *aka* a fait *aô* en prâkrit et *â* en hindî, exemple: گھوڑا *ghoṛâ* «cheval» qui vient de घोटक *ghôṭaka*; 2° de noms sanskrits en *â* (thême *an*) exemple: राजा *râjâ*, आत्मा *âtmâ* (les neutres sanskrits perdent la finale: नामन् *nâman* fait نام *nâm* «nom»); 3° de noms sanskrits en *tâ* (thême *tṛ*), कर्ता *kartâ* «créateur»; 4° de mots étrangers: بالا *bâlâ* «maître», بابا *bâbâ* «enfant», دانا *dânâ* «sage», دریا *daryâ* «rivière», خدا *k̲udâ* «dieu», امرا *umrâ* ou اومرا *ômrâ* ou उमराउ *umrâü* «noble» proprement pluriel de امیر *amîr* «émir, chef», sont des mots persans ou arabes. Plusieurs de ces mots avaient originairement pour terminaison un ه *hé* que l'urdû a conservé: दारोगा داروغا *dârôġâ* ou plus exactement داروغه *dârôġah* «inspecteur, surveillant, gardien», دانه *dânah* «grain, céréale», etc.

Les noms masculins en *î* viennent: 1° du sanskrit *î* (thême *in*): هاتهی *hâthî* «éléphant» de हस्तिन् *hastî* (*hastin*), پنچهی पंछी *pamcî* «oiseau» de पक्षी *pakṣî* (*pakṣin*), ساکهی *sâkhî* «certitude» de साक्षी *sâkṣî* (*sâkṣin*) «témoin»; dans साईं *sâîm* de स्वामी *svâmî* (*svâmin*) «seigneur» la nasale thématique se retrouve; 2° de thêmes sanskrits en *tṛ*: ce sont généralement des noms d'action: *bhâî* بهای «frère» de भ्रातृ *bhrâtṛ*, ناتی *nâtî* «petit fils» de नप्तृ *naptṛ*, etc.; 3° de sanskrits neutres et masculins en *i* bref: پتی *patî* «chef, seigneur» (de पति *pati* qui donne aussi پت *pat*), دهی *dahî* «lait caillé» (de दधि *dadhi*, neutre); 4° de sanskrits masculins et neutres en *ika*, *iya*: پانی *pânî* «eau» de पानीयं *pânîyam* (neutre), پی *pî* «amoureux, mari» de प्रिय *priya* «aimé, chéri», کهتری *khatrî*, چهتری *chatrî*, چهیتری *chêtrî* «militaire», de क्षत्रिय *kṣatriya* «homme de la caste militaire»; 5° de sanskrits masculins ou neutres qui avaient *r*, *i* ou *î* à la pénultième et dont la finale est tombée: گھي *ghî* «beurre» de घृत *ghṛta* (neutre), جی *jî* «vie» de जीव *jîva* etc.; 6° de thêmes incertains: دھوبی *dhôbî* «blanchisseur», پروسي *parôsî* «voisin», موری *môdî* «boutiquier» etc.

Les noms féminins en *î* viennent de sanskrits en *i*, *î*, *ika*, *ikâ*: ندی *nadî* «rivière», چاندی *cândî* «argent» (de चंद्रिका «lunaire»).

Les noms féminins en *â* viennent: 1° de sanskrits féminins en *â*: کتھا *kathâ* «conte», رسنا *rasnâ* «langue, langage», چھما *chimâ*, *chamâ* ou کھما *khimâ*, *khamâ* «pardon, indulgence, bonté» (de क्षमा «patience»), जात्रा *jâtrâ* «pélerinage» (de यात्रा *yâtrâ*), etc.; 2° de thêmes incertains: डिबिया *ḍibiyâ* «petite boite», चिड़िया *ciḍiyâ* «oiseau», बुढ़िया *buṛiyâ* «vieille femme» etc.; ces *iyâ* sont probablement des dérivés secondaires de formes en *î* représentant *ikâ* sanskrit, de même qu'on a *nadiyâ* ندیا à côté de ندی *nadî* «rivière».

Plusieurs dialectes ont des nominatifs pléonastiques. En hindi oriental, par exemple, les noms en *â* original peuvent ajouter *evâ* et *âivâ* au masculin, *iyâ*, *ěyâ* et *iyavâ* au féminin; ceux en *î* et *u*, *ivâ*, *iyavâ*, *uvâ*, *uavâ*, *ûvâ*, (masculin et féminin); et les voyelles radicales s'abrégent. Au lieu de گھر *ghar* «maison», گھوڑا *ghôṛâ* «cheval», مالی *mâlî* «jardinier», गुरु *guru* «maître, précepteur», on peut dire घरैवे *gharevâi*, घरैवा *gharâivâ*; घोरेवा *ghorevâ*, घोरैवा *ghorâivâ*; मलिया *maliyâ*, मलियवा *maliyavâ*; गुरुवा *guruvâ*, गुरुअवा *guruavâ*, etc. (1)

24. Je ne m'occupe pas des autres terminaisons pour ainsi dire naturelles, mais il convient d'indiquer les principaux suffixes qui servent à la composition nominale et

(1) *evâ* a un *e* bref; *o* de *ghorevâ*, *ghorâivâ* est également bref.

qui n'ont pas de signification indépendante ou du moins ne s'emploient pas à l'état isolé. Ce sont:

ی *î* «appartenance»: سپاهی *sipâhî* «cipaye, soldat» de سپاہ *sipâh* «armée».

گر *gar* ou گار *gâr* (persan) «faiseur»: سوداگر *sâudâgar* «négociant»; زرگر *zar-gar* «orfèvre, ouvrier en or»; گناہگار *gunâh-gâr* «pécheur» (sanskrit कर *kara*, कार *kâra*).

گیر *gîr* «preneur» (persan): جہانگیر *jahân-gîr* «conquérant, preneur du monde»; cf. le nom d'Aureng-zeb عالمگیر *'âlamgîr* «conquérant du monde» (de l'arabe عالم *'âlam* «monde»).

تا *tâ* «qualité»: کوملتا *kômaltâ* «douceur».

دار *dâr* «possesseur»: زمیندار *zamîn-dâr* «teneur de terre».

سار *sâr* (persan) «abondance» ou «ressemblance»: کوہسار *kôh-sâr* «montagneux», تم سار *tum-sâr* «pareil à vous».

وان *wân*, *vân* ou بان *bân* (sanskrit वान *vân*) «possession»: دربان *darbân* «portier», میزبان *mêz-bân* «entreteneur» (*mêz* «table» est emprunté au portugais), دھنوان *dhanwân* «riche».

والا *wâlâ*, *vâlâ* «action»: دلّی والا *dillî-wâlâ* «habitant de Dehli», نووالا *naw-wâlâ* «batelier».

ہارا *hârâ* (sanskrit कार *kâra*) «action»: لکڑہارا *lakar-hârâ* «bûcheron».

Ces terminaisons s'ajoutent à la forme oblique du nom: کہنیوالا *kahnêwâlâ* «diseur», سونٹے بردار *sôṇṭê-bardâr* «massier», de کہنا *kahnâ* «action de dire», سونٹا *sôṇṭâ* «masse».

D'autres suffixes sont plus proprement adjectifs; on les trouvera plus loin.

D'autres servent à former des mots abstraits:

ی *î* par exemple; ainsi de دانا *dânâ* «sage» on fait

دانائی *dânâî* «sagesse»; le ء *he* final persan se durcit en گ *g*: تازگي *tâzagî, tâsgî* «fraicheur» de تازه *tâzah* «frais»;

— پن *-pan* ou پنا *panâ*: لڑکپن *laṛakpan* ou لڑکاپنا *laṛkâ-panâ* «enfance», بنياپن *baniyâ-pan* «négoce»;

— هٹ *-hâṭ*: کڑواهٹ *kaṛwà-hâṭ* «amertume».

D'autres sont des diminutives:

ak: مردك *mardak* «petit homme» (persan): — इया *-iyâ*: बिटिया *biṭiyâ* ou बेटिया *beṭiyà* «petite fille»; — *câ* (pers. *cak*) ou *cî*, ديگچي *dêgcî* «petit chaudron», باغچه *bâġ-ca* «petit jardin»; — *êl*, يل: بگهيل *baghêl* «petit tigre».

Certaines dérivatives forment en réalité des mots composés: پور *pûr* et *âbâd* «ville», استان *istân* «endroit, pays», دان *dân* «boite»: حيدراباد *H'aïdarâbâd*; پاندان *pândân* «boite à bétel».

On a vu plus haut que l'idée de diminution peut être aussi exprimée en féminisant le nom masculin.

b. — CAS OBLIQUES.

25. Les cas obliques, au nombre de cinq en sanskrit (puisque nous laissons de côté le vocatif), étaient l'instrumental, le datif, l'ablatif, le génitif, et le locatif. Ils ne suffisaient point à indiquer toutes les relations; aussi employait-on, comme en latin, en grec et dans les autres langues congénères, des particules placées tantôt avant tantôt après le mot intéressé (prépositions, post-positions) qu'on laissait ordinairement séparées du mot dans l'écriture. De ces particules, la plupart s'ajoutaient à certains cas indirects, quelques-unes à l'accusatif. Plusieurs étaient synonymes des suffixes casuels dont elles ne faisaient que confirmer le sens. Il en est résulté que peu à peu on s'habitua à ne voir l'idée de relation que dans les particules; les dictinctions originaires entre les cas furent perdues de vue, les suffixes furent confondus et leur forme sonore s'altéra profondément. C'est ainsi que, déjà privé de deux des cas primitifs, le latin a passé au vieux français avec deux cas seulement (nominatif et accusatif) et que s'est développée la remarquable et bien connue règle du *s*(¹). Dejà du temps de Cicéron, les prépositions jouaient un grand rôle dans la langue courante, littéraire ou parlée.

26. On comprend donc que dans le langage de l'Inde moderne il n'y ait plus de même que deux formes casuelles, le *direct* et l'*oblique*, et qu'on fasse usage d'un très grand nombre de particules de relation.

Les noms masculins en *â* (dont l'*â* final n'est pas organique) font *ê* à l'oblique singulier, ceux en *ân* font *ên* ou *ê*(²); tous les autres restent invariables. L'oblique pluriel est toujours *ôm*, substitué à *ê* ou *êm* ou ajouté au mot invariable.

Le tableau suivant résumera cette sorte de déclinaison:

nom. s.	obl. s.	nom. pl.	obl. pl.	
گھوڑا *ghôṛâ*	گھوڑے *ghôṛe*	گھوڑے *ghôṛê*	گھوڑوں *ghôṛôm*	(cheval)
لالا *lâlâ*	لالا *lâlâ*	لالایان *lâlâyâm*	لالایوں *lâlâyôm*	(maître)
گھر *ghar*	گھر *ghar*	گھر *ghar*	گھروں *gharôm*	(maison)
رات *rât*	رات *rât*	راتیں *râtêm*	راتوں *râtôm*	(nuit)
بنیان *baniyân*	بنیے بنیین *baniyê* *baniyên*	بنیے *baniyê*	بنیوں *baniyôm*	(marchand)

(¹) Sing. *li murs*, rég. sing. *le mur*; plur. *li mur*, rég. plur. *les murs*.

(²) Les noms persans en *ah* (*hé*) font comme s'ils se terminaient en *â*: بندہ *bandah* «serviteur» a بندے *bandê* à l'oblique singulier, *bandê* بندے au nom. plur. et *bandôm* بندوں à l'obl. plur.

27. Quelle est l'origine de ces suffixes?

Remarquons d'abord que le *dakhnî* ajoute souvent *ân* pour former le nominatif pluriel et qu'il le conserve à l'oblique. Le dialecte de Braj peut faire *âi* au lieu de *ê* et *âam* au lieu de *ôm* qui est le plus ordinairement remplacé par *n* ou *ni*. Le *mâṛwârî* et les autres dialectes de la Rajpûtâna font *â* à l'oblique singulier; ils ont *ô* au nominatif et *ân* au pluriel; ils ont un instrumental singulier en *âi*; les dialectes orientaux abrègent généralement la longue finale.

Dans le vieil Hindî et dans l'Hindî moyen, on employait *hi* avec ou sans prépositions, pour rendre l'idée d'un cas indirect quelconque: घरहि *gharahi* «à la maison», वंसहि *vamsahi* «de la race», संछेपहि *samchêpahi* «en résumé»; on trouve aussi *him*: रामहिं *Râmahim* «à Râma». L'oblique pluriel ajoutait *n*, *nh*, *nhi*, *ênh* au nominatif singulier. On rencontre exceptionnellement quelques terminaisons casuelles sanskrites *êna* (instrumental), *âd* (datif), *i* (locatif), etc.; il y a quelques exemples d'instrumental en *ê* et en *aya*.

Le prâkrit faisait, dans ses quatre principaux dialectes, pour des thêmes en *a* singulier:

	Mahârâṣṭrî	Çâurasênî	Mâgadhî	Apabhramça
Instr.	*êna*	»	»	»
Abl.	*âdo, adu*	*â, âhi*	»	*âdu, âhê*
Gén. datif	*assa*	»	*ah*	*âho, âhê, âhu*
Loc.	*ê*	»	»	*ê, i, ahin*

La dérivation est évidente, en ce qui concerne *â* ou *ê*.

Quant aux suffixes pluriels, *ôm* paraît se rattacher à la même source que les terminaisons dialectiques *ân, an, ani, aîn*; et cette source serait le génitif pluriel sanskrit *ânam*, prâkrit *âṇam*. En revanche, *ênh, nh, nhi*, seules formes anciennes, seraient le reste des anciennes formes plurielles prâkrites:

	Mahârâṣṭrî	Apabhramça
Instr.	*êhi*, *êhim*	*êhim*, *âhim*, *ihinâ*, *uhim*
Abl.	*sunto*, *hinto*	*ahum*
Loc.	*êsu*, *êsum*	„
Gén. datif	„	*aham*

Il y aurait donc analogie complète entre l'oblique singulier et l'oblique pluriel; l'un et l'autre proviendraient de la confusion contre les formes des divers cas indirects de la langue mère.

c. — PARTICULES DE RELATIONS.

28. Les particules qui servent à exprimer les relations sont principalement les suivantes:

1° کا का *kâ* (masculin), کی की *kî* (féminin) ou کے के *kê* (pluriel et oblique), qui est variable et s'accorde avec le déterminé, comme nous le verrons plus loin; il correspond au «de» génitif;

2° کو को *kô*, qui correspond à «à» datif;

3° تاین, تین तइं, ताइं *Taîm*, *Tâîm* (occ.) «à, jusqu'à, sur»;

4° تک तक *tak* et تلک तलक *talak* «jusqu'à»;

5° تے ते *tê*, تیں तें *Têm* «de, dès, hors de» ablatif;

6° نے ने *nê*, qui correspond au «par» instrumental;

7° پر पर *par* «sur»;

8° میں में *mêm* «dans» (locatif);

9° वरे *varê* (or.) «à, pour»;

10° सन *san* (or.) «avec, pour»;

11° सणी *saṇî* (occ.) «pour, en faveur de»;

12° سے से *sê* «de (ablatif), avec»;

13° *lôm*, *lâum*, *lag*, *lagi* «en haut de, jusqu'à»;

14° توڑی *tôṛî* «à, jusqu'à».

29. Il est utile et intéressant de donner leurs variations dialectiques et historiques et de rechercher leurs origines.

1° *Kâ* varie en *kô, kâu* (Braj), *kèrô, rô* (*ri, rè*), *lô, ḷô* (*ḷi, ḷâ* ou *ḷâi*), *gô, kar* ou *kâi* (Oriental direct, oblique *kê* ou *karê*), et *k* ou *kêr* (Mâithilî); — historiquement, on rencontre *k, kîm, kêm, kaï, ki, kô, kar* et masculin direct singulier *kêr* ou *kêrâ*; oblique singulier et direct pluriel, *kêr, kêrô, kêrê*; féminin *kêrî* ou *kêri*. Toutes ces formes peuvent être phonétiquement rattachées au prâkrit केर *kêra*, केरक *kêraka* «fait (par), relatif à, appartenant à» qui est une altération probable du participe passé sanskrit कृत *kṛta* ou de son dérivé कृतक *kṛtaka*; on comprend ainsi pourquoi la particule *kâ, kê,* ou *kî* est traitée exactement dans la langue usuelle comme un adjectif ou un participe et s'accorde avec le mot déterminé.

2° *Kô* varie en *kâum* (Braj), *nâi, âi, kê* (or.), *kanî, sanî, kamham, kun, kûn, ku, kû, kôm* et *kahûm, kâhû, kaham, kam, kêm* (Mâithilî). — Les formes historiques sont *kah, kaham, kahu, kahum, kâhûm*, qui s'emploient souvent avec le sens de «auprès de»; M. Hoernle les rattache au locatif sanskrit कक्षे *kakṣê* «dans la forêt, dans la lande déserte» par l'intermédiaire du prâkrit (apabhramça) कच्छे *kacchê* et de ses altérations euphoniques normales. M. Kellogg rattacherait plutôt les formes modernes sans aspiration au sanskrit कृत *kṛta* «fait», sous les variations prâkrites कदम् *kadam*, कदे *kadê*, किण्णे *kiṇṇê*.

3° *Tak* ou *talak*;

4° *Tâîm* ou *tâim*;

5° *Tê, têm* sont rapportés par M. Hoernle à des formes prâkrites तइए *taïê*, तरिए *tariê*, du locatif de तरित *tarita* ou उत्तरित *uttarita* sanskrit «traversé, passé à»; Monier Williams et Kellogg voient dans *tak* ou *talak* l'affixe sanskrit दघ्न *daghna* devenu *daghan*, métathésé en *danagh* et où *n* aurait passé à *l*; M. Beames rattache *tê* à la terminaison adverbiale sanskrite तस *tas* et *tâim* à स्थाने *sthânê* «dans la place».

6° *Nê* «par» a été rattaché à l'instrumental sanskrit; mais on a fait observer que l'usage de cette particule est inconnu au vieil hindî; elle n'aurait été usitée qu'à partir du XVIe siècle et proviendrait d'une ancienne forme du datif, *nâim*.

7° *Par* varié en *pari*, *pa* (urdu), *pâi* (occ.), *pah*, *pahi*, *pamhim*, *pâmhim*, *pû* (dakhnî) viennent du sanskrit पर *para* «suprême» ou उपरि *upari* «sur, au dessus de».

8° *Mêm* qui varie en *mâîm*, *mâhîm*, *mââî*, *mah*, *mâhâi*, *mâi*, *mâm*, *môm* et qui avait anciennement les formes *madhi*, *maddhi*, *majhî*, *mamjh*, *majjham*, *mâhâim*, *mâmhî*, *mâmhîm*, *mâhî*, *mahi*, *mâi*, vient très vraisemblablement du locatif मध्ये *madhyê* «au milieu (de)».

9° *Varê* est le locatif sanskrit *varê* «dans le présent, en faveur (de)».

10° *San*, *sanê*, *sên*, *sênî* (or.), sont rattachés par M. Hoernle au sanskrit संगे *sangê* «dans la réunion» ainsi que la particule nord-occidentale

11° *Saṇî*(¹) qui exprime les relations du datif.

12° *Sê*, qui varie en *sêm*, *sêti*, *sûm*, *sâi*, *hai*, *sanu*, *sôm*, *sati*, *çimûm*, *sam*, *sam* (Mâithilî), pourrait avoir la même dérivation que 3° *tak* 4° *tâim* et 5° *tê* (voyez ci dessus). Peut-être, tenant compte de sa signification «avec» et des formes nasales, serait-il préférable d'y voir

(¹) Peut-être serait-il préférable de chercher aux particules himâlayennes *saṇi*, *kaṇi*, *huṇi* (datif), *hundo* (génitif), *tanâi* (génitif) et aux *tâim*, *tê*, *sê*, et leurs variétés, une seule et même origine. Le prototype serait évidemment un monosyllable, formé d'une explosive gutturale ou dentale, d'un *a* et d'une nasale, et peut-être dérivé lui-même par un suffixe vocalique en *ê* ou *i*. Est-ce un pronom? Est-ce un substantif dans le genre de *karṇa*, *karaṇa*, etc.?

avec M. Beames un reste du sanskrit सम *sam*. Peut-être aussi ces *tê* et *sê* ne sont-ils pas autre chose que des formes pronominales.

30. Ces particules peuvent comme nos prépositions se combiner: میں سے *mêm sê* s'emploie pour «parmi, hors de» proprement «de dedans»; *par sê* «de dessus», etc. کے تیں *kê tâim* remplace le کو *kô* «à (datif)», etc.

31. D'autres particules, qui ne se joignent pas ordinairement à l'oblique et par suite correspondent encore plus exactement aux prépositions ou aux postpositions des langues modernes, expriment d'autres nuances. Les principales sont باهر *bâhir* ou *bãhar* «sans»; — بیچ *bîc* «dans, parmi»; — बदे *bâdê* (or.) «pour»; — लये *layê*, लयं *layêm*, लैं *lâum*, लों *lôm* (occ.) «en haut de, au bout de»; — लिये لیے *liyê* «pour, en faveur de» (1); — लग *lag*, लगि *lagi* (or.), लोगि *lôgi* (occ.) «à, pour, jusqu'à»; — कने *kanê*, कनै *kanâi*, कांनी *kâmnî*, कनी *kanî*, कणि *kaṇi* (occ.) «à, pour, à cause de» (sanskrit कर्णे *karnê*); — پاس पास *pâs* «à, chez, près de» (sanskrit पार्श्वे *pârçvê* «dans le côté»); — بهیتر भीतर *bhîtar* «dans, en dedans» (sanskrit अभ्यंतरे *abhyantarê* «dans l'intérieur»); — आगे آگے *âgê*, आगू *âgû* «devant» (sanskrit अग्रे *agrê* «au sommet, à la pointe») — پیچھے *pîchê*, پاچھے *pâchê*, पाछू *pâchû* «derrière» (prâkrit *pacchê* पच्छे, sk. *paççê* पश्चे, *paççât* पश्चात «en arrière»); — نیچے *nîcê*, नीचू *nîcû* «sous» (sanskrit नीचैस *nîcâis* «bas, en bas»); — *upar* اپر ou *ûpar* اوپر «au-dessus de, sur» (पर *par*, परी *parî*, पाई *pâî*): — थी *thî*, थीं *thîm* «de (ex)» (sanskrit स्थाने *sthânê* «dans la place») — تلے *talê* «sous, au-dessous de» — مارے *mârê* «à cause de», etc.

32. Ces particules sont habituellement ajoutées à la

---

(1) C'est proprement l'oblique du participe parlé *liyâ* لیا लिया «pris».

particule کے *kê* du génitif (forme oblique); il en est de même des particules empruntées à l'arabe ou au persan, telles que بعد *ba'd* «après», باعث *bâ'is* «à cause de», نزدیک *nazdîk* «près, d'après», واسطے *wâstê* «pour, à cause de», سوا *siwâ* ou سواے *siwâê* «excepté, outre». Quelques autres, également d'emprunt, prennent le féminin کی *kî* et non l'oblique کے *kê*: طرح *tarah'* «à la manière de, comme», خاطر *k'âtir* «pour, en faveur de». Trois autres prennent کی *kî* quand elles sont placées après le nom et *kê* کے quand elles le précèdent: مانند *mânind* ou *mànand* «semblablement à, comme», طرف *taraf* «vers, du côté de», بمدد *bamadad* «à l'aide de, au moyen de»; ainsi on dira: مانند تارے کے *mânind târê kê* ou تارے کی مانند *târê kî mânind* «comme une étoile»: la raison de cette diversité de traitement est probablement que le suffixe du génitif est ainsi joint à *târê* dans le premier cas et dans le second à *mânind*; ou plutôt que le *kê* est pris d'une façon absolue, *mânind* étant adverbe, mais que le *kî* est considéré comme un adjectif s'accordant avec le substantif *mânind*.

33. Certaines post-positions sont des mots usuels de la langue: هاتھ *hâth* «main» et ساتھ *sâth* «compagnie» (sanskrit हस्त *hasta* et संहित *samhita*) s'emploient pour «par, au moyen de» et «avec, en compagnie de». Ils se joignent à l'oblique avec *kê*: راجا کے ساتھ *râjâ kê sâth* «avec le roi, en compagnie du roi».

33bis. Le vocatif, si l'on veut admettre ce cas, est indiqué per l'interjection *âi* ای ou *hê* हे devant le nom: *âi yâr* ای یار «ô ami»; au pluriel, on ajoute quelquefois *ô*: *âi yârô* ای یارو «ô amis», हे घोड़ो *hê ghôṛô* «ô chevaux»; je regarderais volontiers cet *ô* comme une terminaison verbale (voyez ci-après) et traduirais exactement: «ô vous qui êtes amis».

L'interjection *arê* ارے mise devant un nom à l'oblique (*arî* اری, si le nom est féminin) forme une sorte de vocatif familier, un peu péjoratif, et correspond à peu près à notre «eh donc! toi; dis-donc, toi; ohé»: *arê lauṇḍê* ارے لونڈے «eh donc! serviteur!» On peut aussi la mettre après le nom, mais alors elle devient رے *rê* ou *rî* ری: *lauṇḍî rî* «ohé! servante».

§ C. — *Formes Pronominales.*

34. Les pronoms sont des noms d'une espèce particulière: les uns désignent spécialement les individualités, les autres sont essentiellement déterminants. Les premiers sont les pronoms *personnels*; les seconds les pronoms *démonstratifs, interrogatifs, relatifs, possessifs.* Il y a aussi les pronoms *indéfinis* qui sont des noms collectifs pris dans un sens très vague et très général.

a. — PRONOMS PERSONNELS.

Comme dans la plupart des langues, on ne connaît en hindoustani que les pronoms des deux premières personnes (celui de la troisième est remplacé par les démonstratifs) et on y ajoute le pronom réfléchi correspondant à notre «soi, se»; ce pronom réfléchi prend des formes spéciales quand il est employé respectueusement, honorifiquement. De même, en effet, que la plupart des idiomes indo-européens modernes, l'Hindî se sert, dans une intention de déférence ou de respect, du pluriel au lieu du singulier, et de la troisième personne au lieu de la seconde.

Les pronoms reçoivent les particules de relation de la même manière que le nom, sauf deux exceptions.

35. Voici les formes ordinaires des pronoms:

	1ère personne.	2e personne.
Direct. sing.	मैं ميں *mâim*	तैं تيں, तू تو *tû, tâim*
Obl. sing.	मुझ مجھ *mujh*	तुझ تجھ *tujh*
Dir. pluriel	हम هم *ham*	तुम تم *tum*
Obl. pluriel	हम هم *ham*	तुम تم *tum*
	हमें ہمیں *hamêm*	तुम्हें تمہیں *tumhêm*
	हमों ہموں *hamôm*	तुम्हों تمہوں *tumhôm*

	Réfléchi	Réfléchi hon.
Direct. sing.	आप اپ *âp*	आप اپ *âp*
Obl. sing.	अपने اپنے *âp, apnê*	اپ *âp*
Dir. pluriel	اپ *âp*	اپ لوگ *âp, âp lôg*
Obl. pluriel	आपस اپس *âpas*	اپ لوگوں *âp, âp lôgôm*

on dira donc مجھ ميں *mujh mêm* «en moi», تجھ کو *tujh kô* «à toi», اپ نے *âp nê* «par vous (resp.)».

Ham «nous» et *tum* «vous» sont si fréquemment employés honorifiquement pour le singulier qu'aujourd'hui on marque généralement le véritable pluriel en disant *ham lôg, tum lôg, ham lôgôn* etc.

Le réfléchi आप اپ *âp* ne prend pas le gén. کا *kâ*; il dit, en abrégeant la voyelle initiale, अपना اپنا *apnâ* masculin, اپنی *apnî* féminin, अपने اپنے *apnê* oblique, tandisque le respectueux dit आप का اپ کا *âp kâ* (fém. *kî*, obl. et pl. *kê*), اپس *âpas* ne s'emploie qu'avec का کا *kâ*, को کو *kô* et में ميں *mêm*: le peuple prononce même *âpus kâ, âpus kô*.

«Son» ne se traduit par *apnâ* que lorsqu'il se rapporte au sujet de la proposition; c'est pourquoi *apnâ* est pris aussi habituellement dans le sens de «mon» ou «ton» ou «notre» ou «votre», etc.

Les pronoms मैं ميں *mâim* et तू تو *tû* ne prennent pas non plus d'ordinaire le *kâ*; leurs génitifs sont: 1° singulier मेरा ميرا *mêrâ* «de moi», plur. हमारा ہمارا *hamârâ* «de nous»; 2° sing. तेरा تيرا *terâ* «de toi», plur. तुम्हारा

تمهارا *tumhârâ* «de vous», dont l'*â* final varie naturellement en *î, ê*. Ce sont plutôt des adjectifs possessifs que des génitifs; on sait du reste que grammaticalement le génitif et l'adjectif jouent le même rôle de «déterminants».

Au lieu de مجھ کو *mujh kô* et तुझको *tujh kô* «à moi, à toi», ils peuvent dire aussi مجھے *mujhê*, तुझे *tujhê*.

Enfin ils ajoutent ने نے *nê* «par» exclusivement à leurs nominatifs, میں نے *mâim nê*, तू ने *tû nê*.

36. L'origine de toutes ces formes paraît bien établie. *Mâim* varie dialectiquement en deux types très différents:

1° *Hôm, hâum* (Braj), *hum* (Mâṛwâṛî), *ham* (Mâithilî);

2° *Mêm, maïm, mamym, mâim, maïm, mamhı, maym. mâi, maï.* Le dialecte Mêwâṛî a une forme mixte *mhûm*.

Le vieil hindî avait les formes *hôm, hâum*.

Il est donc probable que les formes en *h* viennent du sanskrit अहम *aham*; celles en *m* sont expliquées par un ancient oblique (instrumental मया *mayâ* ou génitif-datif मे *mê*) nasalisé. — L'oblique varie en *mò, mvâ, mvahi* (or.), *môhi, muhi, maim, mê* (Braj), *ma, mha, mho, mhâ* qui se rapportent au prâkrit मइ *maï*, मह *maha*, महु *mahu*, qui sert pour tous les cas. Les dialectes de Bihar ont *hum* comme au direct. L'ancient hindî disait *mô, môhi*.

Au pluriel, *ham* qui est un singulier, a pris la place de वयम *vayam*; les dialectes orientaux disent *ham* ou *ham lôg*; le Mâithilî *ham sabh*; le Bhôjpurî *hamanê*. D'autres variétés ont *hamh, mhâim, mhô*. L'ancient hindî disait *ham*, et *hamam* à l'oblique, qui varie en *ham, hamôm, hamêm, hamâim, hamâum, hamhim, mhôm*, dans les patois modernes. Ces formes viennent du prâkrit अम्ह *amh-* qui représente le radical sanskrit अस्म *asm-*.

A la seconde personne, on a, au singulier, dir. *taïm*,

taym, *tâim* (or.), *taĩ*, *tâi* (occ.), *tûm* (Braj), *th'ûm* (Mêwâṛi), *tim*, *tamym*, *tamh*, *tê*, *tâum*, *tû*, *tûn*, *tôm* ou *tômh* (Mâithilî); les anciennes formes étaient *tâum*, *tâim*, *tûm*. Comme pour la première personne, l'origine de ces formes est plutôt dans un ancien oblique général que dans le nominatif त्वम् *tvam*. L'oblique actuel (anciennement *tô*, *tôhi*, *tuhi*) varie en *tô*, *tâi*, *thâi* (Mâṛwâṛî), *thâ*, *tha*, *thô* (Mêwâṛî), *tuïn*, *tôĩ*, *tvâĩ*, *tvãm*, *tvahi*, *toh* (bref), *tôh*, *tômh* *tumh*, *tôhi*, *tû*, *tâim*, *tê*, *tvî*; toutes ces formes représentent les prâkrits *taï*, *taïm*, *taü*, dérivés de *ta* ou *tû* sanskrits par le suffixe oblique *hi*. — L'analogie avec la première personne se poursuit au pluriel qui était jadis au direct *tum*, *tamh*, *tumah*, *tumh*, *tumhâi*, *tumhaï*, et à l'oblique *tum*, et qui fait maintenant: direct *tôm sabh* ou *tômh sabh* (Mâithilî), *tûm* ou *tum lôg* (oriental général), *tumum*, *tuman*, *thâm*. Le prototype prâkrit est तुम्ह *tumh*.

Les formes obliques classiques *mujh*, *mujhe* (occidental *muj*) «moi» et *tujh*, *tujhê* «toi» viennent des génitifs prâkrits *mujjha*, *majjhu*, *tujjha*, *tujjhu* etc.

Quant aux génitifs en *râ* dont voici les variations: 1re singulier, *mam*, *mâm*, *mêrê*, *mêrâ*, *mêrâu* (Braj), *mêrô*, *mârô*, *mhârô*, *mhârâu*, *môr*, *môrâ* (or.), *môrî*, *môri*, *môrê*, *morêm*, *mvar*, *hamar* ou *hamâr* (Mâithilî); *mhâ kô*, *mhâ lô*, *mhâu rô*, *mhâu ḷô* (Mêwâṛî); — 1re pluriel *hamarê*, *hamârâ*, *hamârâu* (Braj), *hamârêü*, *hâmârô*, *hamar*, *hamâr*, *hamhâr*, *hamanî kâ*, *mâmrô* ou *mhâmrô* ou *mhâmlô*, *mhâm kô* ou *lô*, *mhâm varâm kô* ou *lô* (Mêwâṛî), *hamârâ sabhak* (Mâithilî); — 2[e] singulier, *tav*, *tua*, *têrâ*, *têrâu*, *têrô*, *thârô*, *tôr*, *tôrâ*, *tôri*, *tôrêm*, *tvâr*, *thurâ*, *thâ kô* ou *lô*, *tôhar*; — 2e pluriel *tumhârâ*, *tumhârâu* ou *tuhârâu*, *tumhârô*, *tumhar*, *tumar*, *tumhârê*, *tumhârêm*, *tumhârî*, *tumhâri*, *tumharia*, *tumharêi*, *tumharihi*, *tuhâr*, *thâm kô*, *thâm lô*, *thâm lô*, *thâmrâu kô*, *tôharâ sabhak*; — on est généralement d'accord pour voir dans ces formes une contraction des obliques et de la particule génitive *kâ*, qui a pour origine *kêr*, *kêrâ*, etc. Le dialecte de Bhojpûr dit au génitif pluriel *tuhnî kâ*; nous retrouvons là une forme *tokani*[1] que l'hindî oriental emploie pour la seconde plurielle féminine; il a aussi *hamani* pour la première. Les formes à finales brèves, *hamani*, *tomani*, *tukani* sont dialectiques, mais communes aux deux genres.

Le pronom réfléchi *âp*, *âpu*, *âpé* (pl. *âpêm*, *âpan*, gén. *âpan*, *âpani*, *âpanî*, *âpân*, *âpnê*, *apnê*), est regardé comme une contraction de *âtmana* qui est le signe du réfléchi en sanskrit.

On donne comme caractéristique du Dakhnî les formes *mâim*, *mujh*, *ham*, *haman*; — *tûn*, *tujh*, *tum*, *tuman*; — *âpê*, *âpêm*, *âpas*.

Le même mot est pris pour le pronom honorifique dans l'idiome classique et littéraire et dans les dialectes occidentaux, surtout dans la vallée du Gange. Dans le patois de Rîwâ, il fait *apnâ* au nominatif singulier. Dans le Panjab et les régions himâlayennes, on n'use pas du respectueux; on emploie le singulier là où d'autres mettraient le pluriel. Dans les dialectes orientaux, on emploie au lieu de *âp* le mot *râurâ*, *raüra*, *ravâm* et au pluriel *raühranh*; M. Hoernle y voit le prâkrit रौल *râula* ou राअउल *râaüla* (sanskrit राजकुल *râjakula* «royal, de race royale»).

Dans le Râmâyaṇa de Tulsidâs, où *âp* n'est jamais employé honorifiquement, M. Greaves relève les variations *râur*, *râuri*, *râvari*, *râvarê*, *ravarê*, *raurê*, *rôrêm*, *râurihi*, *raurêhi* (génitifs).

---

[1] *o* bref.

Dans l'idiome classique, *âp* est souvent substitué par des mots de respect, des titres: صاحب *çâḣib* «maître», महाराज *mahârâj* «grand roi», حضور *ḣuzûr* ou حضرت *ḣuzrat* «présence, majesté», غریب پرور *ġarîb parwar* «protecteur du pauvre», etc.

Le Mâithilî, qui paraît user beaucoup de l'honorifique, emploie *apnê* ou *aham* (qui est évidemment de la même origine) au singulier; au pluriel, il dit *apnê* ou *aham sabh*, *aham sabahi*, *aham lokani*.

L'hindî moyen rendait souvent «son» par स्व *sva* préfixé au nom. Il est encore usité dans ce sens, ainsi que निज نج *nij* dont le sens ordinaire est «son propre»: on a نج دهرم निज धर्म *nij dharm* ou स्वधर्म سودهرم *svadharm* «droit propre, propre devoir», etc. *Nij* prend souvent le suffixe du génitif: *nijkâ mâl* نجکا مال «propriété privée».

b. — PRONOMS DÉMONSTRATIFS.

37. Voici le tableau de ceux qui sont usités en hindoustani général, avec leurs principales variations orientales, occidentales (1) et historiques (2).

---

(1) Les dial. *Mêwârî* et *Mârwârî* ont des formes masc. et fém.: *yô*, *yâ*; *vû*, *vâ*; *tikô*, *tikâ*; *jikô*, *jikâ*, etc. — La dakhnî fait *î*, *ê*, *is*, *in*; *ô*, *us*, *un*; *kûn*, *kê*, *kin*; *kôê*; etc.

(2) Aux secondes lignes *eh*, *enh*, *oh*, *onh* etc., sont brefs.

	Nominatif singulier.	Oblique singulier.	Nominatif pluriel.	Oblique pluriel.
Démonstratif prochain	यह یہ *yih*	इस اِس *is*	ये یے *yê, yih*	इनह انہ *inh*, इन اِن *in*, इनहीं اِنہون *inhôm*, *inhêm*
	yah, î *yô, yâ*	*ê, eh, îs* *ihi, îu*	*î, in, yah* *yâi, âi*	*enh* *inhâum, yâm*
	ê	*îs*		*în, îni, înu, inâm*
	yêh, yêhi, yêhu, âih, ih, êhi, ihê	*ihi, êhi, êhum*	*yé, î, êï, êhu*	*in, inh, înhôm*
	aihû, thaï, ihâi, êk	*yahim, yâh, yêhi* *yâ*		*ênh, yanh*

Démonstratif éloigné वह وہ *wuh*	उस اُس *us*	वे وے *wê, wuh*	उन اُن *un,* उनह انھ *unk* उनहों انھون *unhôm*
	vah, âu, û] *vô, vû* *ô, wô*	*ô, oh* *uhi, uṇ* *ûs*	*û, ûn, vah* *vâi* *â*	*onh* *unhâum, ûn* *ûnu, vâm, uṇâm*
	ô, ôü, vôhu	*ôh, ôhi, vêhi*	*ê*	*ôn, unh, unhi*
Démonstratif commun सो سو	*sô,* तौन تَون *tâun*	तिस تِس *tis*	*sô, tâun*	तिन تِن *tin*
	tê	*tê, teh*	*te, tavan*	*tenh* *tinhâum, tâm*
	tâin	*tihi. tiṇ tiṇi*		*tinâm*

	Nominatif singulier.	Oblique singulier.	Nominatif pluriel.	Oblique pluriel.
Démonstratif commun (suite)	*sôî, sôi, sôü, sû, sê*	*tih, têk, têki, tâ, tat*	*tê, têm, têü, têi*	*tin, tinh, tinhaki*
	tâü, tava"		*têki*	
Relatif	जा جو *jô,* जौन جون *jâun*	जिस جس *jis*	*jô, jâun*	جن *jin,* जिनह *jink* *jinkôm*
	jê *jâi*	*jê, jek* *jâ, jêki, jiu*	*jê* *jâi*	*jenh* *jinhâum, jâm* *'jiuâm*
	jô, jôî, jû, jâuï, javan	*jih, jêki, jâ*	*jê, jêü*	*jinh, jê, jênh*
		jêmki, jawni		*jinhaki*
Interrog. (personnes et choses)	कौन کون *kâun* *kê*	किस کس *kis* *kê, keh*	कौन کون *kâum* *kê*	किन کن *kin* *kenh*

		kô, kâi, kôu	*kâ, kâhi, kuu*	*kô, kâi, kôu*	*kinhâum*
		kavan, kavani, kavanium	*kavan, kavani, kêhi*	*kê*	*kunâm kin*
Interrog. (choses inanim.)	क्या کیا	*kyâ* *kâ* *kâhâ* *kahâ*	*kâhê* *kâ, kâhê*	*kyâ*	
Indéfini (quelqu'un)	कोई کوئی	*kôî* *kê, kêhu* *kôu, kâunâu* *kêhu, kâhu* *kôî, kôu*	किसी کسی *kisî* *kê, kêhu* *kâh, kuni* *kêhu, kaün* *kâ, kâhi, kâhim, kâhuhi*	کوئی *kôi,* کئی *kai* *ki, kêhu* *kôu, kâunâu* *kêhu*	*kê, kêhu* *koh, kuni* *kêhu*
Indéfini (quelque chose)	कुछ کچھ	*kuch* *kacu, kicu* *kachuk*	*kisû, kuch*	*kuch*	

Kôî «quelqu'un, une personne» est employé adjectivement dans le sens de «quelque» devant un nom commun; *Kuch* indique plutôt la quantité. *Yih* et *wuh* s'emploient aussi adjectivement: *yih mard* «cet homme-ci», *us ṣahr mêm* «dans cette ville-là» etc.

Ces pronoms ont chacun leurs adverbes et leurs conjonctions correspondants: 1° de temps اب *ab* «maintenant», تب *tab* «alors», كب *kab* «quand?», جب *jab* «lorsque», تد *tad* «alors», كد *kad* «quand?»; — 2° de lieu: *yahân* «ici», *wahân* «là», *tahân* «là», *kahân* «où?», *jahân* «où»; *idhar* «d'ici», *udhar* «de là», *tidhar* «de là», *kidhar* «d'où?», *jidhar* «d'où» ou bien «par ici, par où, vers où», etc.; — 3° de manière *sô* «donc», *jô* «si, lorsque», *tô* «alors, ainsi, en vérité» et *nahîm tô* «sinon, autrement», *jabtak* «jusqu'à ce que», *kyûn* «pourquoi?», *jyûn* «puisque», *tyûn* «ainsi», *yûn* «comme ceci», *wûn* «comme cela».

Ces pronoms viennent certainement du sanskrit classique अयम् *ayam*, इयम् *iyam*, इदम् *idam*; असौ *asâu*, etc.[1], सस *sas*, सा *sâ*, तत *tat*; यस *yas*, कस *kas*, etc.

c. — PRONOMS INDÉFINIS.

38. Outre «quelqu'un» et «quelque chose», il y a en français des mots comme «chacun, un autre, on» qu'on classe parmi les pronoms. On les rend en hindoustani par des formes adjectives.

«On» est traduit quelquefois par लोगों لوگوں *lôgôm* dans le sens de «les gens»; dans ce sens, *lôg* a un féminin singulier लोगाई *lôgâî* «une femme quelconque». En hindî oriental, «on» peut se traduire par le pronom démonstratif éloigné pluriel.

(1) Ce ne doit pas être pourtant au skr. classique que se rattachent les démonstratifs prochain et éloigné, mais à des formes vulgaires et communes en *i* et *u* simples ou tout au moins inaltérés.

§ D. — *Formes adjectives.*

a. — ADJECTIFS PROPREMENT DITS.

39. Les adjectifs sont généralement invariables. Ceux terminés par *â* ou *ân* varient en *î*, *în*, au féminin, en *ê*, *ên* à l'oblique. Dans le dialecte de Braj, les formes sont: masculin *âu*, féminin *î*, oblique *ê*, *âi*. Dans le Mâṛwaṛî, on dit *ô*, *î*, *â*.

Des adjectifs sont formés à l'aide de diverses terminaisons dont nous ne citerons que les principales:

Â (possession): بهوکها *bhûkhâ* «altéré» de بهوکہ *bhûkh* «soif»;

ânah (ressemblance): عروسانه *'arûsâna* «nuptial, d'époux» de عروس *'arûs* «épouse»;

î (appartenance): عروسي *'arûsî* «nuptial»; هندوستاني *Hindûstânî* «de l'Hindoustan»; سپاهي *sipâhî* «soldat, homme de l'armée», de سپاه *sipâh* «armée»;

يلا ईला *Îlâ*, एला *êlâ*: de سجع *saj* «forme» سجيلا *sajêlâ* «bien fait»;

دار *Dâr* (possession): وفادار *wafâ-dâr* «fidèle»;

مند *Mand* (possession): دولتمند *daulat-mand* «riche»;

مان *Mân* (possession): شادمان *ṣâd-mân* «content»;

سار *Sâr* (plénitude): كوهسار *kôh-sâr* «montagneux»;

ور *War* (possession): نامور *nâm-war* «renommé»;

भर *Bhar* (abondance): नींदभर *nînd-bhar* «ensommeillé» de *nînd* «sommeil»;

भरा *bharâ* (plénitude): विषभरा *biṣ* ou *bikh-bharâ* «vénéneux»;

रूपी *rûpî* (qualité): धर्मरूपी *dharm-rûpî* «vertueux»;

हीन *hîn* (manque): बुद्धिहीन *buddhi-hîn* «sot, sans esprit».

La plupart de ces terminatives servent à former des substantifs.

La différence entre l'adjectif et le substantif est purement syntactique; l'adjectif n'est en général qu'un nom employé qualificativement. Le suffixe du génitif, کا, n'est, comme nous l'avons déjà vu, qu'un adjectif.

Un adjectif particulièrement intéressant est سا *sâ* (*sî*, *sê*) qui se compose souvent avec d'autres adjectifs soit pour leur ajouter une nuance d'augmentation (بڑا سا گھوڑا *barâ sâ ghôrâ* «cheval fort grand») soit pour indiquer une ressemblance affaiblie (لال سا پھول *lâl sâ phûl* «fleur rougeâtre», نیلی سي چڑیان *nîlî sî ciṛiyân* «oiseaux bleuâtres»: remarquez l'accord des deux adjectifs avec le nom). Dans ce dernier cas, *sâ* peut être joint à un nom ou à un pronom à l'oblique تم سا متر *tum sâ mitr* «un ami comme vous»; il peut même s'ajouter au suffixe du génitif et dans ce cas il se rapporte au déterminé sous-entendu: هاتھی کا سا منھ *hâthî kâ sâ munh* «figure semblable à celle d'un éléphant».

Dans cette dernière acception, *sâ* (Braj *sâum*) n'est qu'une réduction du sanskrit *sama* «semblable, égal, identique»; dans la première, il vient du suffixe *ças* (Braj *sô*) qui marque la répétition, la multiplication: skr. *çataças* «par centaines», *pacchas* «pied à pied» etc.

Les savants, les *paṇḍits*, forment des adjectifs en ajoutant aux substantifs les mots *pûrvak* पूर्वक پوروک «précédé de, accompagné de» et *sambandhî* سمبندھی संबंधी «joint à»: सुखपूर्वक *sukhpûrvak* «tranquille, heureux», ध्रुवसंबंधी *dhruvasambandhî* «polaire».

D'autres adjectifs sont dérivés par des préfixes, notamment par ا *a*, نا *nâ*, لا *lâ*, نِ *ni*, بے *bê* qui impliquent négation ou privation, *ba* به ou *bâ* با qui indique au contraire la possession: اپھل *aphal* «infructueux», لاچار *lâcâr* «sans ressources», ندر *niḍar* «sans peur», بے وقوف *bêwuqûf* «sans intelligence, imbécile»; — بے حیا *bêḥ'ayâ* «immodeste» et با حیا *bâḥ'ayâ* «modeste».

Il n'y a pas en hindoustani de terminaisons spéciales pour ce qu'on appelle les degrés de comparaison. On y supplée par des tournures syntactiques.

b. — ADJECTIFS PRONOMINAUX.

40. Des pronoms démonstratifs dérivent deux séries d'adjectifs marquant, les uns la quantité, les autres l'espèce ou la nature:

De *yih*, viennent: 1° اِتنا *itnâ*, اِتّا *ittâ* (occ. *itnô*, *itnâu*, *atrô*, *atrarô*; or. *êtkâ*, *êtnâ*, *yêtik*, *atêk*; anc. *etnâ*, *êtnêi*, *êtnôi*, *itâ*, *âtâ*, *êtêhu*, *êtâ*) «autant que (ceci)», et 2° ایسا *âisâ* (occ. *âisô*, *âisaû*, *isyô*, *âirô*; or. *ênô*, *ênû*, *âis*, *âisan*; anc. *as*, *asâ*, *asi*, *asû*, *âisê*, *âisi*, *âisah*, *âisihu*, *âisêü*, *aisüi*, *aisêh*) «tel (que ceci)»;

De وہ *wuh*, viennent: 1° اُتنا *utnâ*, اُتّا *uttâ* (*vutnâ*, *vitnâ*, *vêtnâ*; occ. *utnô*, *utnâu*, *utrô*, *utrarô*; or. *ôtkâ*, *ôtnâ*, *vutik*, *utêk*; anc. *utâ*, *ôtâ*) «autant que (cela)», et 2° ویسا *wâisâ* (occid. *wâisô*, *wâïsâu*, *usô*, *wâirô*; or. *vanô*, *vanû*, *vâiô*, *wâisan*) «(tel que cela)»;

De سو *sô* ou توں *tâun* viennent 1° تتّا *tittâ*, تتنا *titnâ* «autant» (formes analogues aux précédentes): *tâi*, *têtê* et 2° تیسا *tâisâ* (variations analogues) «tel que», *tâisê*, *tâisah*, *tâisia*;

De *jô*, *jis* جس viennent 1° *jitnâ* جتّا *jittâ* (*jâi*, *jêtâ*, *jitâ*, *jêtê*, et variations analogues) «autant que lequel» et جیسا *jâisâ* «tel que lequel» (*jas*, *jâisê*);

De کو *kô*, کس *kis* enfin viennent کتنا *kitnâ* et کتّا *kittâ*, *kêtâ*, *kâi* (et analogues) «combien?» et کیسا *kâisâ* (*kâisê*, *kâisî* et analogues) «comme quoi?».

On peut citer encore quelques adjectifs indéfinis:

1° ایک *Ek* «un»(¹); — دوسرا *dûsrâ* «un autre» (littéralement «deuxième»); — دونوں *dônôm* «tous deux» (dialectique *dunum*); — سارا *sârâ* «tout, entier»; — और اور *âur* «autre»; — بہت *bahut* «beaucoup»; — نج *nij* «propre»; — سب *sab* «tout» (sk. सर्व *sarva*); — کئی *kaî* ou *kâi* «plusieurs» — qui sont indiens;

2° ہر *Har* «chaque»; — چند *cand* «plusieurs» — qui sont persans;

3° بع *Baj*, بعجے *bajê* «quelque»; — غیر *ġâir* «autre, différent»; — فلانا *fulânâ* «un certain»(²); — کل *kull* «entier», — qui sont arabes.

Il y a aussi les composés ہر یک *har êk* «chacun»; — کیي ایک *kaî êk* «maints, plusieurs» litt. «quelques unités»; جو کوي *jô kôî* «quiconque»; — بہت سارا *bahut sârâ* «énormément de»; — کتنے ایک *kitnê êk* «maint»; — اور کچھ *âur kuch* «quelque autre»; — سب کوی *sab kôî* «chacun», etc.

c. — ADJECTIFS NUMÉRAUX.

41. On sait qu'il y en a de deux sortes, les *cardinaux* et les *ordinaux*.

Les premiers, en hindoustani, ont été tellement altérés que leurs formes sont irrégulières. C'est seulement par la mémoire que l'on peut apprendre ceux de 1 à 100. Je donne quelques variantes dialectales ou historiques:

(¹) Par exemple dans ces phrases *sâu êk ʿauratêṁ* «une centaine de femmes, environ cent femmes», *kitnê êk din* «quelques jours, quelques unités de jours», etc.

(²) Écrit *phulânâ* फुलाना en dêvanâgarî (var. dial. *fulanvâ*). On sait que ce mot a passé en espagnol où il est très employé: *fulano, fulana* «un tel, une telle».

1	१	۱	ایک	*Ek* (*êkû, êkâu, ik, âik, yak, yêk*)
2	२	۲	دو	*Dô* (*dui, duhu, dumkum, duhûm, dôu, dâu, dvàu, dvâi*)
3	३	۳	تین	*Tîn* (*tîni, timhu, tihu, tîniü*)
4	४	۴	چار	*Câr* (*câri, câu, câriü*)
5	५	۵	پانچ	*Pâmc*
6	६	۶	چهه	*Cha* (*chah, châi, chê*)
7	७	۷	سات	*Sât*
8	८	۸	آٹھ	*Àṭh* (*âṭ*)
9	९	۹	نَو	*Nâu* (*nœv, nû, nûn*)
10	१०	۱۰	دس	*Das* (*daç, dah, daham*)
11	११	۱۱	اِگاره	*Igârah*, گیاره *gyârah* (*êgârah, êgyârah*)
12	१२	۱۲	باره	*Bârah*
13	१३	۱۳	تیره	*Têrah*
14	१४	۱۴	چَودَه	*Câudah* (*câridas, duï sâtâ, nâw sâpt*)
15	१५	۱۵	پنْدره	*Pamdrah* (*pamdas*)
16	१६	۱۶	سوله	*Sôlah* (*sôlâ, sôrah, sôṛah*)
17	१७	۱۷	سترْه	*Sattrah* (*satrâ, satrah*)
18	१८	۱۸	اٹھاره	*aṭârah* (*aṭhârah, aṭhârâ*)
19	१९	۱۹	اُنیس	*Unîs* (*unnîs, unaîs, onâis* [*o* bref])
20	२०	۲۰	بِیس	*Bîs* (*bîhâ*)
21	२१	۲۱	ایکیس اِکّیس	*êkîs, ikkîs*
22	२२	۲۲	بائیس	*bâîs* (*bâwîs*)
23	२३	۲۳	تیئیس	*têîs*

24	२४	۲۴	چَوبِیس *câubîs*
25	२५	۲۵	پَچِیس *pacîs* (*pacîsâ*)
26	२६	۲۶	چھَبِّیس *chabbîs*
27	२७	۲۷	سَتائِیس *satâîs*
28	२८	۲۸	اَٹھائِیس *aṭhâîs*
29	२९	۲۹	اُنْتِیس *untîs, unattîs*
30	३०	۳۰	تِیس *tîs*
31	३१	۳۱	اِکْتِیس *iktîs*, یکُتِیس *yaktîs*
32	३२	۳۲	بَتِّیس *battîs*
33	३३	۳۳	تینْتِیس *têtîs* (*tâimtîs, tâmtîs*)
34	३४	۳۴	چَونْتِیس *châutîs* (*câumtîs*)
35	३५	۳۵	پَینْتِیس *pâimtîs*
36	३६	۳۶	چھتِّیس *chattîs*
37	३७	۳۷	سَینْتِیس *sâimtîs*
38	३८	۳۸	اَٹھْتِیس *aṭhtîs*, اَڑْتِیس *aṛtîs*
39	३९	۳۹	اُنْتالِیس *untâlîs*, اُنْچالِیس *uncâlîs*
40	४०	۴۰	چالِیس *câlîs*
41	४१	۴۱	ایکْتالِیس *êktâlîs*, اِکْتالِیس *iktâlîs*
42	४२	۴۲	بیالِیس *bêâlîs, byâlîs*
43	४३	۴۳	تینْتالِیس *tâimtâlîs, têmtâlîs, têtâlîs*
44	४४	۴۴	چَوالِیس *câuâlîs, cauwâlîs* (*câumtâlîs*)
45	४५	۴۵	پَینْتالِیس *pâimtâlîs*
46	४६	۴۶	چھیالِیس *chêâlîs* (*cahtâlîs*)
47	४७	۴۷	سَینْتالِیس *sâimtâlîs*
48	४८	۴۸	اَڑْتالِیس *aṛtâlîs*, اَٹھتالِیس *aṭhtâlîs*

49	४९	۴۹	اُنچاس	*uncâs, unanchâs*
50	५०	۵۰	پچاس	*pacâs*
51	५१	۵۱	ایکاون	*êkâwan*, اکاون *ikâwan*
52	५२	۵۲	باون	*bâwan*
53	५३	۵۳	تِرپن	*tirpan, tarêpan*
54	५४	۵۴	چَوّن	*câuwan*
55	५५	۵۵	پچپن	*pacpan*
56	५६	۵۶	چھپّن	*chappan*
57	५७	۵۷	ستّاون	*satâwan, sattâwan*
58	५८	۵۸	اٹھاون	*aṭhâwan*
59	५९	۵۹	اُنسٹھ	*unsaṭh*
60	६०	۶۰	ساٹھ	*sâṭh (sâṭ, sâṭhi)*
61	६१	۶۱	ایکسٹھ	*êksaṭh*, اکسٹھ *iksaṭh*
62	६२	۶۲	باسٹھ	*bâsaṭh*
63	६३	۶۳	تِرسٹھ	*tirsaṭh, tarêsaṭh*
64	६४	۶۴	چونسٹھ	*câumsaṭh, cãusaṭh*
65	६५	۶۵	پینسٹھ	*pâimsaṭh*
66	६६	۶۶	چیاسٹھ	*chêâsaṭh*
67	६७	۶۷	سڑسٹھ	*saṛsaṭh, satsaṭh*
68	६८	۶۸	اڑسٹھ	*aṛsaṭh*, اٹھسٹھ *aṭhsaṭh*
69	६९	۶۹	اُنہتّر	*unhattar*
70	७०	۷۰	ستّر	*sattar (sattari)*
71	७१	۷۱	ایکہتّر	*êkhattar*, اکہتّر *ikhattar*
72	७२	۷۲	بہتّر	*bahattar*
73	७३	۷۳	تہتّر	*tirhattar, tihattar*

74	७४	۷۴	چوہتّر	*câuhattar*
75	७५	۷۵	پچھتّر	*pachattar*
76	७६	۷۶	چِھہتّر	*chihattar, cahhattar*
77	७७	۷۷	سَتْہتّر	*sathattar*
78	७८	۷۸	اٹھہتّر	*aṭhattar*
79	७९	۷۹	اُناسی	*unâsî*
80	८०	۸۰	اسّی	*assî*
81	८१	۸۱	ایکاسی	*êkâssî,* اِکاسی *ikâsî*
82	८२	۸۲	بیاسی	*bêâsî*
83	८३	۸۳	تِراسی	*tirâsî*
84	८४	۸۴	چوراسی	*câurâsî*
85	८५	۸۵	پچاسی	*pacâsî*
86	८६	۸۶	چھیاسی	*chêâsî*
87	८७	۸۷	ستاسی	*satâsî*
88	८८	۸۸	اٹھاسی	*aṭhâsî*
89	८९	۸۹	نَواسی	*nawâsî*
90	९०	۹۰	نَوے	*nâuwê, nawê (navvê, nabbê, nawad, nâuwad)*
91	९१	۹۱	ایکانوے	*êkânawê,* اکانوے *ikânâwê*
92	९२	۹۲	بانوے	*bânawê*
93	९३	۹۳	تِرانوے	*tirânawê*
94	९४	۹۴	چورانوے	*câurânawê*
95	९५	۹۵	پنْچانوے	*pancânawê,* پچانوے *pacânawê*
96	९६	۹۶	چھیانوے	*chêânawê*
97	९७	۹۷	ستانوے	*satânawê*

98	९८ ٩٨	اٹھانوے	*aṭhânawê*
99	९९ ٩٩	نِنانوے	*ninânawê*, نوانوے *nawânawê*, *nâu-nawê*, انسو *unsâu*
100	१०० ١٠٠	سَو	*sâu*, سی *sâi* (*sai*, *sal*)
1000	१००० ١٠٠٠	ہزار	*hazâr* (*hajâr*)

On dit encore, au delà de mille, लाख لاکھ *lâkh* «cent mille», करोड़ *karôṛ* کروڑ (*kaṛôr*, *karôṛ*, transcrit par les Anglais *crore*) «dix millions» qui a pour synonyme नियुत نیُت *niyut*; puis ارب *arb*, کھرب *kharb*, نیل *nîl*, پدور *padôr*, سنکھ *sankh*, de cent en cent fois plus forts.

42. Les adjectifs et noms numéraux fractionnaires les plus fréquemment usités sont: पाओ پاو *pâo*, पाव *pâv* (du sanskrit पाद *pâda*, पादिक *pâdika*) «un quart»;

ادھ *âdh*, ادھا *âdhâ* (du sanskrit अर्ध *ardha*) «demi»;

पौन پون *pâun*, پونا *pâunâ*, پونے *pâunê* (du sanskrit पादोन *pâdôna*) «un quart de moins, trois quarts»;

सवा سوا *savâ* (du sanskrit सपादिक *sapâdika*) «avec un quart, un et quart»;

डेढ़ ڈیڑھ *dêṛ*, *dêṛh*, *dâuṛhâ*, *dêoṛhâ* (anc. *dêvaṛ*) (du sanskrit द्व्यर्ध *dviardha* «deux demi» que M. Beames compare à l'allemand *halbzwei*) «et un demi»;

अढ़ाई اڑھای *aṛhâî* (sanskrit *arddha-dvi*?) «deux et demi»;

साढ़े ساڑھی *sâṛhê* (sanskrit *sârdhaka*) «plus une demie», etc.

On dérive aussi les noms des fractions des nombres eux-mêmes: چوتھای *câuthâî* «un quart», تہاي *tihâî* «un tiers», دہاي *dahâî* «un dixième», सोरई *sorâî* (o bref) «un seizième», etc.

43. L'addition de *â* ou *î* forme des collectifs: بیسا *bîsâ*

«une vingtaine», بتّیسی *battîsî* «une trente-deuxaine», *câlîsâ* «une quarantaine», *sâikṛâ* «une centaine», etc.

Il y a d'ailleurs des collectifs spéciaux: *kôrî* کوری ou *kôṛî* کوڑی «vingtaine»; et l'on dit *êk kôrî pâmc* pour «vingt-cinq».

Les numéraux substantivés font leur pluriel nom. et obl. en ون *ôm*: چاروں *cârôm* «les quatre»: «cent» fait سیکرون *sâikrôm*: سیکرون پیڑ *sâikrôm pêṛ* «des centaines d'arbustes» etc. Ce pluriel entraîne une détermination.

On forme les multiplicatifs en dérivant par *gunâ* et *harâ*: *dugunâ*, *dôgunâ*, *dûnâ*, *dôharâ*, *dôhrâ* «double», *êkahrâ* «simple», *tigunâ*, *tiharâ*, *tihrâ* «triple», *câugunâ* «quadruple», etc. (dial. anc. *nawdhâ* «neuvaine»).

44. Les nombres ordinaux dérivent des cardinaux:
دوسرا *Dûsrâ* «second» (*dûjâ*),
تیسرا *Tîsrâ* «troisième» (*tînwân*, *tîjâu*),
چوتھا *Câuthâ* «quatrième» (*cârwân*, *câuthî*),
پانچوان *Pâncwân* ou پنچوان *pancwân* «cinquième» (*pancam*),
چھٹّا *Chaṭṭhâ* ou چھٹھوان *chaṭwân* «sixième» (*chaṭha*, *chathêm*),

Et ainsi de suite, en ajoutant *wân* (au féminin *wîn*, obl. *wên*: les dialectes font *â* (*î*), *âu* (*î*), *mâ* (*mî*) ou *ma*).

«Premier» se dit پہلا *pahlâ*, पहिला *pahilâ* (var. *pahlâu*, *pahilâu*, *pahlô*, *pahilô*; or. *pahil*, *pahel* (*e* bref), *pahilkâ*, *pahelkâ* (*e* bref), que l'on dérive du sanskrit प्रथम *prathama* par le changement du *th* en *ḍh* qui s'est ensuite aspiré, la chute de la finale, la réduction du groupe consonnantique initial et l'addition du suffixe dérivatif *il*.

L'oblique des numéraux cardinaux sert d'adverbe: *pahlê* پہلے «premièrement», دوسرے *dûsrê* «deuxièmement», دسوین *daswên* «dixièmement».

Il ne faut pas oublier que les lettres de l'alphabet arabe ont leurs valeurs numérales et qu'elles peuvent servir de chiffres. L'*urdû* les emploie volontiers ainsi; voici donc ces valeurs:

1	ا	20	ک	200	ر
2	ب	30	ل	300	ش
3	ج	40	م	400	ت
4	د	50	ن	500	ث
5	ه	60	س	600	خ
6	و	70	ع	700	ذ
7	ز	80	ف	800	ض
8	ح	90	ص	900	ظ
9	ط	100	ق	1000	غ
10	ي				

On aura remarqué qu'ici les lettres sont dans l'ordre de l'alphabet hébreu.

Les orientaux utilisent quelquefois cette faculté des lettres arabes pour faire de véritables calembourgs numériques: ils emploient dans leurs textes des mots qui, outre leur signification propre, rappellent une date ou un nombre; par exemple باغ و بهار *bâgʿ ô bahâr* vaut 1217 (1802).

C'est ici le cas de rappeler que le calendrier musulman qui est lunaire ne correspond pas du tout au nôtre. Un moyen facile de convertir en années de l'ère chrétienne les années de l'hégire est indiqué par M. D. Forbes et M. Platts:

«Retrancher trois pour cent du nombre donné et ajouter 621.54». Ainsi l'année 1236 équivaut à 1820 de l'ère chrétienne.

«Si l'on veut une correspondance exacte, il faut convertir en décimales d'années la date musulmane donnée en an, mois et jour; multiplier ce nombre par 0.97; ajouter au produit 621.54; puis on n'aura qu'à convertir les décimales obtenues en an, mois et jour de l'ère chrétienne».

CHAPITRE III.

Formations verbales.

45. Ces formations sont essentiellement caractérisées par l'idée de temps qu'elles expriment toujours plus ou moins et aussi par l'idée d'espace limitée primordialement à la personne subjective. «Aimant» c'est «une personne qui exerce, au moment considéré, l'action d'aimer»; «je souffrirai» c'est «la personnalité de mon individu qui sera prochainement dans l'état de souffrance».

Les dérivés verbaux sont d'ailleurs de plusieurs espèces: 1° les verbes proprement dits qui expriment les nuances principales et directes de l'action verbale, et embrassent l'ensemble de ce qu'on appelle la *conjugaison*; 2° les adjectifs verbaux; 3° les noms verbaux.

Le *verbe* proprement dit peut être *simple* ou *composé* c'est à dire *périphrastique*; il varie suivant les nuances de voix, modes, temps et personnes.

— VERBE SIMPLE.

En Hindoustani la conjugaison est beaucoup moins complexe qu'en sanskrit. Le radical demeure toujours inaltéré; la dérivation s'opère exclusivement par suffixes. Nous prenons toujours pour type l'idiome classique.

46. Voix. On distingue trois voix dérivées: la voix *active* ou *transitive*; la voix *neutre* ou *intransitive*; et la voix *causative*.

Le radical verbal, sous sa forme normale, est naturellement *intransitif*: مر *mar* «mourir», بندھ *bandh* «être attaché».

Pour le rendre *transitif*, on allonge la voyelle radicale: مار *mâr* «tuer, battre»; باندھ *bândh* «attacher»; de même खिंच *khinc* «se retirer» donne खींच *khînc* «tirer»; निकल *nikal* «sortir», निकाल *nikâl* «faire sortir, expulser, envoyer».

Au lieu d'allonger la voyelle, on peut la guner: खुल کھل *khul* «s'ouvrir» donne खोल کھول *khôl* «ouvrir»; کھنچ *khinc*, cité plus haut, peut faire non seulement *khînc* mais aussi खैंच کھینچ *khâinc* ou *khênc* «tirer, ôter» etc.; exemple: دوار کھلتا *dvâr khultâ* «la porte s'ouvre» et دوار کھولتا *dvâr khôltâ* «il ouvre la porte».

Tel est l'usage avec les radicaux consonnantiques monosyllabiques dont la voyelle radicale est brève. Les monosyllabes qui ont une voyelle longue abrègent cette voyelle; *ê* et *ô* s'abrègent en *i* el *u*. En même temps, ils ajoutent *â* s'ils sont consonantiques, *lâ* s'ils sont vocaliques(1): बोल بول *bôl* «parler», مانگ मांग *mâṅg* «demander», डूब ڈوب *ḍûb* «être plongé, étouffer (n.)», भीग بھیگ *bhîg* «être humide», पी پی *pî* «boire», सो سو *sô* «dormir», رو *rô* «pleurer», font बुला بلا *bulâ* «entretenir», منگا मंगा *mangâ* «mander», डुबा ڈبا *ḍubâ* «étouffer (act.)», भिगा بھگا *bhigâ* «mouiller», पिला پلا *pilâ* «abreuver», रुला رلا *rulâ* «attrister», सुला سلا *sulâ* «endormir».

Ce procédé est aussi celui des radicaux polysyllabiques et de certains monosyllabes brefs: de پہنچ *pahunc* «arriver» vient پہنچا *pahuncâ* «envoyer, faire arriver»; de پڑھ *paṛh* «lire», پڑھا *paṛhâ* «faire lire» etc.

---

(1) Ce *lâ* vient aussi après des thèmes aspirés: *bâiṭh* «s'asseoir» et *dêkh* «voir» font *biṭhâ* ou *biṭhlâ*, *bâiṭhlâ* ou *bâiṭhâ*; *dikhâ* ou *dikhlâ*; *kah* «dire» donne *kahâ* ou *kahlâ* «faire dire, appeler» etc.

La syllabe finale est parfois euphoniquement modifiée. Ainsi dans les dissyllabes consonnantiques le second *a* tombe: निकल *nikal* «sortir», fait निकला *niklâ* «expulser»; پکڑ *pakaṛ* «prendre», donne پکڑا *pakṛâ* «tenir»; les explosives finales s'adoucissent (*ṭ* en *ḍ* puis en *ṛ*, etc.). On cite फुट *phuṭ* «se fendre» qui fait फोड़ *phôṛ* «fendre», फट *phaṭ* «se déchirer» qui fait फाड़ *phâṛ* «déchirer», बिक *bik* «se vendre» qui donne बेच *bêc* «vendre»; رکھ *rakh* «garder, tenir» est le transitif de رہ «demeurer, rester».

47. Le *causatif* se forme en ajoutant *wâ* à ce qu'on pourrait appeler la forme faible: پکڑوا *pakaṛwâ* «faire prendre», کھلوا *khulwâ* «faire ouvrir», بکوا *bikwâ* «faire vendre», بندھوا *bandhwâ* «faire attacher», etc. C'est pourquoi les monosyllabes longs s'abrègent: چھڑوا *chuṛwâ* «faire quitter» de چھوڑا *chôṛâ* «abandonner, quitter»; بلوا *bulwâ* «faire parler» de बोला «parler»; ceux qui prennent *l* au transitif le gardent: पिलवा *pilwâ* پلوا «abreuver, faire boire».

Le transitif se confond quelquefois, comme sens, avec le causatif: پلا *pilâ* «faire boire, abreuver» et کھلا *khilâ* «nourrir, faire manger»; mais les vrais causatifs پلوا *pilwâ* et کھلوا *khilwâ* veulent dire proprement «faire que l'on est nourri ou abreuvé». *Dilâ* دلا de *dê* دے «donner» veut dire «faire donner» et *dilwâ* دلوا «faire que quelque chose est donnée».

Les deux verbes *ḍûb* et *bhîg* font au transitif *ḍûbô* et *bhigô* à côté de *ḍubâ* et *bhigâ*. On suppose que cet *ô* est une contraction du *wâ* causatif.

48. Les dialectes populaires n'offrent pas de particularités remarquables à signaler. Dans le *Râmâyaṇa* de Tulsidâs, M. Greaves relève la formation des causatifs (ou transitifs) en *â*, quelquefois *âv*, et *vâ*: *lavâ* de *lâ*; dans quelques cas, aucune addition n'est faite mais la première voyelle est allongée: *mêl* de *mil*; il y a enfin des

exemples de *r* intercalé: *dêṣarâï* «ayant montré» (moderne *dikhâ-kar*, de *dêkh* «voir»).

On sait qu'en sanskrit la voix transitive (*parasmâi padam*) différait essentiellement de la moyenne ou intransitive par la quantité des suffixes, p. ex. *sê* et *tê* ou *si* et *ti*. Les causatifs s'y formaient en *aya*, q. q. fois *paya*. Les prâkrits faisaient *ê* et même *âpê* dont le *p* se serait adouci en *b* puis *v*. Quant au *l* intercalaire euphonique, on peut supposer qu'il est pour un *t* (une mutation de ce genre a lieu pour le participe de l'hindî oriental), car le sindhî a *r* et le gujaratî *ḍ*.

Quoiqu'il en soit, on voit que la distinction entre les transitifs et les causatifs est souvent purement théorique; c'est pourquoi beaucoup de grammairiens les confondent et disent que hindoustani a deux causatifs en *â* et en *wâ*.

49. Modes. — Des trois modes logiques (*indicatif*, *subjonctif* ou *conjonctif*, et *optatif*) l'hindou moderne ne possède que le premier.

Il a aussi un *impératif*, mais ce n'est point là proprement un mode, car le radical verbal n'y modifie point son sens absolu. Entre «fais» et «il faut que tu fasses», il y a cette différence que dans le premier, c'est le sujet qui est à l'état de dépendance et que dans le second c'est l'idée radicale qui est contingente.

50. Temps. — Il y a trois temps naturels: *passé*, *présent*, *futur*, qui peuvent se nuancer de diverses façons en *imparfait*, *plus-que-parfait*, *futur antérieur*, etc.; une variation commune à beaucoup de langues de l'Inde et à la plupart des langues agglutinantes consiste dans la production de l'*aoriste*. Nous appelons ainsi une forme verbale dont le sens temporel est vague, indéterminé, et qui, quoique généralement présente, peut impliquer une idée de passé, d'avenir, de contingence, etc.

L'Hindoustani, en fait de formes dérivées simples, n'a qu'un *aoriste*(1). En y ajoutant l'*impératif*, cela fait deux temps grammaticaux. Ils sont à peu près identiques et sont formés par l'union du radical avec les terminaisons personnelles.

51. Voilà pour la langue classique. Les dialectes vulgaires sont plus riches; on trouve du moins dans la Râjpûtâna un futur caractérisé par un *s* (ou son succédané *h*) radical et les éléments personnels sujets.

Faut-il rapprocher ces formes du suffixe *si* qu'on trouve dans Tulsidâs et qui semble être surtout ce que nous appellerions en basque une forme allocutive?

52. L'aoriste n'est qu'une altération du vieux présent sanskrit en *âmi, asi, ati*, etc.; le futur représente les futurs en *iṣyâmi*, etc.

53. **Personnes.** — Les trois personnes ordinaires n'ont qu'un singulier et un pluriel; il n'y a pas de terminaison spéciale pour chacun des deux genres.

54. Ceci posé, voici le type des deux temps simples de l'hindî classique:

Présent:

	(rad:	*mâr* «battre»)
1e	pers. sing.	*mâr-u*m
2e		*mâr-ê*
3e		*mâr-ê*
1e	pers. plur.	*mâr-ê*m
2e		*mâr-ô*
3e		*mâr-ê*m

(1) Les grammairiens donnent à ce temps différents noms: *aoriste, potentiel, futur, futur de contingence, présent conjonctif, conditionnel d'éventualité*, etc., qui indiquent tous son caractère indéfini et incertain.

Les deux verbes *lê* «prendre» et *dê* «donner» font, avec contraction, *dûm, dê, dê, dêm, dô, dêm*; *lûm, lê, lê, lêm, lô, lêm*; mais quelques dialectes ont les formes régulières *dêûm, dêwê, dêwê, dêwêm, dêô*, etc. Le dakhnî est dans ce cas; de plus il identifie la seconde personne plurielle à la première et la troisième et dit *tum mârêm* «vous battez».

On peut relever les principales variations dialectales et historiques suivantes des terminaisons:

1ᵉ p. s. — occ. *ôm, âum*; or. *aüm, um, ôm*;
hist. *ô, âu, u, û, aü, êum, hum.*
2ᵉ p. s. — occ. *âi, î*; or. *as, ê, u, a* muet;
hist. *â, aï, aî.*
3ᵉ p. s. — occ. *âi, a*; or. *aï, i, ê, âi*;
hist. *â, aî.*
1ᵉ p. pl. — occ. *âim, âm, âum, um*; or. *um, ôm, ô, an, im*
hist. *u, aü, êü, hi, hî, hati, him.*
2ᵉ p. pl. — occ. *âu*; or. *aü, ab, an, a, ah*;
hist. *hu, hû.*
3ᵉ p. pl. — occ. *âim, an, âi, i*; or. *mym, îm, aim*;
hist. *hi, hum, hîm.*

On préfixe d'ordinaire, en l'absence d'un nom sujet, le pronom personnel (*mâim, tû, wuh, ham, tum, wê*) parce que la deuxième et la troisième personne singulière d'une part, la première et la troisième personne plurielle de l'autre, se ressemblent (¹).

Les radicaux terminés par une voyelle intercalent un *w* facultatif (l'urdû n'en use généralement pas) avant *ê* et *êm*: बुलावे *bulâwê* ou بلاے *bulâê* «tu appelles» ou «il appelle» etc.

(¹) *asi* et *ati* ont fait *aï, ê*; *amah* et *anti* se sont assourdis, réduits, et semblablement nasalisés.

L'impératif ne diffère de ce type que par la seconde personne du singulier qui est constituée par le simple radical, مار *mâr* «frappe». La seconde personne plurielle est donc naturellement en *ô*: مارو *mârô* «battez».

On cite des formes historiques en *u*, *hi*, *hî* au singulier et *hu*, *hûm*, *û*, *âu*, *âü*, *aü*, *êhu* au pluriel.

En dehors des secondes personnes, on ne peut guère citer que la première du pluriel: دیکھیں *dêkhê*m «voyons».

Le nom verbal en *nâ* sert fréquemment d'impératif: تم جانا *tum jânâ* «vous aller» s'emploie pour «allez».

55. Voici le futur des dialectes de la Râjpûtâna:

1e pers. sing.	*mâr-â asyu*m (*asu*m, *ahu*m)
2e	*mâr-asî* (*ahî*)
3e	*mâr-asî* (*ahî*)
1e pers. plur.	*mâr-asyâ*m (*ahâm*)
2e	*mâr-asyô* (*ahô*)
3e	*mâr-asî* (*ahî*)

A Aoude, le futur serait formé en ajoutant au radical les terminaisons *bû*m, *bê* ou *bês*, *e*, *ba*, *bo*, *bai*m; où le *b* est la marque du participe futur (voy. ci-après).

M. Greaves donne comme terminaisons du futur absolu dans Tulsidâs:

1e s.	*âu*m, *ihâu*, *ihâu*m, *ihô*m
2e 3e	*ihi*, *ihahi*
1e pl.	*ihahi*m
2e pl.	*ihahu*
3e pl.	*ihahi*m

où le *h* représente sans doute le *s* des futurs classiques.

Nous parlerons plus loin des formes respectueuses, impersonnelles ou absolues.

56. Il convient de donner ici le présent du verbe «être» qui est l'auxiliaire le plus employé. Le dialecte classique prend le radical *hô* (sanskrit *bhû*); la plupart

des patois font de même. Mais, spécialement comme auxiliaire, on se sert généralement de radicaux en *h* ou *ch* que certains linguistes rattachent à l'*as* sanskrit.

a. Voici les formes de *hô*, dans l'idiome classique:

1e p. s.	*hôûm*	होऊं	هوون
2^e^	*hô, hôê*	हो, होए	هوے
3^e^	*hô, hôê*	हो, होए	هوے
1e p. pl.	*hôm, hôêm*	हों, होएं	هوین
2^e^	*hô*	हो	هو
3^e^	*hôm, hôêm*	हों, होएं	هوین

Dans les divers dialectes:

Braj.	Râj.	Himal.
hôûm, hâum	*vhêâm*	*hôûm, hunî, humlô*
hôy, hôê	*vhâi*	*hôi, hôv, hunâi, hôlê*
hôy, hôê	*vhâi*	*hôv, hôn, hôlô*
hâumy, hâumê	*vhâiâm*	*hôvâûm, hôvan, hunâ, humlô*
hâu, hôu	*vhâiô*	*hôyâî, hôvan, hunâ, hôlâ*
hâumy, hâumê	*vhâi*	*hôvan, hunâ, hulâ*

Or.
hôûm, hôüm
hês, hôy, vhâs
hôy, vhây
hôi, hôim, hôn
hôü, hô, vhâv
hômym, hôim, vhâmym

Historiquement, on aurait, avec diverses nuances de significations présentes ou futures: 1e p. s. *hâum, hômu, hôum, hômhu*; — 2e p. s. *hôsi*; — 3e p. s. *hôi, hôu, hôhi, hôihi*; — 2e p. pl. *hôhû*; — 3e p. pl. *hôhim, hômhi*.

b. Voici celle des radicaux rattachés à *as*:

Braj.	Himal.		Or.
hâum	*chûm*	*châum*	âm, *chî*
hâi	*cha, châi*	*cha, châi,*	*hâi, chêm*
hâi	*cha, châi*	*cha*	*â, achi*
haim	*chaum*	*châum*	*hâim, chî*
hâu	*chan*	*cha, chan*	*chên, chî*
hâim	*cham*	*chan*	âm, *chathi*

Au passé, le dialecte de Braj ferait *hô* pour les 3 pers. sing. et *hê* au pluriel; c'est évidemment un participe passé (class. *thâ*).

On peut citer les formes historiques: 3ᵉ p. s. *hâi, ahâi, ahaï, ahê, ahahi, ahi, hai*; — 2ᵉ pl. *ahah, hahu*; — 3ᵉ p. pl. *ahahîm, âhahim*, etc.

La forme classique est

1ᵉ p. s.	*hûm*	هون	हूं
2ᵉ	*hâi*	هى	है
3ᵉ	*hâi*	هي	है
4ᵉ	*hâim*	هين	हैं
5ᵉ	*hô*	هو	हो
6ᵉ	*hâim*	هين	हैं

Le dakhnî fait *hâim* à la seconde personne du pluriel.

Hûm et *hôûm* sont-ils vraiment différents d'origine? Ne sont-ce pas deux variantes du prâkrit *hômi, hôsi, hôi, hômha*, etc., qui représente le sanskrit *bhavâmi*, etc.?

L'hindî oriental a des auxiliaires spéciaux: *bâṭ, bâr, vaṭ, vâr, bar, var* «être», et *â* «venir» qui s'abrège et prend *l*:

	Masculin.	Féminin.	Masculin.	Féminin.
1ᵉ p. s.	*bâṭom*	*bâṭyûm*	*alôm, alyôm*	*alyûm*
2ᵉ	*bâṭes (ê)*	*bâṭis (î)*	*ales, alê*	*alis, alî*
3ᵉ	*bâtâit, bây*	*bâ*	*ales, al*	*ates, al*
1ᵉ p. pl.	*bâṭî*	*bâṭî*	*alî*	*alî*
2ᵉ	*bâṭoh (a)*	*bâṭyû*	*ala, alah, alyok*	*alyû*
3ᵉ	*bâṭai*	*bâtîm*	*alen, alaim*	*alin, alim*

Mais la comparaison avec les autres dialectes d'une part, les doubles formes masculines et féminines de l'autre, montrent que ce sont essentiellement là des formes participiales, adjectives, malgré leurs suffixes personnels.

Nous ne croyons pas utile de parler ici des autres auxiliaires; il en sera question dans le paragraphe ci-après.

b. — VERBE PÉRIPHRASTIQUE.

Les formes périphrastiques sont composées 1° du radical verbal, d'un adjectif verbal ou d'un nom verbal; 2° d'un verbe auxiliaire seul conjugué. Elles suppléent à la pauvreté de la langue et expriment de nouvelles *voix* et des *temps* supplémentaires.

57. **Voix périphrastiques:** 1° *Intensif.* — On ajoute au radical intransitif les verbes आ ا *â* «venir» et उट اٹ *uṭ* «lever», au transitif दे دے *dê* «donner» et डल ڈل *ḍal* «lancer», à l'un ou l'autre les verbes जा جا *jâ* «aller», पड پڈ *paḍ* (*paṛ, par*) «tomber», ले لے *lê* «prendre» et रह رہ *rah* «demeurer»: میں دیکھ رہوں *mâim dêkh rahûm* «je contemple», تم کھا جاو *tum khâ jâô* «vous avalez», وہ گر پڈے *wuh gir paḍê* «il tombe tout à fait», ہم گرا دیویں *ham girâ dêwêm* «nous nous précipitions»;

2° *Fréquentatif.* — On ajoute au participe passé le verbe کر *kar* «faire»: بولي کرتی هي *bôlî kartî hâi* «elle bavarde»;

3° *Potentiel.* — On ajoute au radical le verbe سک *sak* «pouvoir» (جن *jan* «connaître» en hindî or.): لکھ سکتا ہوں *likh saktâ hûm* «je puis écrire»;

4° *Continuatif.* — On ajoute au participe présent le verbe رہ *rah* «demeurer» ou le verbe جا *jâ* «aller»;

5° *Désidératif.* — On ajoute au participe passé چاہ *câh* (or. चाह *châh*) «désirer». Le dialecte dakhnî de l'urdû joint cet auxiliaire à l'oblique du nom verbal en *nâ*;

6° *Terminatif.* — On ajoute au radical چک *cuk* «finir»: میں لکھ چکتا ہوں *mâim likh cuktâ hûm* «je finis d'écrire»;

7° *Passif.* — On ajoute au participe passé le verbe جا *jâ* «aller»: वह पत्र लिखा गया *wah patr likhâ gayâ* «cette lettre a été écrite». M. Hoernle suppose que cette forme vient d'une méconnaissance du suffixe prâkrit qui représente le *ya* sanskrit et où l'on a vu le radical «aller».

Il n'y a à proprement parler que les verbes conjugués avec le radical qui forment des voix périphrastiques grammaticales. Les autres sont des composés syntactiques. On cite encore, parmi les combinaisons les plus ordinaires, celles des verbes لگ *lag* «commencer», دے *dê* «donner» et پا *pâ* «obtenir» avec l'oblique du nom verbal (ou infinitif), pour marquer les idées de commencement (voix *inchoative*), de tolérance et d'acquisition.

Les Indiens aiment beaucoup à composer des verbes qu'un grammairien appelle *réitératifs* et qui consistent dans la réunion de deux verbes analogues de sens et de son; cela a lieu surtout aux temps participiaux: les deux verbes sont également variables; le sens général est celui du continuatif: وے بولتے چلتے ہیں *wê boltê caltê hâim* «ils bavardent», *samjhâ bujhâ kar* سمجھا بجھا کر «ayant expliqué», etc.

Il n'y a pas de voix négative. La négation est exprimée par un mot isolé: *nahîm* «non», *na* «non, ne ... pas», *mat* «non, point du tout». *Mat* va particulièrement avec les impératifs; *nahîn* ne les accompagne au contraire jamais, mais il se joint au nom verbal employé impérativement: مت جاو *mat jâô* «n'allez pas!»; نہیں جانا *nahîm jânâ* «n'allez pas, (il ne faut) pas aller».

58. Temps périphrastiques. — A proprement parler, on ne devrait regarder comme tels que ceux formés du radical et d'un auxiliaire; il n'y a guère dans ce cas que le présent de l'Indicatif de l'hindî oriental et encore est-ce plutôt un temps participial, comme je l'ai dit plus haut. Il est formé par l'addition au radical de l'auxiliaire en *l* conjugué ci-dessus. Le présent de पढ़ *paṛh* «lire» sera donc

	Masculin.	**Féminin.**
1ᵉ pers. sing.	*paṛhâilôṃ-lyôṃ*	*paṛhâilyûṃ*
2ᵉ	*paṛhâiles-lê*	*paṛhâilis, -lî*
3ᵉ	*paṛhâilâ*	*paṛhâilê*
1ᵉ pers. plur.	*paṛhîlâ*	*paṛhîlâ*
2ᵉ	*paṛhâilah-, -lyah, -la*	*paṛhâilyû*
3ᵉ	*paṛhâilen, -lâiṃ*	*paṛhailin, lôṃ*

59. Mais dans la langue classique, il y a d'autres temps périphrastiques. D'après M. Kellogg, on en compterait quatre, formés de l'addition au participe présent et au participe passé des deux auxiliaires हूं *hûṃ* «je suis» et होऊं *hôûṃ* «je deviens». Ce seraient par exemple:

1° Présent, imparfait गिरता हूं *girtâ hûṃ* «je tombe, je tomberai»

2° Imparfait, conditionnel गिरता होऊं *girtâ hôûṃ* «je peux tomber»

3° Passé parfait गिरा है *girâ hâi* «il est tombé»

4° Parfait conditionnel गिरा हो *girâ hô* «il peut être tombé»

Dans l'hindî oriental, M. Hoernle compte dix temps ainsi formés: un *présent* par le participe présent et बाट *bâṭ* «être», un *passé défini* par le participe passé, un *passé habituel* (ou *imparfait*) ou un *plus-que-parfait* par le participe présent ou passé et le verbe रह *rah* «demeurer» etc.

c. — ADJECTIFS VERBAUX.

60. Les adjectifs verbaux ou participes sont, dans l'idiome classique, au nombre de deux: le *participe présent* et le *participe passé*.

a) Le premier se forme par l'addition de ता تا *tâ* (obl. *tê*, féminin *tî*, pluriel féminin *tîm*) au radical: مارتا *mârtâ* «frappant», बोलता *bôltâ* «parlant».

b) Le second par l'addition de आ ا *à* (ए ے *ê*, ई ي *î*, ईं ين *îm*), seulement: بولا *bôlâ* «dit», मारा *mârâ* «battu». Après les radicaux en *â*, *î*, *ô*, un *y* euphonique est intercalé: لايا *lâyâ* «porté», منگايا *mangâyâ* «mandé, appelé», بويا *bôyâ* «semé»; les radicaux en *î* s'abrègent devant le *y*: *piyâ* پيئا पिया «bu».

Les verbes هو *hô* «devenir», مر *mar* «mourir», كر *kar* «faire», دے *dê* «donner», لے *lê* «prendre», جا *jâ* «aller», ٹهان *ṭhân* «déterminer» font irrégulièrement هوا *huâ*, موا *muâ*, كيا *kiyâ*, ديا *diyâ*, ليا *liyâ*, گيا *gayà*, ٹهيا *ṭhayâ* (fém. *kî*, *dî*, *lî*); on a dialectiquement (occ.) *karâ*, *marâ*, *jâyâ*. Le régulier جايا *jâyâ* «allé» est même seul employé dans les composés: جايا چاهون «je veux aller»; il en est de même de *marâ* «mort».

Pour *tâ* et *à* le dialecte de Braj fait *tàu* et *yâu*; le Mâṛwâṛî *tô* et *yô*, *yôṛô*; d'autres formes dialectales ou historiques sont pour le présent *at* (fém. *ati*) et *tu*.

Les auxiliaires «être, devenir» font au participe présent *hôtâ* (*hôtâu*, *hôtu*, *hôt*) et au passé *huâ* (*bhayà*, *bhayâu*); on emploie aussi au passé *thâ* (de *sthà* «stare») pour «été».

Dans l'hindî oriental, le participe présent est en *t* et le passé en *l* (*al* ou *il*): *paṛhat* «lisant», *paṛhal* «lu»; *khâil*, *khâyal* «mangé».

Le participe présent caractérisé par *t* vient du participe sanskrit en *at*, *ant*; le participe passé, du participe en *ta* dont le *t* est tombé ou s'est adouci en prâkrit: dans le premier cas, on a eu les formes occidentales vocaliques; dans le second cas, on a eu les formes orientales par l'affaiblissement de *d* en *l*.

61. L'hindoustani commun a un participe futur qui dérive de l'aoriste en ajoutant گا *gâ* (*gê*, *gî*) à toutes les personnes; ce *gâ* paraît se rattacher à la racine «aller» (1).

Dans beaucoup de dialectes, la formation est la même mais on se sert de suffixes différents. (Voyez ci-après.)

d. — NOMS VERBAUX.

62. Je ne crois utile d'en signaler ici que deux: l'un qui est le nom d'action, le verbe impersonnel absolu, et correspond à notre *infinitif*; l'autre qui est le verbe impersonnel relatif et peut être appelé *gérondif*. Les grammairiens appellent d'ordinaire le second *participe conjonctif*. En hindî oriental, on a nommé le premier *participe futur*, parce qu'il prend aussi le sens de «qui doit ou pourra être l'objet de l'action».

L'*infinitif* (nom verbal proprement dit), ou *participe futur*, ajoute au radical *nâ*: مرنا *marnâ* «mourir», دینا *dênâ* «donner». Dialectiquement, on dit نان *nân* (dakhnî), नौं *nâum*, बौं *wâum* (Braj), *nô*, *an*, *ṇô*, *ṇû*, *bô* (Râjp.), *ṇô* (Himâl.), *lô*; les dialectes orientaux ont *ab* ou *ib*: *paṛhab* «lire» ou «ce qu'on doit lire», *khâib* «manger» ou «ce qu'on doit manger». On cite des formes historiques en *na*, *ni*, *n*, *b*.

---

(1) On fait remarquer à ce propos qu'en français *aller* est un auxiliaire du futur: «je vais faire» est synonyme de «je ferai, j'ai à faire». Cf. les formes créoles *mo va mansé* «je mangerai».

Les formes en *b* se rattachent au participe futur passif sanskrit en *tavya*; celles en *n* au participe en *aṇiya*.

63. Le *gérondif* se forme par l'addition au radical de ए ے *ê*, के کے *kê*, कर کر *kar*, करके کرکے *karkê*, करकर کرکر *kar-kar*, c'est à dire qu'il est simple ou périphrastique, *kar* n'étant que le radical de «faire». Le radical simple sert aussi de gérondif. *Bôl, bôlê, bôlkê, bôlkar, bôlkarkê, bôl-karkar* signifient également «ayant parlé».

Dans le dialecte de Braj, les terminaisons sont *i, kâi, kari*; dans la Râjpûtâna, *nê, unê, r* ou *knê* (avec le participe présent). Dans le dialecte oriental, *ai* bref, *i, aikê, ikê* et *y* (après une voyelle). Historiquement, on trouve *i, â, âi, êm, y*.

Faut-il voir dans ces *â, âi, ê, i* un reste de la terminaison gérondive sanskrite *ya*?

Le gérondif est proprement relatif au temps passé. On indique d'autres nuances temporelles par diverses combinaisons de participes employés, d'une façon absolue, à l'oblique singulier: कृष्ण साथ रहते हम क्या डरें *Kṛṣṇ sâth rahtê ham kyâ ḍarêm* «Krichna étant avec (nous), que craignons (*ou* craindrons)-nous? (*ou* que pourrons-nous craindre?)»; *êk jawân munh mên kaf bharê niklâ* ایک جوان منہ مین کف بھرے نکلا «un jeune homme, l'écume (abondant) au visage, sortit»; کتنے ایک دن بیتے راجا پھر گیے *kitnê êk din bîtê râjâ phir gayê* «quelques jours écoulés, le roi revint» (il faut remarquer *kitnê êk* «quelques unités de» et le pluriel honorifique *gayê*); چلتے ہوے بیگم نے مجھے کہا *caltê huê bêgam nê mujhê kahâ* «en s'en allant, la princesse me dit»; مین تکرار کرتے ہوے تھک گیا *mâim takrâr kartê huê thak gayâ* «je suis lassé de querelles»; वह स्त्री हंसते आती थी *wah strî hamstê âtî thî* «cette femme venait riant».

Le participe passé à l'oblique لیے लिये «pris» est d'un usage courant, non seulement, comme nous l'avons vu, dans le sens de «pour, en faveur de», mais aussi avec la signification de «avec, pour servir à, dans le but de»: कोई ब्रह्मण कांख में पोथी लिये आता है *kôî brahmaṇ kâṁkh mêṁ pôthî liyê âtâ hâi* «un brahme arrive avec un livre (*ou* tenant un livre) sous le bras»; سہیلیاں اور خوّصین عہدے لیے کھڑی ہیں *sahêliyâṁ âur k͟hawaççêṁ ʿuhdê liyê khaṛî hâiṁ* «des suivantes et des servantes étaient debout, chacune prête à remplir son office (*ou* chacune pour un office spécial)».

En ajoutant la particule *hî* ھی ही «même» à l'oblique du participe présent et quelquefois à celui du participe passé, on exprime l'idée «aussitôt que»: دیکھتےھی اسے حیران کھڑا رہ گیا *dêkhtê-hî usê ḥâirân khaṛâ rah gayâ* «dès que je l'aperçus, je fus immobilisé par l'étonnement»; रूप देखे ही बत आवे *rûp dêkhè hî bat âwê* «dès que sa beauté eut été vue, on se mit à la décrire». Au lieu de *hî*, le dakhnî a un suffixe particulier *c* چ; il dit *hôtic* هوتیچ «aussitôt qu'il devient» pour هوتے ھی *hôtê hî*.

Les participes d'ailleurs peuvent être considérés comme des noms verbaux et recevoir les suffixes déclinatifs; ainsi, dans les exemples ci-dessus, on peut, non seulement remplacer *kartê huê* par *karnê sê* «avec *ou* par l'action de faire», mais dire *dêkhnê kê sâth* au lieu de *dêkhtê hî*. Une formule courante est کہے سے *kahê sê* «par le dit, par ordre». On aurait de même avec le privatif *bê*: بے میرے آے ھوے *bê-mêrê âê huê* «sans que je sois venu, c. à d. sans mon été venu». Ils jouent un rôle adjectif particulier dans des phrases comme celles-ci وہ بہانہ کیے ہوے تھا *wuh bahâna kiyê huê thâ* «il feignait (d'habitude)»; میں نے اسکو روتے پایا *mâiṁ nê uskô rôtê pâyâ* «je le trouvai pleurant»; dans la première, *kartâ* au lieu de *kiyê huê* indiquerait une action accidentelle, éventuelle; dans la seconde *rôtâ* serait préférable à *rôtê* qui pourrait également se rapporter à *mâim* tandisque *rôtâ* ne peut se rapporter qu'à *uskô* «lui».

e. — FORMES RESPECTUEUSES.

64. Le pluriel est généralement employé respectueusement pour le singulier, comme nous l'avons déjà vu. Le pronom *âp*, de son côté, correspond à peu près à l'allemand *Sie*.

Mais il y a des formes honorifiques spéciales:

La langue courante ajoute au radical इये *iyê*, इयो *iyô*, इयेगा *iyêgâ*. Le premier et le troisième s'emploient avec les égaux ou les supérieurs; le second avec les égaux ou les inférieurs.

M. Pincott indique cette autre nuance: मारो *mârô* «battez (immédiatement)», मारियो «battez (dans quelque temps)». *Iyêgâ* est proprement une forme future. On trouve dans les livres le pluriel *iyêm*: فرمائیے *farmâiyêm* «qu'ils veuillent ordonner» pr. «veuillez ordonner».

Les radicaux en *î* intercalent ज *j*, ceux terminés en *ê* deviennent *î* et intercalent *j*: لے *lê* «prendre» fait لیجیے *lîjiyê* «veuillez prendre»; *dê* دے «donner» fait دیجیے *dîjiyê* et دیجو *dîjô* «veuillez donner»; کر *kar* «faire», مر *mar* «mourir» et ہو *hô* «être, devenir» font کیجیے *kîjiyê*, موجیے *mûjiyê*, ہوجیے *hûjiyê*. On dit aussi cependant *hôiyê*, *hôiyêgâ*.

Le dialecte de Braj dit *âi* et *âu* pour *ê* et *ô*.

Le Mâṛwâṛî et le Mêwâṛi ont les terminaisons *jô*, *jyô*, *jê*, *jyê*. Les dialectes orientaux emploient *ihê*, *iha*.

Le *Râmâyaṇa* de Tulsîdâs a des formes en *y*, *ia*, *iya*, *iê*, *iyê*, *ahu*, *iu*, *aia*; et quelques exemples de *j*: *kîjâi*, *karîjê*, *dîjêhu*.

On suppose que ces diverses formes viennent du suffixe *ijja* qui caractérise le passif en prâkrit (sanskrit *ya*).

Le respectueux en *iyê* est aussi employé très fréquemment, comme nous le verrons plus loin, dans un sens impersonnel et absolu.

65. Le patois de Mithilâ, dont Mr. G.-A. Grierson a tracé une excellente esquisse, paraît très riche en formes respectueuses. Chaque forme personnelle est susceptible de quatre modifications, suivant que le sujet et le régime sont tous deux respectables, que le sujet est respectable et le régime ordinaire, que le sujet est ordinaire et le régime respectable, enfin que le sujet et le régime ne sont respectables ni l'un ni l'autre.

Avec le pronom *aham*, *âp*, de troisième personne respectable et les distinctions de masculin et de féminin, cela donne une variabilité et une richesse de formes à rendre jaloux les idiomes dont la conjugaison a la prétention d'être le plus compliquée, c'est à dire le basque ou les langues de l'Amérique.

CHAPITRE IV.

Notions syntactiques et fonctionnelles.

a. — TEMPS PARTICIPIAUX.

66. Pour avoir ce qu'on appelle la conjugaison complète d'un verbe en hindoustani, il faut ajouter aux formes simples et périphrastiques données ci-dessus certaines combinaisons de participes qui, jointes aux pronoms personnels, s'emploient d'une façon absolue pour traduire diverses nuances verbales.

Elles sont formées du participe présent, du participe passé, ou du participe futur, ou bien de l'un ou l'autre des deux premiers participes suivis des participes des verbes auxiliaires. Le participe passé de «être» est substitué par تھا *thâ* (de la racine स्थ *stha* «stare»)[1].

Le verbe گر *gir* «tomber» par exemple fait, suivant Kellogg:

1° **Un aoriste ou imparfait indéfini**: میں گرتا *mâim girtâ* «je tombe, je tombais, je tomberai»;

2° **Un aoriste défini ou passé indéfini**: تو گرا *tû girâ* «tu es tombé»;

3° **Un futur**: وہ گریگا *wuh giregâ* «il tombera»;

4° **Un futur éventuel**: میں گرتا ہونگا *mâim girtâ hûmgâ* «je dois tomber»;

5° **Un imparfait défini**: میں گرتا تھا *mâim girtâ thâ* «je tombais»;

6° **Un passé éventuel**: تو گرا ہیگا *tû girâ hâigâ* «tu dois être tombé»;

7° **Un plus-que-parfait**: وہ گرا تھا *wuh girâ thâ* «il était tombé».

b. — LE RESPECTUEUX EN *IYÊ*

67. La forme de l'impératif respectueux en *iyê* est assez fréquemment employée d'une façon impersonnelle et absolue, avec une signification de nécessité, d'obligation: *daryâft kîjiyê* دریافت کیجیے voudra dire par exemple, non seulement «veuillez étudier» mais «il faut étudier, on doit étudier». Voici un autre exemple: *ânkhêm darwâzê kî taraf lag rahî thîm ki dêkhiyê kyâ zâhir hôtâ hâi*

(1) Dans le *Râmâyaṇa* de Tulsîdâs, c'est *rahâ* «demeuré» qui est employé dans ce cas. Cet auxiliaire est encore en usage dans les dialectes populaires.

انکهین دروازے کي طرف لگ رهی تهین که دیکهیے کیا ظاهر هوتا هی «(mes) yeux étaient fixés sur la porte afin de voir ce qui allait apparaître». Ici, on peut à la rigueur traduire par l'impératif ou le subjonctif: *ki dêkhiyê* peut être traduit «en disant (ou «en pensant): voyons, nous allons voir».

En vertu de cette acception du respectueux, *câhiyê* چاهیے, de *câh* «vouloir, désirer», sert fréquemment à exprimer l'idée de notre «il faut»: حقیقت جانا چاهیے *ḥaqîqat jânâ câhiyê* «il faut connaître la vérité», تم کو دیکها چاهیے *tum kô dêkhâ câhiyê* «il vous faut voir, il faut que vous voyiez», مرد کو چاهیے جو کهے سو کرے *mard kô câhiyê jô kahê sô karê* «il faut à l'homme qu'il fasse ce qu'il dit, il faut que l'homme fasse ce qu'il dit»; «il faut que vous alliez à la maison» *âp kô câhiyê ki ghar jâiyê* اپ کو چاهیے که گهر جایے; «vous auriez dû avoir essayé» *tum kô kôṣiṣ karnî câhiyê thî* تم کو کوشش کرني چاهیے تهي etc. Remarquez dans cette dernière phrase l'accord du participe et du nom verbal avec *kôṣiṣ*.

M. Kellogg voit dans cet *iyê* un reste des passifs prâkrits en *ijja* et, selon lui, *câhiyê* signifierait proprement «il est désiré» dont par exemple le nom verbal *karnî* serait le sujet dans la dernière phrase ci-dessus: «l'action de faire effort était désirée».

M. Pincott donne le tableau suivant d'un grand nombre de combinaisons plus ou moins usitées dans la conjugaison hindoue:

1° *likhê* «il écrit, il écrit probablement».
2° *likh saktâ hâi* «il peut écrire, il est capable d'écrire».
3° *likhtâ* «il écrit».
4° *likh saktâ* (ou *sakâ*) «il pourrait écrire».
5° *us kô likhnâ câhiyê* «il faut qu'il écrive».

6° *us kô likhnâ hôgâ* «il aura à écrire».
7° *likhâ kartà* «il écrit habituellement».
8° *likhtâ hôwê* «il peut être en train d'écrire».
9° *likhtâ rah* (ou *hô*) *saktâ hâi* «il doit être en train d'écrire».
10° *likhtâ rahà hâi* «il était à écrire».
11° *likhâ hôtâ* (ou *rahtâ*) «il pourrait être en train d'écrire».
12° *likhtâ hô saktâ* (ou *sakâ*) «il devrait être en train d'écrire».
13° *us kô likhtâ rahnâ câhiyê* «il aurait fallu qu'il écrive».
14° *likhtâ hôgâ* «il aurait à écrire».
15° *likhtâ rahêgâ* «il sera en train d'écrire».
16° *likh* (ou *likhtâ*) *rahâ hôwê* «il peut avoir été en train d'écrire».
17° *likhtâ rah sakâ hôgâ* «il doit avoir été en train d'écrire».
18° *likhtâ rah cukêgâ* «il aura fini d'écrire».
19° *likhtâ rahà hôtâ* «il aurait été à écrire».
20° *likhtâ rah sakâ hôtâ* «il aurait pu être à écrire».
21° *câhiyê thâ ki wuh likhtâ rahâ hôtâ* «il aura fallu qu'il ait été à écrire».
22° *likhtâ rahâ hôgâ* «il aura dû écrire».
23° *us nê likhâ hô* «il aura écrit».
24° *likh sakâ hâi* (ou *hôgâ*) «il est possible qu'il ait écrit».
25° *likh cukêgâ* «il aura écrit».
26° *likhê hôtâ* ou *us nê likhâ hôtâ* «il aurait dû écrire».
27° *likh sakâ hôtâ* «il aurait pu écrire».
28° *us kô likhnâ câhiyê thâ* «il aurait fallu qu'il écrive».
29° *us nê likhà hôgâ* «il a dû écrire».
30° *likhâ jâwê* «il a été écrit probablement».

31° *likhâ jâ saktâ hâi* «il a pu être écrit».
32° *likhâ jâ'â* «il était écrit sans doute».
33° *likhâ jâ saktâ* (ou *sakâ*) «il peut être écrit».
34° *câhiyê ki wuh likhâ jâwê* «il aurait fallu qu'il fût écrit».
35° *likhâ jâwêgâ* «il sera écrit sans doute».
36° *likhâ gayâ hô* «il a dû être écrit».
37° *likhâ jâ cukêgâ* «il aura été tout à fait écrit».
38° *likhâ gayâ hôtâ* «il aura dû être écrit».
39° *hô saktâ thâ ki wuh likhâ gayâ hôtâ* «il est possible qu'il ait été écrit».
40° *câhiyê thâ ki wuh likhâ gayâ hôtâ* «il fallait qu'il ait été écrit».
41° *likhnêwâlâ hâi* «il est prêt à écrire».

Et ce tableau est certainement incomplet.

Le langage populaire des classes inférieures a des façons de parler remarquables. Dans la région de l'hindî oriental, on exprime le passé à l'aide d'un participe invariable en *is*: *kahis* «j'ai, tu as, il a dit», *kihis* «j'ai, tu as, il a fait». Dans les contrées de l'ouest, on entend quelquefois *tum kâ kahin* (*kahin* forme plurielle) «qu'avez-vous dit» pour le classique *tum nê kyâ kahâ?*

c. — RÈGLE GÉNÉRALE D'ACCORD.

68. Les mots variables, c'est à-dire pouvant indiquer l'un ou l'autre genre, l'un ou l'autre cas (direct ou oblique), l'un ou l'autre nombre, — et ces mots variables sont l'adjectif ou le participe, — s'accordent toujours avec le sujet exprimé ou sous-entendu.

La règle se résume, dans la langue classique, par la variabilité de la terminaison en *â* (*ân*) qui devient *î* (*în*) au féminin singulier, *ê* (*ên*) au pluriel et à l'oblique et quelquefois (dans les participes) *în* ou *îân* au féminin pluriel.

Exemples: بڑا مرد *barâ mard* «grand homme»; بڑي كتاب *barî kitâb* «grand livre»; بڑے مردون پر *barê mardôm par* «sur de grands hommes»; تيسري رنڈي *tîsrî randî* «la troisième femme»; ساتوين لڑكي *sâtwîn larkî* «la septième fille»; اُس كا سا جسم *us kâ sâ jism* «un corps semblable au sien»; اُسكے سے جسم كو *us kê sê jism kô* «à un corps semblable au sien»; منھ پر مكّھي بيٹھي *mumh par makkhî bàithî* «la mouche se posa (participe) sur la bouche»; پرتش كرنے لگے *paratiș karnê lagê* «ils commencèrent à faire leurs dévotions»; كانپنے لگين *kâmpnê lagîn* «elles commencèrent à trembler»; etc.

Remarquez que cette règle est logiquement suivie par le suffixe du génitif: का كا *kâ*, n'étant originairement qu'un participe, qualifie le déterminé et s'accorde avec lui. Aussi devra-t-on dire; مرد كا بيٹا *mard kâ bêtâ* ou بيٹا مرد كا *bêtâ mard kâ* «le fils de l'homme»; مرد كي بيٹي *mard kî bêtî* «la fille de l'homme»; مرد كي بيٹي سے *mard kî bêtî sê* «par, avec la fille de l'homme»; بيٹے سے مرد كے *bêtê sê mard kê* «avec, à, par le fils de l'homme»; مرد كے بيٹے *mard kê bêtê* «les fils de l'homme»; شهر كى طرف *șahr kî taraf* «vers (du côté de) la ville»; راجا كے بيٹے كا گھر *râjâ kê bêtê kâ ghar* «la maison du fils du roi»; راجا كے گھوڑون پر *râjâ kê ghôrôn par* «sur les chevaux du roi», راجا كي كتابون مين *râjâ kî kitâbôn mên* «dans les livres du roi».

On peut rattacher à cette règle d'accord la variation en genre du nom verbal. Les livres en effet offrent beaucoup d'exemples de *-nî*, fém. et même *-nîn* pluriel fém. pour *-nâ*: ميري نماز جاني شروع هوي *mêrî namâz jânî șurû' huî* «ma prière commençait à finir»; بهت باتين بنانين مجھے خوش نهين اتين *bahut bâtêm banâ-*

nîm mujhê k'ûs nahîm âtîm «il ne m'est pas agréable qu'on parle beaucoup». Dans ces phrases, *jânî* et *banânîm* sont les noms verbaux de *jâ* «aller» et *banâ* «faire, préparer», qui sont employés adjectivement et s'accordent avec نماز *namâz* et باتیں *bâtêm*; littéralement, on devrait traduire: «ma prière en marche fut commencement», «à moi les nombreuses paroles en fabrication ne (sont) pas agréables». Nous avons vu plus haut *kôṣiṣ karnî câhiyê thî* où le féminin est amené par l'accord du nom verbal *karnâ* «faire» avec *kôṣis* »peine, effort». Un grammairien donne cet exemple caractéristique: *yih bât yâd rakhnî* «garder le souvenir de cette affaire» où l'accord a été fait entre *bât* et *rakhnâ, yâd rakhnâ* formant un mot composé; mais si l'on introduisait le suffixe du génitif après *bât*, l'accord ne serait plus possible et il faudrait dire *is bât kâ yâd rakhnâ.* Les noms verbaux en effet sont des substantifs et doivent en principe n'être joints que par des suffixes à d'autres substantifs: «lire un livre», c'est proprement «le lire, la lecture du livre», en anglais «the reading of the book», *kitâb kâ paṛhnâ.* C'est par oubli du sens exact et du rôle naturel de ces noms verbaux qu'on les a assimilés à des formes verbales et qu'on leur a attribué des compléments là où il n'y avait que des compositions grammaticales; dans la phrase *mihnat uṭhânâ âp kê iṣtiyâq kê sabab sê huâ* «le prendre de la peine a été (fait) à cause du désir de vous (voir)», le masculin *uṭhânâ* a pour complément le féminin *mihnat,* mais c'est incorrect: il faudrait *mihnat kâ uṭhânâ* ou *mihnat uṭhânî.*

Quand plusieurs féminins pluriels se suivent, il est d'usage de laisser au dernier seulement la nasale finale: *wê ʿauratêm ghar rahî thîm* (pour *rahîm thîm*) وے عورتیں گھر رہی تھیں (رہیں تھیں) «ces femmes étaient restées à la maison». Cette dérivation à la règle générale a lieu même avec *hâim*: सहेलियां खड़ी हैं *sahêliyâm kharî hâim* «les suivantes sont debout», डिबियां चुनी हैं *dibiyâm cunî hâim* «les petites boites ont été disposées».

d. — CONSTRUCTIONS PARTICIPIALES; *PRAYOGAS.*

69. Les grammairiens indigènes reconnaissent à toute proposition active la possibilité d'être construite de trois façons différentes que M. Beames fait parfaitement comprendre au moyen des exemples latins suivants:

1. Rex urbem condidit.
2. A rege urbs condita est.
3. A rege urbi conditum est.

Ces constructions, ou *prayôgas* «liaison, suite, disposition», sont distinguées par les appellations de *kartâ* «agent», *karma* «œuvre» et *bhâva* «essence». M. Beames les nomme *subjective*, *objective*, et *impersonnelle*; M. Hoernle les qualifie de *passive-active*, *passive* et *impersonnelle*; je les appellerais volontiers *directe*, *inverse* et *attributive*.

La première est la construction normale ordinaire. Dans la seconde le verbe est mis au passif, le sujet devient complément indirect et le régime direct devient sujet. Dans la troisième le sujet devient complément indirect, le régime direct ne change pas, mais le verbe, tout en devenant passif, passe à la troisième personne neutre ou, si l'on veut, prend une forme impersonnelle.

L'hindoustani use de la première construction quand le verbe est intransitif ou quand il marque le présent ou le futur. Mais lorsque le verbe est transitif et qu'il se présente à des temps où ne figurent que des participes passés, on emploie de préférence la seconde construction; la troisième est aussi fréquemment employée; mais c'est tout exceptionnellement qu'on a recours à la première. Pour traduire «j'ai vu cette fille» on dira میں نے وہ لڑکی دیکھی *mâim nê wuh laṛkî dêkhî* «par moi cette fille (a été) vue»: ici le participe passé «vue» s'accorde avec «fille» et le sujet «moi» devient le complément indirect ou en d'autres termes le nominatif passe à l'instrumental «par moi». On dira aussi, moins habituellement, میں نے اُس لڑکی کو دیکھا *mâim nê us laṛki kô dêkhâ* «par moi à cette fille (il a été) vu»: ici, le régime est à l'accusatif c'est à dire à l'oblique avec *kô*, le sujet passe à l'instrumental, mais le verbe est devenu absolu, impersonnel, invariable. Les grammairiens disent que *kô* a pour but de préciser et de distinguer le régime, et que, par conséquent, la construction attributive doit être employée lorsque ce régime est un nom d'être raisonnable ou un nom de profession: «j'ai jeté l'esclave à l'eau» se traduira de préférence मैं ने गुलाम को जल में फेंक दिया *mâim nê ġulâm kô jal mêm phêmk diyâ.*

Avec cette dernière tournure, dans la conversation courante, l'accord du participe et du régime a lieu quelque fois malgré le *kô*: उस ने अपनी मा को जगाई *us nê apnî mâ kô jagâi* «il a réveillé sa mère» litt.: «par lui à sa mère réveillée». Cet accord est la règle quand le participe passé est composé avec le participe présent, comme dans cette phrase राम ने सीता को जाती हुई देखी *Râm nê Sîtâ kô jâtî huî dêkhî* «Râma vit Sîtâ s'en allant, qui s'en allait», il faut supposer que la phrase est elliptique: «Par Râma (il fut fait quelque chose) à Sîtâ; (par lui, elle fut) vue s'en allant».

Quand le sujet est le pronom personnel de première ou de seconde personne, il fait à l'instrumental *mâim nê, tû nê*; mais l'oblique reparait si le pronom est suffixé par *hî* «même, en vérité» ou s'il est accompagné d'un substantif: تجھ ہی نے *tujh hî nê* «par toi même», *mujh faqîr nê* مجھ فقیر نے «par moi faquir». Le sujet, quand c'est un pronom, est souvent supprimé: اُس پری کو نہ پایا

us parî kô na pâyâ «à cette *péri* non obtenu, je ne retrouvai pas cette *péri*»; حقيقت اردو كي زبان كي سني هي *ḥ'aqîqat urdû kî zabân kî sunî hâi* «l'histoire de la langue urdû a été entendue, j'ai entendu (dire,, raconter) l'histoire de la langue hindoustani».

On cite quelques exemples de construction inverse avec le nom verbal; M. Pincott et M. Kellogg rapportent cette phrase: जा रे उस पांच पाण्डवों ने मेरा क्या करने का है *jâ rê us pâṃc pâṇḍavôṃ nê mêrâ kyâ karnê kâ hâi* «va donc! que peuvent faire contre moi ces cinq Pâṇḍavas?» litt. «par ces cinq Pândavas quelle chose de moi (me touchant) y a-t-il (occasion) de faire?».

Il faut faire remarquer ici que plusieurs verbes, actifs en français, sont neutres en hindoustani et inversement; en d'autres termes, les verbes qui se correspondent ne sont pas toujours pris dans les deux langues avec la même acception. C'est ainsi que *ḍar* ڈر «craindre», *laṛ* لڑ «combattre», چک *cuk* «finir», لگ *lag* «commencer» sont essentiellement intransitifs et peuvent ne pas admettre la construction passive. Les verbes بک *bak* «murmurer», بول *bôl* «dire, parler», بهول *bhûl* «oublier», لا *lâ* «apporter» ne s'y prêtent pas non plus, parce que leur signification fondamentale est intransitive: *lâ* لا entre autres est regardé comme la contraction de *lê â* «venir ayant pris». *Jân* جان «connaître» emploie la tournure inverse seulement quand le régime est simple et représenté par un seul mot; پا *pâ* «obtenir» ne l'admet que quand il est composé avec un autre verbe. *Dê* دے «donner» ne la veut pas quand il est joint à *dikhâî* «vision, apparition, apparence» et qu'il signifie alors «apparaître»; on généralise la règle en disant que certains verbes actifs peuvent être rendus neutres en se composant avec des substantifs et qu'alors ils ne peuvent être mis qu'à la construction directe. On excepte aussi سمجھ *samajh* «comprendre» quand il est pris, comme à Lakhnaû([1]) et dans les dialectes méridionaux, avec le sens de «penser, réfléchir»; de même سوچ *sôc* «considérer» ne prend pas le *nê* نے quand il est employé intransitivement.

L'hindî moyen ne possédait pas la particule *nê* de l'instrumental, mais il usait de la tournure passive en laissant le sujet au nominatif ou en le mettant à l'oblique. Ainsi faisait Tulsîdâs dont le langage se rattache pourtant aux dialectes de l'Est. Ni l'hindî oriental en effet, ni le dakhnî, ne connaissent la construction passive; elle est au contraire habituelle à l'hindî occidental, ainsi qu'au Népalî, au Panjabî, au Sindhî, au Gujaratî, au Marâṭhî, tandis, que le Bangalî et l'Uriyâ l'ignorent. Le Sindhî n'a pas d'instrumental et se sert à sa place, comme les vieux poètes hindîs, du thème ou de l'oblique. En népalî, malgré la construction inverse, le verbe ne reste pas au participe et se conjugue; en népalî d'ailleurs et en marâṭhî, la tournure passive n'est pas limitée aux temps passés.

e. — REMARQUES GÉNÉRALES.

70. Au lieu du suffixe génitif *kâ* l'hindoustani tourne souvent par la construction adjective persane, c'est-à-dire emploie ce qu'on appelle l'*izâfat*, en ajoutant *i* ou *e* (ce dernier après *â, ô, û*) au déterminé et en plaçant celui-ci devant le déterminant:

بندۂ خدا *banda-i k̲udâ* «serviteur de Dieu» پاے تخت *pâ-ê tak̲t* «le pied du trône», etc.

([1]) *Lakhnaû* लखनऊ, que les Anglais écrivent Lucknow, est, suivant un savant Indien Râja Siva Prasâd, une contraction de *Lakchmaṇavatî* «la résidence de Lakchmaṇa».

71. L'adjectif précède généralement le substantif. Quand on tourne par l'*izâfat*, il se place au contraire après, puisqu'il est déterminant:

خوب لڑکا *k̲ûb laṛkâ* «beau garçon», کالي سی گهوڑیان *kâlî sî ghôṛîâṅ* «juments noirâtres», mais زبانِ شیرین *zabân-i ṣîrîn* «une langue harmonieuse».

L'adjectif qui précède le nom ne s'accorde qu'en genre; c'est seulement quand il est placé après, qu'il prend la marque du pluriel.

72. Les pronoms personnels مین *mâim* et تو *tû* font à l'instrumental مین نے *mâim nê* et تو نے *tû nê*; mais on dit naturellement مجھ فقیر نے *mujh faqîr nê* «par moi faquir», par exemple, parce qu'ici le pronom est adjectif et que le vrai sujet est فقیر *faqîr*. Pour la même raison on dira مجھ فقیر کا *mujh faqîr kâ* et non فقیر میرا *faqîr mêrâ* ou میرا فقیر *mêrâ faqîr*, au *génitif*.

73. Nous avons vu qu'il n'y a pas de formes spéciales pour les degrés de comparaison; on emploie l'adjectif positif, mais on ajoute au nom le suffixe *sê* سے: وہ سلطان سے بڑا هي *wuh sultân sê baṛâ hâi* «il est grand par rapport à un roi» c'est à dire: «il est plus grand que le roi, que le sultan».

Quelquefois, comme dans nos langues, on emploie des mots signifiant «plus», «que» étant toujours rendu par *sê*; *âur* «autre» est pris souvent dans le sens de «plus»: *wuh laṛkâ is laṛkê sê âur sust hâi* وہ لڑکا اِس لڑکے سے اور سست هي «ce garçon-là est plus paresseux que celui-ci».

Le superlatif absolu s'exprime comme de raison par des mots correspondants à nos «beaucoup, très, fort, etc.» ou par une répétition: *thôṛâ thôṛâ pânî* «très peu d'eau». Le superlatif relatif s'indique par *sê* «que» avec *sab* «tous» devant le sujet au pluriel: «l'homme le plus grand» c. à d. «le plus grand des hommes» سب ادميون سے بڑا *sab admiyôn sê baṛâ.*

On trouve d'ailleurs des adjectifs persans avec leurs comparatifs et leurs superlatifs: *bih* «bon», *bihtar, bihtarin*; *k'ûb, k'ûbtar*, etc.

74. Nous avons vu que l'accusatif est d'ordinaire confondu avec le datif c'est-à-dire que le régime direct prend le suffixe *kô*. Les suffixes d'ailleurs n'ont pas une signification mathématiquement précise et absolue; ainsi *sê* «avec» sert pour l'instrumental: *ham sê nahîm banêgâ* «cela ne peut être fait par nous». *Sê* sert aussi pour le datif après les verbes «dire, parler, demander»: dans ce cas, on fait même cette distinction que *sê* est plus courtois et *kô* plus autoritaire: *us sê pûchô* «informez-vous près de lui», *us kô pûchô* «demandez-lui, interrogez-le».

75. En général la construction hindoustanie est: «sujet — attribut — verbe», chacun de ces éléments de la proposition étant accompagné, précédé ou suivi, de tout ce qui s'y rapporte.

Il ne faut pas oublier que, lorsque le verbe est transitif et que la conjugaison s'opère par un temps participial passé, il est presque indispensable d'employer soit la tournure inverse soit la tournure attributive ou impersonnelle. Bien que ces tournures soient inusitées dans les idiomes des régions orientales de l'Inde, on peut dire qu'elles sont propres à ce qu'on appelait naguère le génie des langues indiennes. Le participe passé moderne dérive directement, quant à sa fonction grammaticale, du participe passé passif sanskrit en *ta*; déjà, dans l'hindou moyen où la particule *nê* n'était pas usitée, il y a des exemples de sujets mis à l'oblique et de participes s'accordant avec le complément. Mais les écrivains sanskrits employaient le participe en *ta* dans bien des cas où ils auraient dû se servir de formes personnelles et ils en étaient arrivés à rendre des propositions nettement actives par une tournure passive, en sous-entendant une forme personnelle du verbe «être»: *kukkurêna paniyam pitam* «par le chien l'eau bue» voulait dire «le chien a bu l'eau». De pareilles constructions se rencontrent même dans le Ṛgvêda: *yamêna dattâh* «donnés par Yama» pour «Yama a donné»; mais elles sont surtout fréquentes dans la période la plus récente de la littérature sanscrite. M. D. Whitney cite par exemple cette phrase de l'*Hitôpadêça: tac chrutvâ Jaradgavêṇôktam* «ayant entendu cela, par Jaradgava (il fut) dit» pour «Jaradgava dit» où le gérondif se rapporte au sujet réel de l'action quoique celui-ci soit, formellement, à l'instrumental. Cet accord est normal en hindoustani; nous lisons par exemple dans le *Bâgʿ ô bahâr: Us jawân nê rûkhêpîkhê hôkar kahâ* «ce jeune homme, étant devenu froid et indifférent, (me) dit» et dans le *Bâitâl pacîsî: rânî nê jâkar dêkhâ tô trisûl kâ dâgʿ hâi* «la reine, y étant allée, vit qu'il y avait la marque d'un trident».

Pour comprendre ces tournures et ces constructions, pour se rendre compte de ce que certaines gens appellent encore «le génie» de la langue, il faut en même temps prendre note de certaines expressions spéciales qui semblent étonnantes au premier abord. Ainsi, quand un hindou dit جواب میرا *jawâb mêrâ* «ma réponse, la réponse de moi», il veut dire non pas «la réponse que je fais» mais «la réponse qui m'est faite»; de même pour rendre «il m'a frappé de l'épée» il dira اس نے میری تلوار ماری *us nê mêrî talwâr mârî* «par lui (a été) frappée mon épée, l'épée de moi»; de même encore, si l'on demande à un Indien: «combien avez-vous de frères?» il répondra invariablement «trois» s'il en a deux, parce que dans son esprit la pensée se formulera ainsi: «nous sommes trois frères» (¹). Toutes ces tournures viennent de là préoccupation particulière de celui qui parle, l'hindou attachant une importance plus grande au sujet de la phrase qu'à tout le reste. Dans la construction inverse, c'est au contraire l'objet qui devient dans la pensée prépondérant et capital; dans la construction attributive, c'est le verbe, c'est à dire l'action, qui passe au premier rang.

On explique d'une manière analogue l'aversion de l'hindoustani pour le discours indirect. «Il m'a dit que ma sœur était malade» se traduira: «Il m'a dit: ta sœur est malade» اس نے مُجھ سے کہا تیری بہن بیمار ہی *us nê mujh sê kahâ: têrî bahin bîmâr hâi*; «il m'a fait dire qu'il viendra demain» sera tourné: «il m'a envoyé dire: je viendrai demain» *kahlâ-bhêjâ ki kal âûngâ* کہلا بہیجا کہ کل اونگا. Remarquez le rôle de la conjonction *ki* کہ «que, à savoir, c'est à dire»(²).

On comprend de même l'importance donnée aux relatifs: «l'homme que je vois est grand» devra être traduit «lequel homme je vois grand est» *jô âdmi mâim dêkhtâ hûm barâ hâi* جو ادمی مین دیکہتا ہون بڑا ہی; «au moment où j'écris» deviendra «à quel moment j'écris» *jis waqt likhtâ hûm* جس وقت لکہتا ہون. Et ceci amène l'emploi très fréquent des corrélatifs (³): «il serait bon qu'il comprît l'ordre» se traduit «s'il comprend l'ordre, alors

(¹) C'est un travail d'esprit analogue à celui qu'on observe chez les paysans du midi quand on leur demande «avez-vous de la famille?» et qu'ils répondent: «quatre (c'est à dire quatre enfants)».

(²) Cette particule conjunctive a des emplois très divers; ainsi «ou» se traduit par *ki* dans des phrases comme les suivantes: *êk khâûm ki dônôm* «mangerai-je une ou les deux?», *dêkh tô nişân hâi ki nahîm* «vois s'il y a une marque ou non».

(³) Les principaux corrélatifs sont: *jô . . . sô* «qui . . . cela», *jab . . . tab* «quand . . . alors», *jahân . . . tahân* «où . . . là», etc.

c'est bon» *agar* ou *jô wuh k͑ukm samajhtâ tô acchâ hâi* اگر وه حکم سمجهتا تو اچّها هي; «entendez-vous la parole que je dis?» devient «laquelle parole je dis, cela entendez-vous?» *jô bât kahtâ hûm, sô tum suntê hô* جو بات کهتا هون, سو تم سنتے هو, et ainsi de suite.

J'arrête ici ces observations. La meilleure manière d'apprendre à écrire convenablement une langue est de s'en faire à soi-même la syntaxe en étudiant soigneusement et en analysant méticuleusement tous les textes qu'on peut avoir occasion de lire. C'est également ainsi qu'on apprendra les nuances de sens de certains synonymes apparents: *mard* par exemple veut dire «homme, mâle» et *âdmî* «homme, espèce humaine»; — *dhân* «riz en herbe, plante», *câwal* «riz décortiqué cru», *bhât* «riz cuit»; il paraît qu'à Delhy les musulmans emploient le persan *k͑uṣkâ* pour «riz cru» et que *câwal* est spécial aux hindous; ailleurs *k͑uṣkâ* est pris pour «riz cuit», etc.

TEXTES HINDOUSTANIS

1. CONTES ET RÉCITS

۱

ایک کمینے اور ایک بھلے آدمی سے اِفلاس مین دوستی ہوئی — کمینہ دولتمند ہوتے ہی نجیب زادے سے آنکھین لگا چرانے — تب وہ خفا ہوکر بولا یہ سچ ہے کہ کمینے کی دوستی جیسی بالو کی بھیت

۲

کسی کتّے نے دریا کنارے ایک ہڈّی پای اور منہ مین لے جون پرچھائین اس کی پانی مین دیکھی سمجھا کہ دوسری ہڈّی ہی — مارے لالچ کے منہ پسارا کہ اسّے بھی پانی سے نکال لے — آخر ہڈّی جو منہ مین تھی کھو دی

۳

ایک مرید اپنے پیرکی خدمت مین اکر کہنے لگا کہ پیر مرشد اج فلانے بادشاہ نے دنیا سے رحلت کی اور اسکی جگہ فلانہ شخص بادشاہ ہوا — یہ خبر سنتے ہی پیر ہنسکر کہنے لگا بابا دید دنیا کا دم بدم کس کی شادی و کس کا غم کیجیے

۴

اکبر نے بیربل سے پوچھا کہ لڑاي کے وقت کیا کام اتا هی ــ بیربل نے عرض کي [کیا] کہ جہان‌پناه اوسان ــ بادشاه نے کہا هتهیار اور زور کیون نهین کہتا ــ بیربل نے جواب دیا کہ جهان پناه اگر اوسان خطا هو جاوے تو هتهیار اور زور کس کام اوین [اوے]

۵

ایك روز هرون رشید بادشاه کے منه پر مکّهي انکر بیٹهي ــ وه دقّ هوا اور اپنے ایك مصاحب سے پوچها که خلقت مکّهي کي حقّ تعالی نے کس واسطے بنای ـ اسنے کہا جهان پناه متکبّرون کي نخوت کے توڑنے کو ـ بادشاه سنکر چپ هو رها

۶

کوی عورت اپنے بچّے کو سلاکر کسي کام کو چلي اور اپنا کتّا اسکي رکهوالي کو چهوڑ گئی ــ اسکے جانے کے بعد ایک بڑا سامپ اس بچّے کے بستر پر چڑهنے لگا ــ کتّے نے اسکو دیکهکر فورًا سامپ پر حمله کیاً اور اسکو مار ڈالا اور بچّے کے پاس جب تك که اسکي ما لوٹ نه ائ بیٹها رها

۷

اندهیری رات مین ایك اندها هاته مین چراغ اور سِر پر گهڑا لیُے بازار مین چلا جاتا تها ــ ایك شخص نے اُس سے پوچها سُن تو ای بے وقوف تیرے نزدیک رات دن برابر هي تجهے دیے سے کیا فایُده ــ بولا یه دیا میرے واسطے نهین بلکه تمهارے لیے هی کیونکه اندهیری رات مین نهین میرے گهڑے کو نه توڑ ڈالو

٨

ایک شخص کسی بخیل سے دوستي رکھتا تھا — ایک دن اس سے کہا مین سفر کو جاتا ھون تین اپني انگوٹھي مجھے دے تو مین اپنے پاس رکھون — جب اس کو دیکھونگا تجھ کو یاد کرونگا — اسنے جواب دیا جو مجھے یاد رکھا چاھتے ھو تو اپني انگلي کو خالي دیکھکر یاد کرنا که فلانے شخص سے انگوٹھی مانگي تھي اسنے نه دي

٩

ایک شخص بادشاه کے عین قلعے کے نیچے لوٹا گیا — اسنے بادشاه کی خدمت مین عرض کي که جھان پناه مجھے قزّاقون نے حضور کے قلعے کے دیوار کے نیچے لوٹ لیا — بادشاه نے فرمایا که تو ھشیار کیون نرھا — بولا که غلام کو معلوم نتھا که حضرت کے زیر جھروکھے مسافر لوٹے جاتے ھین — بادشاه نے کہا کیا تو نے یه مثل نھین سني چراغ کے نیچے اندھیرا

١٠

کوئي کھین کو خطّ لِکھتا تھا ایک غیر شخص نزدیک اُس کے آ بیٹھا اور دیکھنے لگا تب اس نے یون لِکھا ایک نہایت بےوقوف بیگانه میرے پاس بیٹھا اِس خطّ کو دیکھتا هَي اِس واسطے کُچھ بھید کي بات نھین لِکھي تب وه بولا کیا مجھے تُم احمق جانتے ھو رازنیار کی بات کیون نھین لِکھتے مَین نے کُچھ تُمھارا خطّ نھین پڑھا لکھنے والے نے کہا بھلا جو تُم نے ھمارا خطّ نھین پڑھا تو کیونکر معلوم کِیا که ھم نے یه لکھا هَی

۱۱

ایک عرب بدوی شہر بغداد مین آیا اور گردے نان بائی کی دوکان مین دیکھکر مضطرب ہوا بیچارہ صرف بو سی جیتا تھا جب کہ روٹی کا مُنہ دیکھا صبر کا گریبان چاک کرکے نان بائی کے پاس گیا اور کہا ای خواجہ میرے پیٹ بھر روٹیان کھلانیکا کیا لوگے اس نے اس جوان کو اورون کے مانند خیال کیا کہ کتنا کھائیگا اگر بہت بھوکھا ہو تو دو تین روٹیون سے زیادہ نہ کھا سکیگا بولا ای عرب آدھی دینار دے اور جتنی چاہے کھا عرب نے آدھی دینار دی اور دجلے کے کنارے بیٹھا نان بائی روٹیان نکال نکال دیتا تھا اور وہ پانی مین بھگو بھگو کر کھاتا تھا روٹیان آدھی دینار کی قیمت سے گُذرکر چار دانگ تلک پہُنچین بلکہ اسّے گُذرکر دینار کی نوبت آئی نان بای بے اِختیار ہوکر بولا ای عرب کتّی کھائیگا اس نے جواب دیا کہ جب تلک یہ پانی بہیگا مین کھاتا جاؤنگا

۱۲

کوئی بنیان بتوھِی بات بھولکے ایک بن مین جا نِکلا وسے وہان اور تو کوئی نہ نظر آیا پر ایک جوگی دِکھائی دیا اِس نے اسے دنڈوت کرکے پوچھا ناتھ جی آئے ہو کہان سے اور جاؤگے کہان جواب دیا بابا ہِنگلاج جوالامُکھی ھردوار کُرُچھیتر کرکے تو آتا ہون اور کاشی ہو گنگا گوداوری کا میلا کر سیتُ بندہ رامیسوارکو جاونگا بنیے نے کہا مہاراج ایک بات پوچھون جو خفا نہو بولا بابا ایک نہین دو کہا مہاراج ہم گِرھستی ہین جو دیس دیس پھِرین تو کچھ دوش نہین آپ فقیر ہو بھٹک بھٹک کیون بھرم گنواتے ہو ایک ٹھَور

بیٹھکر کس لیے اپنے بھگوان کا دھیان نہین کرتے کہا بابا تو نے یہہ کہاوت نہین سنی

بہتا پانی نِرملا بندھا گندھیلا ہوے
سادھو جن رمتا بھلا داگ نہ لاگے کوے

۱۳

کسي سَوداگر کا ایک شخص بہرا آشنا تہا قضاکار سوداگر بیمار ہوا بہرا اسکي عِبادت کو چلا راہ مین چلتے ہوے یہہ بندِش باندھي جو صاحب سلامت کے پیچھے پہلے یہہ پوچھونگا کہو صاحب مزاج کیسا ہي وہ کہیگا اچھا مین کھونگا آمین پھر پوچھونگا غذا کیا کہاتے ہو وہ کہیگا دال خشکہ مین کھونگا بوتِن جان تس پر یہہ سوال کرونگا تمہارا معالِج کون هَي وہ کہیگا مرزا فلان بیگ مین کھونگا خدا اسکے ہاتھہ کو شِفا کامل بخشے اخرش یہي منصوبہ تھہراکر اسکے گھر پہنچا سلامُن عَلیک کرکے نزدیک جا بیٹھا لگا پوچھنے کہو یار طبیعت کیسي هی مریض نے کہا کیا پوچھتے هو مارے تپ کے مرتا هون سُنتے هِی بولا آمین خدا ایسا کرے بیچارہ بیمار ایک تو بیماری سے جلتا هِی تہا اِس بات نے اور بهي جلایا پھر پوچھا یار غِذا کیا کہاتے هو کہا خاک بولا نوش جان باد یہ سُنکر اور بهي دونا خفا هوا پھر کہا سنو دوست تمہارا معالِج کون هی غصّے مین تو بہرا هوا تہا هِی بولا ملک المَوت کہہ بہت مبارک خدا اسکے ہاتھہ کو جلد شفا بخشے

۱۴

ایک امیر نے دو چار گھری رات گیے اپنے خِدمتگار سے کہا خبر لا رات کتنی گیی وہ وهان سے نکلکر دروازے پر

آ کھڑا ہوا اتنے مین ایک فیل بان اپنے ہاتھي کو فیل خانے سے چوکی پر لیے جاتا تھا یہ اُسکے گھنٹون کی آواز سنکر پیچھے ہو لیا اور گھڑیان گننے لگا ـ جب وہ ہاتھی اُسکے محلّے سے گزر گیا تب وہ پھرا اور آکر اپنے آقا سے کہنے لگا خُداوند پینتالیس گھڑی رات گئي اِس بات کو سنکر وہ ھنسا اور کھنے لگا ابے تیس گھڑی کي رات ھوتی ھَی ابھی بھَر بھی نھین گئي تو پینتالیس گھڑی بتاتا ھَی اُسنے عرض کی خُداوند اگر مَین اُسکے بجانے پر جاتا تو اج صُبح تک حضور مین نہ آ سکتا اِس واسطے مین اپنے محلّے کي سمیت لایا ھون تسپر اِتني ھَی مین جھوٹھ کھونکا

١٥

ایک دن مُعتمّد شاہ بادشاہ نے لاڑ و کپور سے کہا کہ مَین تمھین کل صُبح کو دو موتی نہایت بیس قیمتي بلکہ بے بہا دونگا وسے خوش ھوکر آداب بجالائے اور جي مین کھنے لگے کہ اِنشاہ اللہ تعلیٰ اب ھمارے دلدِّر پار ھو جاوینگے غرض صُبح کو آکر اپنے قرینے سے کھڑے ھو رھے بادشاہ انکو دیکھتے ھی منہ پھیر لیا یہ دوسري طرف جا کھڑے ھوئے حضرت نے اُدھر سے بھی منہ پھیر لیا غرض اُسے صورت سے دو چار دفعے کی نوبت پھنچي تب وے لاچار ھوکر ایک جگہ ھاتھ باندھکر چُپکے کھڑے ھو رھے اِتنے مین ایک قطار اونٹ کي ریتی بر سے جاتي بادشاہ نے دیکھی کہ ھر ایک اُسکا اونٹ میری طرف دیکھتا ھي اور ایک مُجھسے مُنہ پھرائے ھوئے چلا جاتا ھی منہ سے اور لاڑ و کپور سے کھنے لگا یہ کیا باعث ھی یہ سب کے سب مُجکو دیکھتے ھین اور وہ تن تنھا ایدھر سے منہ پھیرے ھی لاڑ و کپور نے عرض کی جھان پناہ

اُسنے آپ کو ایک جوڑی موتی کي دینے کھي ھوگي اِس لیے آنکھین نھین مِلاتا بادشاہ ھنس پڑے اور ایک جوڑي بے بھا اُنکے حوالے کي

١٦

دو آدمي باھم ھوکر نکلے کہ کسي دور دیس مین جا رھیے تھوڑے دنون کے بیچ ایک ملک مین جا پھنچے ایک نے دریافت کیا کہ پھلے یھان کے رھنیوالون کي بھاکھا سیکھیے غرض اُن نے سیکھي دوسرا اِتنا مغرور تھا کہ عوام الناس کي زبان کو حقارت سے نہ سیکھا صرف درباری اور عالمون کي زبان تحصیل کي قضاکار بعد کي برس کے دونون کسی بستی مین اے وھان کے رھنیوالون نے ھنگامہ مچاکر غیر ملک کے حاکِم کو قتل کر ڈالا تھا وے دونون مسافر جدے جدے مکانون مین بازار کے بیچ تھے کہ اُنھین خونیون نے انھین پکڑا اور الگ لیجاکر ھر ایک سے پوچھنے لگے کہ تمھارا یھان کیا کام ھَي جسنے محاورہ وھان کا سیکھا تھا خوبي سے جواب دیا اُس کو انھون نے سلامت چھوڑا اور دوسرا مسافر جسنے صرف حاکمون ھی کی زبان سے جواب دیا اس انبوہ نے جلکر خفگی سے سر اسکا کاٹ ڈالا

١٧

کسي بادشاہ نے اپنا فرزند ایک مُعلِّم کو سومپا کہ اِسکو عِلمِ نجوم سکھاو جب اُس مین لاثاني ھو تو اِسے حضور مین لاو اخون بڑي شفقت اور محنت سے جتنے مراتِب اُس عِلم کے تھے خاطر خواہ جتاے جب دیکھا کہ لڑکے کو اُس عِلم مین خوب مھارت ھو چکي تب حضور مین اکر عرض کي جھان‌پناہ شھزادہ اب نجوم مین لائق و فائق ھوا جب مرضيِ مبارک

مین آوے تب اسکا اِمتحان لیجیے فرمایا کہ اِسی وقت حاضر کرو حکم کے ساتھ ھی لڑکا آ پہنچا اور بادشاہ کي خدمت مین اداب بجا لایا حضرت نے اپنے دستِ مبارک کی انگوٹھی مٹھی مین لیکر فرمایا بوجھو تو ھماري مٹھي مین کیا ھی لڑکے نے عرض کی کہ پیر مرشد کچھ گول گول سا ھَی اُس مین سوراج اور پتّھر بھی نظر اتا ھَی حضرت نے کہا اسکا نام کیا ھَي لڑکا بولا چکّی کا پاٹ تب عالم پناہ معلم کے چھرے کی طرف دیکھنے لگے اسنے عرض کي کہ خداوند عِلم کا نقص نھین یہ عقل کی کوتاھِی ھَي

١٨

ایك دن اکبر بادشاہ نے بیربل سے کوي بات کھکے اسکا جواب پوچھا بیربل نے وہ جواب دیا کہ جو بادشاہ کے دل مین تھہرا تھا سنکر شاہ نے کہا کہ یھی بات میرے بھی جی مین آي ھی بیربل بولا کہ پیر مُرشِد یہ وھی بات ھَی جو سَو سیانے ایك مت شاہ بولا کہ یہ مثل بھي تو مشھور ھَی جو سر سر عقل گُر گُر بدیا پھر بیربل نے عرض کي کہ جھان پناہ مزاج مین آوے تو اِس بات کو آزما لیجیے فرمایا بھت اچھا اتني بات کے سنتے ھی بیربل نے شھر مین سے سَو عقلمند بُلا بھیجے اور دو پھر رات کے وقت بادشاہ کے حضور انھین ایك خالي حوض بتاکر کہا حضور کا حکم ھَی کہ اس وقت ھرایك آدمی ایك ایك گھڑا دودہ کا بھر اس حوض مین لا ڈالے حکم بادشاھي کو سنتے ھِی ھرایك نے اپنے جي مین یہ بات سمجھکے کہ جھان نِنَانَوے گھڑے دودھکے ھوگین تھان میرا ایك گھڑا پاني کا کیا معلوم ھوگا پانی ھِی لا ڈالا بیربل نے شاہ کو دکھایا شاہ نے انھ سب

سے کہا تُم نے کیہ سمجھکے میرے حکم کو نہ مانا سچ کہو نہین تو بے طرح پیش آونگا ون مین سے ہر کسی نے هاتھ باندھ باندھ کر کہا کہ جہان پناہ خواہ ماریے خواہ چھوڑیے غُلام کے جی مین یہ بات آئي کہ جہان نِنانوے گھڑے دودھ کے ہو گیے وهان ایک گھڑا پانی کا کیا معلوم ہوگا یہ بات سب کی زباني سُنکر بادشاہ نے بیربل سے کہا جو کانون سُنتے تھے سو آنکھون نے دیکھا کہ سو سیانے ایک مت

۱۹

کوي زاهد ایک موتي تازی بکري مول لیکر ایک رسّی اسکے گلے مین باندھ اپنی عبادتگاہ کي طرف لے جاتا تھا راہ مین چورون نے بکري کو دیکھکر لالچ کیا اور مکر و فریب پر مستعد هوکر زاهد کے پیچھے لگے اور بُہتیری فکرین اسکے لینے کے لیے کِین پر بن نہ پڑین آخر سبھون کی صلاح یہ ٹھہري کِہ کُچھ حیلے کیجیے تب ایک نے اُسکے سامھنے آکر کہا اي زاهد تو یہ کُتّا کہان سے لایا دوسرا آ پہُنچا اور کہا کہ یہ کتّا کہان لے جاتا هَي تیسرے نے برابر سے آکر کہا اي پیر شاید تجھے شکار کا خیال هَی اِس لیے یہ کُتّا اپ ایٹي جاتا هَي اور ایک یار نے پیچھے سے آکر پوچھا کہ تو نے یہ کُتّا کِتّے کو لیا هَی اِس طرح ایک ایک نے هر طرف سے بےوقوف زاهد کي طرف رُخ کیا اور سب هي اس بات پر متّفق تھے کوي کہتا تھا یہ کتّا رکھوالون کا هَي کوی بولتا تھا کہ چرواهون کا هَی کوي طعنے دیتا تھا کہ یہ شخص پرهیزگارون مین سے نظر آتا هَی باوصف اِسکے اپنے هاتھ اور کپڑون کو کیون اس کُتّے سے ناپاک

کرتا هَي کوی کهتا تها که زاهد اِس لیــے یه کتّا لیئے جاتا هَی که (لِلّه) لِلّاهِي پرورِش کرے اِن باتون سے ایک شبهه زاهد کے جي مین پڑا اور کها که مقرّر اس جـانور کا بیچنیوالا جادوگر تها که اُسنے ڈیٹهبندي سے کتّےکو میري نظر مین بکري کر دکهلایا اسی وقت زاهد بکري سے هاته آتهاکر بیچنیوالے کي طرف چلا چور اسے پکڑکر اپنے گهر لے گئے اور ذبح کیا غرض ان کے فریب سے زاهد کي بکري جاتي رهي اور پَیسے بهي نه ملے

٣٠

ایک روز ایک بادشاه اُوپر آپني مهاپري کے بیتها تها ایک شخص کو نیچے دیوار کے کهڑا هوا دیکهیا کي ایک مرغ هاته مین پکڑکو دیکهاتا تها بادشاه اوسکیتین بولایا اور پوچهیًا کس واسطے مرغ کو مجهے دیکهاتا هَي تو کها ای صلحب سات ایک شخص کے طرف سے حُضرت کي شرت کیًا مین اور یه مرغ کهیل مین پایا مین واسطے صلحب کے لایا هون مین بادشاه خوش هوا اور اُوس مرغ کو باورچه خانے کو بهیعیا بعد آز تین روز کے پهیر او شخص آگے بلادشاه کے ایک باکرا لایا اور کها کی اِی بهي نام سے حضرت کے کهیل مین پـایا مین بلاشاه اُوسکیتین قبول کیًا تینوین بار آکے بادشاه کے گیا اور ایک شخص دوسرے کو سات اپنے کے گیا جب بادشاه اُسکیتین خالی هاته دیکهیا تب پوچهیًا کي کس واسطے آیا تو اور میریتین کُچ نَیی لایا تو عرض کئا کی حضرت کي طرف سے سات اِس شخص کے دو هزار روپیــے کي شرت کیًا مین اور کهیل مین کهویا مین اب اِي شخص واسطے پَیسون کے آگے حضرت کے لایا هَي بادشاه مُسکرانا کیًا اور اوسکیتین پیسے بخشیًا اور فرمایا کبهي میري طرف سے سات کسی کے مت کهیل

اور شرت مت کر دوسرے بار تیرے سے کُچھ نا لیونگا اور تجھے کُچھ نا دیونگا مین

II. EXTRAIT DU باغ و بہار.

AVENTURES DU PREMIER DERVICHE.

سَیر پھلے درویش کي

پھلا درویش دو زانو هو بیٹھا اور اپنی سیر کا قصه اِس طرح سے کھنے لگا یا معبودِ الله ذرّہ اِدھر مُتوجّه هو اور ماجرا اِس بے سر وپا کا سنو

یه سرگذشت میری ذرّہ کان دھر سنو
مجھ کو فلک نے کر دیا زیر و زبر سنو
جو کچھ که پیش آئي هَي شِدّت میرے تین
اُس کا بیان کرتا هون تم سربسر سنو

اي یاران میری پیدایش اور وطن بزرگون کا مُلکِ یمن هَي والد اِس عاجز کا مَلِکُ آلتجّار خواجه احمد نام بڑا سوداگر تھا اُس وقت مین کوئی مهاجن یا بیاپاري اُن کے برابر نتھا اکثر شھرون مین کوٹھیان اور گماشتے خرید و فروخت کے واسطے مقرّر تھے اور لاکھون روپے نقد اور جنس ملک ملک کی گھر مین مَوجود تھي اُنکے یھان دو لڑکے پیدا هوئے ایک تو یهي فقیر جو کفني سَیلی پھنے هوئے مرشدون کي حضور هي مین حاضر اور بولتا هی دوسری ایک بهن جسکو قبله‌گاه نے اپنے جیتے جي اور شهر کے سوداگر بچّے سے شادی کر دی تھي وہ اپني سسرال مین رهتي تھي غرض جسکے گھر مین اِتني دولت اور ایک لڑکا هو اُسکے لاڈ پیار کا کیا ٹھکانه هي مجھ فقیر نے بڑے چاوچوز سے ماباپ کے سائے

مین پرورش پائی اور پڑھنا لکھنا سپاہگري کا کسب و فنّ سوداگری کا بھی کھاتا روزنامہ سیکھنے لگا چودہ برس تک نہایت خوشي اور بےفکری مین گذري کچھ دنیا کا اندیشہ دل مین نہ ایا یک بیسک ایک ہی سال مین والدین قضاے آلہّي سے مر گیے

عجب طرح کا غم ہوا جسکا بیان کر نہین سکتا ایک بارگي یتیم ہو گیا کوئی سر پر بوڑھا بڑا نرہا اِس مصیبتِ ناگہانی سے رات دن رویا کرتا کھانا پینا سب چھوٹ گیا چالیس دن جون تون کر کٹے چِھلُم مین اپنے بیگانے چھوتے بڑے جمع ہوئے جب فاتحہ سے فراغت ہوي سب نے فقیر کو باپ کی پگڑي بندھوائیؒ اور سمجھایا دنیا مین سب کے ماباپ مرتے آئے ہین اور اپنے تین بھی ایک روز مرنا ہي پس صبر کرو اپنے گھر کو دیکھو اب باپ کی جگہ تم سردار ہوے اپنے کاروبار لین دین سے ہشیار رہو تسلّي دیکر وے رخصت ہوئے گماستے کاروباري نوکر چاکر جتنے تھے آنکر حاضر ہوئے نذرین دین اور بولے کوٹھي نقد و جنس کي اپني نظرِ مبارک سے دیکھ لیجیئے ایکبارگی جو اس دولت بے اِنتہا پر نگاہ پڑی آنکھین کھل گین دیوان خانے کي تیاري کو حکم کیا فرّاشون نے فرش فروش بچھاکر چھت پردے چلونین تکلف کي لگا دین اور اچھے اچھے خدمتگارِ دیدارو نوکر رکھے سرکار سے زرق برق کی پوشاکین بنوا دین فقیر مسند پر تکیہ لگاکر بیٹھا وَیسے ہِي آدمی غنڈے بھانکڑے مفت پر کھانے پینے والے جھوتھے خوشامدي آکر آشنا ہوئے اور مصاحب بنے اُن سے آٹھ پہر صحبت رہنے لگے ہر کہین کِی باتین اور زٹلین واہي تباہی اِدھر

اُدھر کي کرتے اور کہتے اِس جواني کے عالم مین کیتکي کی شراب یا گلِ گلاب کھنچوائے نازنین معشوقون کو بلواکر اُن کے ساتھ پیجیئے اور عیش کیجیئے

غرض ادمي کا شیطان آدمی ھَی ھر دم کے کہنے سننے سے اپنا بھي مزاج بہك گیا شراب ناچ اور جوئے کا چرچا شروع ھوا پھر تو یہ نوبت پہنچي که سوداگری بھولکر تماش بینی کا اور دینے لینے کا سودا ھوا اپنے نوکر اور رفیقون نے جب یہ غفلت دیکھي جو جس کے ھاتھ پڑا الگ کیا گویا لوٹ مچا دي کچھ خبر نه تھي کتنا روپیا خرچ ھوتا ھَی کہان سے آتا اور کدھر جاتا ھَي مالِ مُفت دلِ بیرحم اِس درخرچي کے آگے اگر گنج قارون کا ھوتا تو بھي وَفا نه کرتا کئی برس کے عرصے مین ایک بارگي یہ حالت ھوي که فقط ٹوپي اور لنگوٹی باقي رھي دوست آشنا جو دانت کاٹي روٹي کھاتے تھے اور چمچا بھر خون اپنا ھر بات مین زبان سے نثار کرتے تھے کافور ھو گیے بلکه راہ‌بات مین اگر کہین بھینٹ ملاقات ھو جاتي تو آنکھین چراکر منه پھیر لیتے اور نوکر چاکر خدمت‌گار بھلیئے ڈھلَیت خاص‌بردار ثابت‌خاني سب چھوڑکر کنارے لگے کوئی بات کا پوچھنے والا نرھا جو کھے یه کیا تمہارا حال ھوا سواے غم اور افسوس کے کوئی رفیق نه ٹھہرا

اب دمري کي ٹھڈّیان میسر نھین جو چباکر پاني پیٔون دو تین فاقے کڑاکے کھینچے تاب بھوکھ کي نه لاسکا لاچار بیحَیائي کا برقعه مُنه پر ڈالکر یه قصد کیا که بھن کے پاس جائیے لیکن یه شرم دل مین آتي تھي که قبله‌گاہ کي وفات کے بعد نه بھن سے کُچھ سُلوك کیا نه خالی خطّ لِکھا بلکه

اسنے دو ایک خطّ خطوط ماتم‌پرسي اور اِشتیاق کے جو لِکھے
ان کا بھي جواب اِس خواب خرگوش مین نه بھیجا اِس
شرمندگي سے جي تو نه چاهتا تھا پر سِوائے اُس گھر کے اور
کوئي ٹھکانا نظر مین نه ٹھہرا جون تون پاپیاده خالي هاتھ
گرتا پڑتا هزار محنت سے وه کئي منزلین کاٹکر همشیر کے
شهر مین جاکر اُسکے مکان پر پهنچا وه ماجائي میرا یه حال
دیکھکر بلائیں لے اور گلے ملکر بهت روئي تیل ماش اور کالے
ٹکے مجھ پر سے صدقے کیئے کهنے لگي اگرچه ملاقات سے
دل بهت خوش هوا لیکن بھیّا تیري یه کیا صورت بني اسکا
جواب مین کچھ نه دے سکا آنکھون مین آنسو ڈبڈباکر چُپکا
هو رها بهن نے جلدي خاصّي پوشاك سِلواکر حمّام مین بھیجا
نها دھوکر وو کپڑے پهنے ایک مکان اپنے پاس بهت اچّھا
تکلّف کا میرے رهنے کو مقرّر کیا صبح کو شربت اور لوزیات
حلوا سوهن پسته مغزي ناشتے کو اور تیسرے پهر میوے
خشك و تر پھل پھلاري اور رات دن دونون وَقت پلاٗو نان
قلیئے کباب تحفه تحفه مزیدار منگواکر اپنے روبرو کِھلاکر
جاتي سب طرح خاطرداري کرتي مین نے ویسي تصدیع کے
بعد جو یه ارام پایا خدا کي درگاه مین هزار شکر بجا لایا کئي
مهینے اس فراغت سے گذرے که پاؤن اُس خلوت سے باهر
نه رکھا

ایک دن وه بهن جو بجاے والده کے میرے خاطر رکھتي
تھي کهنے لگي اي بیرن تو میري انکھون کي پُتلي اور
ماباپ کي موئي مٹّي کی نشاني هَي تیرے انے سے میرا
کلیجا ٹھُنڈھا هوا جب تجھے دیکھتي هون باغ باغ هوتي
هون تو نے مُجھے نهال کیا لیکن مردون کو خدا نے کمانے

کے لیئی بنایا هي گهر مین بیٹهے رهنا اُنکو لازِم نهین جو مرد نِکهٹّو هوکر گهر سیتا هي اسکو دنیا کے لوگ طعنه مهنا دیتے هین خصوصًا اِس شهر کے آدمي چهوٹے بڑے بے سبب تمهارے رهنے پر کهینگے اپنے باپ کي دولت دنیا کهو کهاکر بهنوئی کے ٹکڑون پر آپڑا یه نهایت بےغیرتي اور میری تمهاري هنسائی اور ماباپ کے نام کو سبب لاج لگنے کا هي نهین تو مین اپنے چمڑے کي جوتیان بناکر تجهے پهناٶن اور کلیجے مین ڈال رکهون اب یه صلاح هی که سفر کا قصد کرو خدا چاهے تو دن پهرین اور اِس حیراني اور مُفلسی کے بدلے خاطر جمعي اور خوشي حاصل هو یه بات سنکر مجهے بهي غیرت آئي اسکی نصیحت پسند کي جواب دیا اچها اب تم ما کي جگه هو جو کهو سو کرون یه میري مرضي پاکر گهر مین جاکے پچاس توڑے اشرفي کے اصیل لونڈیون کے هاتهون مین لِواکر میرے آگے لا رکهے اور بولي ایک قافله سَوداگرون کا دمشق کو جاتا هي تم اِن روپیٹون سے جنس تجارت کي خرید کرو ایک تاجر ایمان‌دار کے حوالے کرکے دست اویز پکّي لکهوا لو اور آپ بهي قصد دمشق کا کرو وهان جب خیریت سے جا پهنچو اپنا مال مع منافعِ سمجه بوجه لیجو یا آپ بیچیو مَین وه نقد لیکر بازار مین گیا اسباب سَوداگري کا خرید کرکر ایک بڑے سَوداگر کے سپُرد کیٔا نوشت خواند سے خاطر جمع کر لی وه تاجر دریا کي راه سے جهاز پر سوار هوکر روانه هوا فقیر نے خشکي کي راه چلنے کي تیاري کي جب رخصت هونے لگا بهن نے ایک سرے پاٶ بهاري اور ایک گهوڑا جڑاٶ ساز سے تَوَضع کیٔا اور مٹهائی پکوان ایک خاصدان مین بهرکر هرنے سے لٹکا دیٔا اور

چھاگل پانی کی شکاربند مین بندھوا دی اِمام ضامن کا روپیا میرے بازو پر باندھا دھی کا ٹیکا ماتھے پر لگاکر آنسو پیکر بولی سدھرو تُمھین خدا کو سونپا پیٹھ دکھائے جاتے ہو اسی طرح جلد اپنا مُنہ دکھائیو مین نے فاتحہ خیر کی پڑھکر کہا تمھارا بھی الله حافظ ہي مین نے قبول کیا وھان سے نکلکر گھوڑے پر سوار ہوا اور خدا کے توکّل پر بھروسا کرکے دو منزل کی ایک منزل کرتا ہوا دمشق کے پاس جا پہنچا

غرض جب شہر کے دروازے پر گیا بہت رات جا چکی تھی دربان اور نگاہبانون نے دروازہ بند کیا تھا مین نے بہت منّت کی که مسافر ہون دور سے دھاوا مارے آتا ہون اگر کواڑ کھول دو تو شہر مین جاکر دانے گھاس کا آرام پاؤن اندر سے گھرک کر بولے اِسوقت دروازہ کھولنے کا حکم نہین کیون اِتنی رات گیٔے تم آئے جب مَین نے جوابِ صاف انسے سنا شہر پناہ کی دیوار کے تلے گھوڑے پر سے اتر زین پوش بچھاکر بیٹھا جاگنے کی خاطر اِدھر اُدھر ٹہلنے لگا جسوقت آدھی رات اِدھر اور آدھی رات اُدھر ہوئی سنسان ہو گیا دیکھتا کیا ہون که ایک صندوق قلعے کی دیوار پر سے نیچے چلا آتا ہي یه دیکھکر مین اچنبھے مین ہوا که یه کیا طلسم ہي شاید خدا نے میری حیرانی اور سرگردانی پر رحم کھاکر خزانہ غیب سے عِنایت کیا جب وہ صندوق زمین پر ٹھہرا ڈرتے ڈرتے مین پاس گیا دیکھا تو کاٹھ کا صندوق ہي لالچ سے اسے کھولا ایک معشوق خوب صورت کامِنی سی عورت جسکے دیکھنے سے ہوش جاتا رہے گھایل لہو مین تربتر آنکھین بند کیے پڑی کُلبُلاتی ہي آہِسته آہسته ہونٹھ ہِلتے ہین اور

یہ آواز منہ سے نکلتی ہی ای کم بخت بےوفا ای ظالم پرجفا بدلا اِس بھلائی اور محبت کا یہی تھا جو تو نے کیا بھلا ایک زخم اور بھی لگا مین نے اپنا تیرا انصاف خدا کو سونپا یہ کہکر اُسی بےہوشی کے عالم مین دوپٹے کا آنچل منہ پر لے لیا میری طرف دھیان نہ کیا

فقیر اُسکو دیکھکر اور یہ بات سنکر سن ہوا جی مین آیا کسی بے حیا ظالم نے کیون ایسی نازنین صنم کو زخمی کیا کیا اُس کے دل مین آیا اور ہاتھ اِسپر کیونکر چلایا اِسکے دل مین تو محبت اب تلک باقی ہی جو اِس جان کندنی کی حالت مین اُسکو یاد کرتی ہی مین آپ ہی آپ یہ کہ رہا تھا آواز اُسکے کان مین گیی ایک مرتبہ کپڑے منہ سے سرکاکر مجھ کو دیکھ جس وقت اُسکی نگاہین میری نظرون سے لڑین مجھے غش آنے اور جی سُنسُنانے لگا بہ زور اپنے تیئن تھانبا جرأت کرکے پوچھا سچ کہو تم کون ہو اور یہ کیا ماجرا ہَی اگر بیان کرو تو میرے دل کو تسلی ہو یہ سنکر اگرچہ طاقت بولنے کی نتھی اہستے سے کہا شکر ہی میری حالت زخمون کے مارے یہ کُچھ ہو رہی ہَی کیا خاک بولون کوئی دم کی مِہمان ہون جب میری جان نکل جاوے تو خدا کے واسطے جوان مردی کرکے مجھ بدبخت کو اِسی صندوق مین کسی جگہ گاڑ دیجو تو مین بھلے بُرے کی زبان سے نجات پاؤن اور تو داخل ثواب کے ہو اِتنا بولکر چپ ہوی

رات کو مجھ سے کچھ تدبیر نہ ہو سکی وہ صندوق اپنے پاس اُٹھا لایا اور گھڑیان گنّے لگا کہ کب اتنی رات تمام ہو تو فجر کو شہر مین جاکر جو کچھ عِلاج اِسکا ہو سکے بمقدور اپنے کرون وہ تھوڑی سی رات ایسی پہاڑ ہو گی کہ

دل گھبرا گیا بارے خدا خدا کر صُبح جب نزدیک هوي مرغ بولا آدمیون کي آواز آنے لگي مین نے فجر کي نماز پڑھکر صندوق کو خورجي مین کسا جونهین دروازه شهر کا کھُلا مَین شهر مین داخل هوا هرایک آدمي اور دوکاندار سے حویلي کِرائے کي تلاش کرنے لگا ڈهونڈهتے ایک مکان خوش قطع نیا فراغت کا بھاڑے لیکر جا اُترا پهلے اُس معشوق کو صندوق سے نکال کر روئي کے پھالون پر ملایم بچھونا کرکے ایک گوشے مین لٹایا اور آدمي اعتباري وهان چھوڑکر فقیر جرّاح کي تلاش مین نکلا هرایک سے پوچھتا پھرتا تھا کہ اس شهر مین جرّاح کاریگر کون هي اور کهان رهتا هي ایک شخص نے کها ایک حجام جراحي کے کسب اور حکیمي کے فنّ مین یکّا هي اور اِس کام مین نپٹ پکّا هَي آکر مردیکو اُس پاس لیجاوٗ خدا کے حکم سے ایسي تدبیر کرے کہ ایک بار وه بھي جي اُٹھے وه اِس محلے مین رهتا هي اور عیسیٰ بام هي

مین یه مژده سنکر بے اِختیار چلا تلاش کرتے کرتے پتے سے اسکے دروازے پر پهنچا ایک مردِ سفید ریش کو دهلیز پر بیٹھے دیکھا اور کئی اُدمي مرهم کي تیّاري کے لیے کچھ پیش پاس رهے تھے فقیر نے مارے خوشامد کے ادب سے سلام کیا اور کها مین تمهارا نام اور خوبیان سنکر آیا هون ملجرا یه هي کہ مین اپنے ملک سے تجارت کے لیے چلا قبیلے کو بسبب محبّت کے ساتھ لیا جب نزدیک اِس شهر کے آیا تھوڑی سي دور رها تھا جو شام پڑ گیي ان دیکھے ملک مین رات کو چلنا مناسِب نه جانا میدان مین ایک درخت کے تلے اُتر پڑا پچھلے پهر ڈاکا آیا جو کچھ مال اسباب پایا لوٹ لیا گهنے کے لالچ سے اِس بیبي کو بھي گھایل کیا مجھ

سے کچھ نہ ہو سکا رات جو باقي تھي جُون تُون کر کاٹي
فجر ھي شہر مین آنکر ایک مکان کرائے لیا اُنکو وھان رکھکر
مین تمھارے پاس دَوڑا آیا ھون خدا نے تمھین یہ کمال دیا
ھي اِس مسافر پر مہرباني کرو غریب خانے تشریف لے چلو
اُسکو دیکھو اگر اس کي زندگي ھوي تو تمھین بڑا جس ھوگا اور
مین ساري عمر غُلامي کرونکا عیسیٰ جرّاح بہت رحم دل اور خدا
پرست تھا میري غریبي کي باتون پر ترس کھاکر میرے ساتھ
اُس حویلي تک آیا زخمون کو دیکھتے ھي میري تسلي کي بولا
کہ خدا کے کرم سے اِس بیبي کے زخم چالیس دن مین بھر
آوینگے غسل شفا کا کروا دونگا

غرض اُس مردِ خدا نے سب زخمون کو نیم کے پاني سے
دھو دھاکر صاف کیا جو لایق ٹانکون کے پائی انھین سیًا باقي
گھاون پر اپنے گھیسے سے ایک ڈبیا نکالکر کتنون مین پٹي
رکھي اور کتنون پر پھائے چڑھاکر پٹي سے باندھ دیا اور
نہایت شفقت سے کہا مین دونون وقت آیا کرونگا تو خبردار
رھیو ایسي حرکت نکرے جو ٹانکے ٹوٹ جائین مرغ کا
شوربا بجاے غذا اسکے حلق مین چوائیو اور اکثر عرقِ بید
مشک گلاب کے ساتھ دیا کیجو جو قوّت رھے یہ کہکر رخصت
چاھي مین نے بہت منّت کي اور ھاتھ جوڑکر کہا تمھاري
تشفّي دینے سے میرے بھي زندگي ھوئی نہین تو سواے
مرنے کے کُچھ سوجھتا نہ تھا خدا تمھین سلامت رکھے
عطرپان دیکر رخصت کیا مین رات دن خدمت مین اُس پري
کي حاضر رھتا آرام آپنے اوپر حرام کیًا خدا کي درگاہ سے روز
روز اُسکے چنگے ھونے کي دُعا مانگتا

اِتّفاقاً وہ سوداگر بھي آ پھنچا اور میرا مال امانت میرے

حوالے کیا مین نے آسے اونے پونے بیچ ڈالا اور دارو درمن مینر
خرچ کرنے لگا وہ مردِ جرّاح همیسه آتا جاتا تهوڑ ے عرصے
مین سب زخم بهرکر انگورکر لائے بعد کئي دن کے غسل شفا
کا کیا عجب طرح کي خوشي حاصل هوئي خلعت اور اشرفیان
عیسیٰ حجام کے آگے دهرین اور اُس پري کو مکلف فرش بچهاکر
مسند پر بٹهایا فقیر غریبون کو بهت سي خیر خیرات کي اس
دن گویا بادشاهت هفت اِقلیم کي اِس فقیر کے هاته لگي اور
اس پري کا شفا پانے سے ایسا رنگ نکهرا که مکهڑا سورج کي
مانند چمکنے اور کندن کي طرح دمکنے لگا نظر کي مجال نه
تهي جو اسکے جمال پر تههري فقیر به سرو چشم اُسکے حکم
مین حاضر رهتا جو فرماتي سو بجا لاتا وہ اپنے حسن کے
غرور اور سرداری کے دماغ مین جو میري طرف کبهو دیکهتي
تو فرماتي حبردار اگر تجهے هماري خاطر منظور هي تو
هرگز هماري بات مین دم نه ماریُو جو هم کهین سو بلا عذر
کئے جایئو اپنا کسي بات مین دخل نه کریُو نهین تو پچهتاویگا
اُسکي وضع سے یه معلوم هوتا تها که حق میري خدمت گذاري
اور فرمان برداري کا اُسے البتّه منظور هي فقیر بهني اس کي
بے مرضي ایک کام نه کرتا اُسکا فرمانا به سر و چشم بجا لاتا

III. EXTRAIT DE LA توبة النصوح DE MAULWÎ NAZÎR AHMED.

اب سے دور چند سال دهلي مین هیضے کا اتنا زور هوا
که ایک حکیم بقا کے کوچے سے هر روز تیس تیس چالیس
چالیس آدمي چهیجنے لگے ایک بازار موت تو البتّه گرم تها
ورنه جدهر جاؤ سنّاتا اور ویراني جسطرف نگاه کرو وحشت و

پریشاني جن بازارون مین آدهي آدهي رات تک کهوے سے
کهوا چهلتا تها ایسے اُجڑے پڑے تهے که دن دو پهر جاتے
هوئے تر معلوم هوتا کٹوروں کي جهنکار موقوف سودے والون
کي پکار بند ملنا جُلنا اِختِلاط و ملاقات آمد و شُد بیمارپُرسي
و عیادت بازدید و زیارت مهمانداري و ضِیافت کُلّ رسمین
لوگون نے اٹهادین هر شخص اپني حالت مین مُبتَلا مُصیبت
مین گرفتار زندگي سے مایوس کهنے کو زنده پر مُردے سے بدتر نه دل
مین هِمّت نه هاتهه پاؤن مین سکت یا تو گهر مین اٹواٹي
کهٹواٹي لیکر پڑرها یا کسي بیمار کي تیمارداري کي یا کسي
عزیز آشنا کا مرنا یادکرکے کچهه رو پیٹ لیا مرگِ مُفاجات
حقیقت مین اُنهین دنون کي موت تهي نه سان نه گُمان
اچهے خاصے چلتے پهرتے یکایک طبعیّت نے مالش کي پهلے
هي کُلّي مین حواس خمسه مُختَلّ هوگئے کوئي جزئي بچگیا
تو بچگیا ورنه جي کا متلانا اور قضاے مُبرَم کا آجانا پهر وصیّت
کرنے تک کي مُهلَت نه تهي ایک پاو گهنٹے مین تو بیماري
دوا دعا جانکني اور مرنا سب کچهه هو چکتا تها

غرض کچهه اس طرح کي عالمگیر وبا تهي که گهر گهر اسکا
رونا پڑا تها دو پونے دو مهینے کے قریب وه آفت شهر مین
رهي مگر اتنے هي دنون مین شهر کچهه ادهیا سا گیا صدها
عورتین بیوه هو گئین هزارون بچے یتیم بنگئے جس سے
پوچهو شکایت جس سے سنو فریاد مگر ایک نصوح جسکا
قصه هم اس کتاب مین لکهنے والے هین که عالم شاکي تها
اور وه اکیلا شُکرگزار دینا فریادي تهي اور وه تنها مدّاح نه اس
سبب سے که اُسکو اس آفت سے گزند نهین پهونچا خود
اُسکے گهر بهي اکهٹے تین آدمي اسي وبا مین تلف هوے

اچھي خاصي طرح گھر بھر رات کو سوکر اُٹھے نصوح نماز صُبح کي نيّت باندھ چکا تھا باپ بيٹھے وضو کر رہے تھے مسواک کرتے کرتے اُبکـائي ائي ابھي نصوح دوگانۂ فرض ادا نہين کر چکا تھا سلام پھيرکر ديکھتا کيا ھي که باپ نے قضا کی انکو متّي ديکر ايا تو رشتے کي ايک خاله تھين اُنکو جان بحق پايا تيسرے دن گھر کي ماما رخصت هوئين مگر نصوح کي شکرگزاري کا کچھ اور هي سبب تھا اُسکا مقوله يه تھا که ان دنون لوگونکی طبيّعتين بهت کچھ راستي پر آگئي تھين دلون مين رِقّت و اِنکِسار کي وہ کيفيّت تھي که عُمر بھر کي رياضت سے پيدا هوني دُشوار هي غفلت کو ايسا کاری تازيانه لگا تھا که هر شخص اپنے فرائض مذهبي کے اداکرنے مين سرگرم تھا جن لوگون نے رمضان مين بھي نماز نهين پڑھي تھي وہ بھي پـانچون وقت سب سے پهلے مسجد مين آ موجود هوتے تھے جنهون نے بھولکر بھي سِجدہ نهين کيا تھا انکا اِشراق و تَهَجُّد تک قضا نهين هونے پاتا تھا دنيا کی بےثباتی تعَلُّقات زندگي کي ناپايداري سب کے دل پر مُنْتَقَش تھي لوگون کے سينے صُلحکاري کے نورسے مَعْمور تھے غرض اُن دنون کي زندگي اُس پاکيزہ اور مُقَدَّس اور بے لَوث زندگي کا نمونه تھي جو مذهب تعليم کرتا هي.

نصوح يون هي دل کا کچّا تھا جب اِسنے اوّل اوّل هيضے کي گرم بازاري سُني سرد هوگيا اور رنگت زرد پڑگئي باسبابِ ظاهر جو جو تدبيرين اِنسِداد کي تھين سب کين مکان مين نئي قلعي پھروادي پاس پڑوس‌والون کو صفائي کی تاکيد کي گھر کے کونون مين لوبان کي دھوني ديدی طاقون مين کافور رکھواديا جابجا کويله ڈلواديا باورچي سے کھديا که کھانے مين

ذرا نمك تيز رها کرے پیاز اور سرکه دونون وقت دستر خوان پر
آیاکرے گلاب نارجیلِ دریائي بادیان تمرهندي سِکنجبین و
غیرہ جو دوائین یوناني طبیب اس مرض مین اِستِعمال کراتے
هین تهوڑي تهوڑي سب بهم پهونچا لین تاکه خدانخواسته
ضرورت کے وقت کوئي چیز ڈهونڈهني نه پڑے نصوح نے
یهانتك اِهتِمام کیا که انگریزی دوائیان بهی فراهم کین کالراپل
کي گولیان تو وهین کوتوالي سے لے لین کالرائنگچر اله آباد
مڈکل هال سے روپیه بهیجکر منگوا رکها آگرہ سے ایك دوست
کي مَعرِفت کلوروڈائن کي دو شیشیان خریدلین ایك اخبار مین
لکها دیکها که بنارس میں ایك بنگالي حکمي علاج کرتا هي اور
سرکار سے جودس هزار روپیه کا اِنعام مَوعود هِي اُسکا دعویدارهوا هي
چتهي لکهکر اُسکي دوا بهي طلب کي نصوح کو ایك وجه تَسَلّي
یه بهي تهي که ایك طبیب حاذق اسیکے همسایه مین رهتا تها
گو روسیاہ هیضے کے توڑ کیواسطے اتنا سامان وافر موجود
تها مگر آخر نصوح کا گهر بهي فرشتون کي نظر سے نه بچا
باپ کي اجل آئي تو دوائین رکهي هي رهین دینے اور پلانے
کي نوبت بهي نه پهنچي که بڑے میان سُبکیان لینے لگے
وہ رشتے کي خاله کچهه تهوڑي دیر سنبهلي تهین لیکن وہ
کچهه ایسي زندگي سے سیر تهین که اُنهون نے خود خبر
کرنے مین دیر کي غرض دوا اُنکو بهي نصیب نهوئي ماما نے
البتّه انگریزي یوناني سب طرح کي دوائین ڈهکوسین مگر
اُسکي عمر هو چکی تهي اوّل اوّل نصوح کو اپني اِحتِیاط پر
کچهه یون هي سا تکیه هوا تها مگر جب وبا کا بهت زور هوا
اور خود اسي کے گهر مین تابڑتوڑ ایك چهوڑ تین تین موتین
هو گئین نا چار تن بتقدیر صبر و شکر کرکے بیٹهه رها

IV. EXTRAIT DE LA تنبیہ الجُہّال DE MÎR-TAQÎ.

شایقِ فنّ تہا وزیرِ اِصفہان
ایک دن آیا ہِلالي اُسکے یان
حلجبانِ در سے ہو آگاہِ کار
کِي اِشارت تا اُسے دین گہر مین بار
عِزّت و تعظِیم کي حدّ سے زِیاد
پاس لے مسند پہ بیٹہا شاد شاد
اُنّے کہَینچي اُسکِي مِرزائي بہت
بیٹہے بیٹہے رات جب آئي بہت
سِعْر کي تقْرِیب لاکر درمیان
کرنے لگا شاعِري کا اِمتِحان
شِعْر خوّاني کي پڑھا سو تہا غلط
سنتے ہي بہڑکا وہ شُعلے کي نمط
غُصّے ہو بولا کِہ ہان فرّاش و چُوب
کہَینچ لا مَیدان مین کي شلاقِ خوب
اس قدر مارا کِہ بیدم ہو گیا
سُوج دست و پا ہر اِک تہم ہو گیا
کہینچ کر تلوا دِیا دربار مین
یہ خبر پہُنچي جو ہر بازار مین
وارِث اُسکے لیگئے آ رات کو
جب بخُود آیا تو پایا بات کو
یعْنے دستورِ زمان دُشمن نتہا
یا وہ کُچہہ نا آشناي فنّ نہ تہا
غالِبًا پایا غلط اشْعار کو
خُوش نہ آیا اُس کرم کِردار کو

ورنہ شیوہ اسکا ہَي لُطف و کرم
جاپڑے مین دي ہَي دینار و دِرم
مُجھکو کیون شلاق کرتا اِتني شب
کاھیکو بد نام ھوتا بے سبب
پس مجھے ھي تربیَت اپني ضرور
جاکے بیٹھون اِک سرامد کے حُضُور
صُحبت اکثر رکھون اُس اُستاد سے
شاید اُسکي دَولتِ اِرشاد سے
پہنچے اِک رُتبے کو میرے قِیل و قال
ھو مجھے اِس فنّ مین یک گونہ کمال
اُٹھ کے آیا مَولَوی جامي کنے
مشق کِي یک چند اُس نامي کنے
جب ھوا کچھ شِعْر کا رُتبہ بُلند
اَور مَولانا لئے کرنے پسند
پھر گیا اِک دِن درِ دستور پر
حاجِبِ درگاہ نے کِي جا خبر
گاي اِمیر اُس روز کا شلاق خوَار
آج در اُوپر ہَي پھِر خوَاھانِ بار
کِي اِشارت سدِّ رہ کوئي نھو
قصد ہَي برْخُورد کا تو آنے دو
سامنے آیا تو کي نیِچي نظر
دھُوپ میں جلتا رھا تو اِک پھر
بعد از آن اِیماے ابرُو کي کہ ھان
صحن ھي مین سے ھُوا وُہ مدْح خوَان
پھِر وَھین سے دي صِلہ رُخصت کیا

اِک مُصاحِب نے جِگر کرکر کہا
اگلِی صُحبت کي تہي عِزّت اِسقدر
سو ہوئی شلاق حدّ سے بیشتر
ابکے اُسکو جائزہ دی کر گران
تو نے فرمایا مُرخّص وان سے وان
مین نه سمجھا یہ که وہ کیا تھا یہ کیا
در جَواب اُس بزرگزیدہ نے کہا
اَیسِي هِي ہوتِي هَین تصحیکِ سلف
دست ہو تو اُنکتین کریے تلف
اِسقدر اسکا تنبّه تہا ضرور
تا کِه پہنچے یہ خبر نزدیک و دور
جو سُنے سو خُود سرِي سے باز آئے
تربیّت ہونیکو اُستادونکے جائے
ورنه کرتا پُوچ گوئی ہر دبنگ
رفُته رفُته شاعرے ہو جاتِي ننگ
تب جو مین شلاق کِي یہ خام تہا
اب جو آیا لائِق اِنعامِ تہا

V. LE PRINCE ET GULÂNDÂZ.

قصّهٔ بادشاهزاده و گلانداز

سراندیب شہر مون ایک بادشاه ہوا که جسکی بخشش کی سرسائی سین تمام ملک سراندیب روشن تہا اور اسکی انصاف کی سایه سین خلق الله کا دل آباد اور معمور تہا اور دو دست کی بخشش سین اور خیرات کی دینی سین تمام

ولایت تسلی تھی اس بادشاہ کا یك فرزند تھا بہت سا صاحب هوش اور صاحب دانائی، سب علم مون کیا تیر اندازی کیا برق اندازی کیا پہلوانی مون سرفراز هو گیا وہ فرزند طالع مند ایك روز اپنی خلوت خانہ مون چہار دوست کتین لیکر گفت و شنود مین ان کی ساتھ رهتا تھا اور شیرین کلامون کتین اپنی دل مون تصور کرکی کہتی تھی خدا کا تماشا ایسا هوتا هی کہ بادشاہزادی نی سب یارون سین کہا کہ ای یاران میری دل مون ایك بات دقیق گذر گیی هی اور یہ کلام شیرین میری دل مین تصور هوا هی سب یارون کی نامزد ایك ایك یار تھی ایك پسر وزیر کا دوسرا کتوال کا ایك بیٹا تیسرا ایك فرزند سوداگر کا اور چوتھا ایك پسر بادشاہ کا یهی چہار یاران آپس مین جواب و سوال کرتی رهتی تھی تب سب یاران اپنی دل مون فکر کرکی، کہنی لگی کہ ای دوست کس طرح کا یہ سخن هی جو تماری دل مون پیدا هوا خوب هی کہ تم شتابی یہ دقیق بات کہو اور نادر گویائی کتین اپنی زبان سیں فرماءو تب بادشاہ زادی نی بات کہنی کا شروع کیا اور کہا کہ میری خاطر مون آتا هی کہ سب ملك کی درمیان ایك سیر کرون اور مسافرت کی مزہ اپنی دل مون معلوم هو جاوی اور ملك در ملك سیر کرون اور گرم سرد زمانی کا سیکھون سب یارون نی اس بات پر اپنی خاطر مون تصور کر دیا کہ البتّہ سفر کرنا لازم هی، یہ بات سبھون کی بیچ مصلحت هوی اور وی چہار یاران اس منصوبی پر مقرّر رهی

دوسری دن کتین آفتاب نی اپنی خانہ کی روشن بازو کتین کشادہ کیا اور تمام دنیا اسکی بازو کی روشنی سین روشن هوا سب یاران اپنی اپنی گھر اور محل خانہ مون

جاکر وداع ہوئی اور فرزند و زن مادر و پدر انہون نی خدا کتین سونپ دیی اور تین یاران ایك جامع موکر بادشاہزادی کی پاس پہنچی تب یہی سب ملکر خوشی سین تسلیم بجا لائ بادشاہ زادہ اپنی محل خانہ کی درمیان سب زن و فرزندون کتین وادع کرکی اپنی پدر سین رخصت ہوا اور اقرار کی ڈوری کتین تخت کی پائی پر باندھا کہ مین ایک سال کی بعد پہر آونگا یہ جواب و سوال سبہون سین ہو گذرا دوسری دن آفتاب خوش رنگ اپنی روشن سایہ کتین ملك کی درمیان بچھایا یعنی روشن ہوا تب بادشاہ زادہ اور وزیر زادہ اور کتوال زادہ اور سوداگرزادہ ہر چہار دوست چہار عراقی گہوڑون پر سوار ہوکر میدان اسپہان کتین تلخت کرنی لگی ایک شہر کتین ترک کرکی جنگل کی درمیان گیی بعد از آن اس جنگل سین نکلکر دوسری بادشاہ کی ایک شہر مون پہنچی خدا کا تماشا ایسا ہوا کہ اس شہر کی درمیان ایك گردھر بستا تہا زبان فارسی مون اسکتین کرگس پڑھتی ہین اور کہتی کہ یہ گردھر مردم درندہ اور شیرنر پہاڑنی والا تہا اس گردھر کا صبح کی وقت یہ کام تہا کہ تین دم کتین اپنی بدن مون سین نکال کرکی ڈالتا اور تین کوس زمین تك سب آدمی کا گہر اور دروازہ اسکی دم کی سوزش مون آتی تہی اور جو کچھ زمین کی اوپر رہتا تمام کتین دم کی شمار سین جلای دیتا اور اس بادشاہ کی ملك تمام ویرانی تلی پڑی تہی اور ہریك کا خانمان سوختہ ہوا تہا اسی شہر کی بادشاہ نی یہ میعاد کیا تہا اور یہ قول اپنی زبان سین چلایا تہا کہ جو کوئی اس گردھر کتین ہلاك کریگا اور اسی جان سین نکال سکیگا سو ہماری بیٹی جوان کی ساتھ کدخدای کریگا اور بیاہ کا عقدہ اسکی ساتھ باندھیگا

خدا کا تماشا ایسا هوا که ان چهار یارون نی اسی شهر مون پهنچکر ایك بیوی زن کی گهر مون اپنی سکونت برپا کی اور وهان رهی یه بیوه عورت اپنی خاطر مون بهت سی پریشانی پاتی تهی، جب انهون نی دیکها که اس عورت کی خاطر پریشانی کی ورطی مون ڈوبتی هی تب اپنی اپنی زبان سین کچهه سخن چلایا بیوه زن کهنی لگی که ای بابلجی اس شهر کی درمیان ایک گردهر هی اسکی تین دم کی سوزش تین کوس تک زمین جلاتی هی اور تمام ملك بادشاه کا خاك کرتی هی اس بادشاه کا یه اقرار هوا که جو کوئی اس گردهر کتین جان سین هلاك کریگا اور اسکی روح بدن سین بکالیگا سو میری دختر کی ساتهه کدخدائی کریگا اور اسی بهت سی بخشش دونگا انهون نی اس بات کتین زن کی منه سین سنکر اسی کها که کس مکان مون وه گردهر بستا هی همهین وهین کی رهبری کرکی تم لیجاو اور اس جگه مون پهنچاو بیوی زن نی جواب، دیا که اپنی جانون سین تصرف هو کتك مردم پهلوان کتین اسنی اپنی دم کی سوزش سین جلایا چهار یارون نی یه بات کتین گوش گذار کیا اور کها که بهت خوب هم اسکی دم کی سوزش مون آکر هماری جان کتین اسی جلاتی دینگی ماما بیوی نی ایك ایسی بات سنکر کها که آج کی روز اسکی دم کی سوزش سین تین کوس زمین کی جلائی جائینگی اور جو مردم ان تین کوس کی درمیان ملتی هین یهی جالائی جائینگی صبح کی وقت تمهین همراه کرکی لینا بهتر هی یه بات بیوی زن اور چهار یارون کی بیچ گذر گئین دوم روز آفتاب گردون اپنی سبز روشنی کی بازو کتین باهر کیا اور ملك هر طرف روشن هو گیا اس بیوی زن نی چهار یارون

کتین اپنی ساتھ لیکر نزدیك گردھر پھنچا اور دور سین جگھ مذکور انگشت نمائی کی جب چهار یارون کی نظر اس گردھر کی اوپر گری تب بادشاهزادی نی اپنی دوستون سین کها که ای یاران تم بھی ایك ایك طرف رھو مین اس گردھر کتین هلاك کرونگا اگر خدا نخواسته باشد میری اوپر حمله کری تم یاری دیجیو،تو خدا کی مدد سین مین اسکتین جان سین هلاك کرتا هون

تین دوست نگاهداشت هوی بادساهزاده گردھر کی روبرو پھنچا اور کهنی لگا که ایك بار آکر تیری زور جهان تك هوئگی دیکھه پس گردھر نی جواب دیا که ای پهلوان تیری زور و قوت جهان تك هوئنگی دیکھه لیکن بادشاهزادی نی کها ای حرم زادی تیری زور جو کچھه هی ظاهر کر اور تیری پهلوانی کی قدرت میری دل مون معلوم هوئیگی تیری قدرت اور اندازی کی راه اپنی دانستگی مون قصور مت کر جب گردھر نی یه بات سنی تب اسی طاقت نه رهی اور کهنی لگا که خبردار ایك ایسی بات گهکر اپنی دم کتین چھوڑ دیا اسکی دم چھوڑنی سین بادشاهزاده پچھین جا رها ایك دم مون تین کوس زمین کی جلائی گیئی پچھین کی طرف اسنی دوسری دم کتین ڈالا پھر بادشاهزاده پچھین کی طرف یکایك کھڑا هوا پھر گردھر نی پھرائی کرکی تیسری دم کتین ڈالا اور بادشاهزاده ایك مرتبه پچھین آکر رها جب تین دم تمام هوئی بادشاهزادی نی کها که جو کچھه توانائی بھی تیری هی بجالی گردھرنی جواب دیا که جو کچھه توانائی مین رکھتا تھا. سو آج کی موافق تمام هوئی اب جو کچھه قدرت تجھه مون هی سوظاهر کر بادشاهزادی کتین طاقت نه رهی اور گردھر سین کهنی لگا که آگاه هو تلوار کتین رخ کی جانب اسنی چلایا اسکی درمیان گردھر نی رخ پھرایا

لیکن بادشاهزادی نی ایك مرتبه جست مارکرکی پچهین کی طرف تلوار چلائی پچهی کی ران کتین دو پرکاله کیا اور دوسری جست مارکر آگو کی پانو کتین دو پرکاله کیا گردهر زمین کی اوپر گرپڑا توبادشاهزادی نی جست مارکر اپنی تلوار ایسی قدرت سین چلائی که سر اسکا دو پرکاله بهی کیا بعد اسکی چهار یارون نی یکایك تلوار بازی کی اور گردهر کی جان کا مرغ کون کی پنجری ستی نکال دیا

بسیار حشرات جمع هو کسی شخص نی اس شهر کی بادشاه کی پاس جاکر خبر دی که گردهر مرگیا بادشاه نی بهت خوش هو فرمایا که شادیانه بجالاو اور ان چهار جوانون کتین اپنی سامنی کهڑا کیا پهر انهون سین پوچها که ای جوانو تم کون هو بادشاهزادی نی جواب دیا که هم یهی شخص هین که جنهون نی اس گردهر کتین جان سین هلاك کیا بادشاه نی کها که میری دختر کی کدخدائی تم سین کرونگا میرا میعاد و وعده خلاف نه هویگا بادشاهزادی نی کها که خوب هی ایك میری یارون مون سین تم کدخدائی اور عقد بندی کرو بادشاه نی جواب دیا که طبل شادیانی کا بجاونگا اور کدخدائی وزیرزادی کی ساته مقرر کرونگا بعد اسکی بادشاه کی دختر اور وزیرزادی سین عقد بندی هو گذری کتك روز اس شهر کی درمیان اور بادشاه کی گهر مون اپنی رهنی کی جگه بناکر بسی پهر کتك دنون کی بعد بادشاهزادی نی تین اپنی یارون کتین طلب کیا اور ان سین کها که ای یاران وزیرزادی کتین اس جگه مون سپرد کرکی هم تین نکلکرکی ایك اور دیس کتین جائینگی اور فلانی شهر کی طرف روانه هوینگی که جس مین گلانداز رانی بهت خوب صورت بستی هی اس شهر کی راه لینا اچها هوئیگا یه بات مصلحت کرکی

تو انهون نی وزیرزادی سین کہا کہ ای دوست تم اس بادشاہ
کی گہر مون اپنی سکونت کتین رکہو ہم تین یار رفاقت
کرکی نکلتی ہین فلانی شہر مون گلاندازرانی ہی اور مین
اس نازنین شکل کتین اپنی دست مون لی آونگا تو خوب
ہُویگا کہ پہرنی کی وقت چہار یار ایک رفاقت کرکی اپنی
ملکون کی طرف روانہ ہوئین یہ مصلحت وزیرزادی سین
شب کی وقت ہوئی صبح صادق ہوا اور افتاب باہر نکلکر
اپنی سایہ کتین دالنی لگا خدا کا تماشا ایسا ہوا کہ تین
یاران ایک رفاقت سین ہمراہ ہوکر شہر کی باہر گیئی اور اپنی
اپنی اسپون کی اوپر سوار ہو کوچ کرنی لگی

اس بادشاہ کی ملک کتین ترک کرکی دوسری بادشاہ کی
ملک مون پہنچی پہر دوسری بادشاہ کی ملک کی باہر جاکر
تیسری بادشاہ کی شہر مون پہنچی اس بادشاہ کی دیس کی
درمیان تمام خلق اللہ خاطر پریشان ہو جاتی تہی اور شب
و روز ماتم اور سوزش مون رہتی اس بادشاہ کی شہر مون ایک
راکس اپنی سکونت کرتا تہا اور بادشاہ کا یہ اقرار اس راکس
کی ساتہ تہا کہ ہر روز ایک آدمی اسکی کہانی کی واسطی
دیگا بادشاہ نی گہر گہر مون منادی کیا تہا کہ ہر روز ایک
مردم کسی کی گہر سین راکس کتین دیا جاوئی اس اندازی
مون تمام ملک خستہ حالی سین رہتا تہا خدا کا تماشا ایسا
ہوا کہ یہی تین دوست اسی شہر کی درمیان ایک آدمی کی
گہر مون پہنچی اور اسی وقت یہ آدمی جسکی گہر مون
پہنچی ہزار تعظیم و تواضع انہون کتین کرکی گہر کی
درمیان لی آیا اسنی بہت طرح سین تین یارون کتین خاطر
داری کی اور سرانجام خورش کا تردد کرکی باہر سیر کرنی کی

واسطی تین دوست نکلی تو خانه‌دار نی گهر کی درمیان اپنی قبایل سین یہ مصلحت کی کہ یہی تین آدمی مہمان میری گهر مون آئی ان سین ایك آدمی راکس کی خرچ مون لی آونگا بعد اسکی مسافرون کی نزدیك گیا اور انہون نی اسکتین پریشان خاطر دیکهکر پوچهی کہ ای خانہ دار تمہاری خاطر اور دل آج کی روز بہت سی پاریشان ہم دیکهتی مین تد خانہ دار نی اپنی زبان کتین فلحش کتا اور کہا کہ اس شہر مون ایك راکس ہی اسکی خورش ہر روز ایك آدمی اس شہر کا ہی اور بادشاہ نی عہد کیا کہ ہر ایك گهر سین ایك آدمی دن بدن اسکی واسطی دیا جاوی ہر روز راکس دوسری ملك مون چرتا ہی شام کی وقت اپنی جگہ مون پهرتا اور ایك آدمی خورش کی لیئی اس گهر مون رکهتا ہی کہ شب کی وقت اس آدمی کتین اپنی خورش مون لی آتا اس سہر کی بادساہ نی یہ اقرار کیا کہ جو کوئی اس راکس کتین جان سین ہلاک کری سو اپنی دختر کتین اسکی کدخدائی کرونگا اور خانہ داماری مون اسی قبول کرونگا آج کی دن میری باری ہوتی ہی اس واسطی میرا خاطر پریشانی کی بهنور مون گرپڑا اگر بهائی کتین دیونگا تو بهائی نہین ملیگا اگر مادرکتین دیونگا تو مادر دست یاب نہ ہوئیگی اس واسطی میری گهر مون واویلا آج کی روز پڑا کہ خوب ہی کہ تم سین ایك آدمی کتین اس راکتس کی خورش کی لیئی لی آون

تد بادشاہزادی نی جواب دیا کہ بہت خوب ہو تین آدمی اسکی خورش ہو جاوینگی تم ہمہین اسکی رہنی کی جگہ کی بیچ رہبر کرو خانہ‌دار نی اتهکر کہا کہ فی الحال روانہ کریی اور اپنی دل مون یہ تصور کیا کہ ایك آدمی کی

باری مجھ کتین ھی آج کی روز تین مردم کتین خدا نی ملایا
شکر اس خدا کی درگاہ مون تو خانہ‌دار کی ھمراہ تین یار
راکس کی سکونت مون پہنچی اور خانہ دار دور سین انگشت
نمائ کرکی اپنی گھر مون پھرا اور شکر خدا کتین کرنی لگا
وی تین جوان راکس کی خانی کی اندر پیٹھی اور کیا دیکھتی
ھین کہ ایک چھار پائی کی اوپر فرش اراستہ ھوا تو یکایک
یھی تین یاران اس چھار پائی کی اوپر نشست گاہ کرنی لگی
اور بادشاہزادی سین دو یارون نی کہا کہ ای دوست ھمھین
دونون کتین خواب بھت سی غالب ھی اس چھار پائی کی
اوپر آرام کرین جسوقت یہ راکس خود نما آویگا ھمین البتّہ
تم بیدار کرو بادشاھزادی نی جواب دیا کہ خوب ھی یھی
باتین انکی بیچ گذرین اور دونون یارون کتین خواب غافلی
کا لیا دو گھڑی یون گذری پیچھی بادشاھزادی نی بھی اس
چھار پائی کی اوپر بیٹھا اسی وقت وہ راکس ایک کوہ کلان کی
برابر اپنی سکونت مون آیا اسکی نظر بادشاھزادی پرپڑی اور کھنی
لگا کہ خدا کا شکر آج کی روز تین آدمی کتین مین نی پایا اور اپنی
شکم کا طعمہ کرونگا بادشاھزادی نی کہا کہ آج کی روز شکر خدا کا
ھی کہ تجھ سا راکس ھم تین یارون کی طعمہ بیچ آیا حوب ھی
کہ ھماری دو دوست غفلت کی خواب سین بیھوش ھوئی ھین
شتابی تجھی اپنی کھانی کی واسطی لی آونگا اگر خدا نخواستہ
باشد یاران بیدار موین تجھی ریزہ تکا تکا زرہ زرہ کرینگی
جد راکس نی ایک ایسی بات سنی اسکتین طاقت نہ
رھی حملہ بادشاھزادی کی اوپر کیا اور بادشاھزادی نی حملہ
کیا دست راکس کی گردن پر ڈالا پس دونون کی بیچ بڑی
لڑائی ھوی اور دونون مون پھلوانی گیری معلوم ھونی لگی

بهت بهت سی زور انکی درمیان گذرا تمام پسینا سراپا ان کی بدن سین چونی لگی چهار گھڑی قریب کشتی هوی بادشاهزادی نی اندک قابو پاکر اسکی سر پکڑا چاهتا تها که اپنی دهن کا طعمه کری اور ان کی دو بدن آپس مون ملکر دونو یارون کی انگ پر گری تو دونو یاران بیدار هوکر دیکهتی هین که اپنی دوست اور راکس سین ایک بڑی کشتی هی دونو یاران یکبارگی حمله راکس پر کرنی لگی اور اسکی گردن نیچا کرکی انهون نی زمین پر اسکتین ڈالا شمشیر کتین نیام باهر کهینچا اور اسکی بدن کتین زمین پر فرش کیا یکایک شمشیر کتین حلقوم پر چلایا اور دو پرکاله کیا راکس کا جان کون کی راه سین نکل گیا تد تین یارون نی راکس کتین مار کرکی چهار پائی کی اوپر بیٹھکر آرام کیئی شب تمام گذر گیئی صبح صادق کی وقت خاکروب آتا هی اور جگه کتین اچهی طرح سین صاف کرتا هی کیا دیکهتا هی که راکس زمین پر موا پڑا تو خاکروب نی بادشاه کی سرکار مون جاکر خبر کی که ای بادشاه عالم پناه کی عمر دراز هو جو آج کی روز دیو زمین پر موا گر پڑا اور تین امیرزادی اسکی چهار پائی کی اوپر غفلت سین نیند بهر سوتی هین

جد بادشاه نی یهی باتون کتین سنا وزیر کتین حکم دیا که کسنی راکس کتین جان ستی هلاک کیا راکس کی مرده اور تین شخص کتین میری آستان کی درمیان حاضر کرو وزیر نی جسوقت بادشاه سین حکم پایا دو چهار صد مزدمان کتین اپنی پاس بلایا اور انهون سین کها که جو کچه راکس کی گهر مون ملیگا سو تم بادشاه کی روبرو حاضر کرو یهی مردم تمام جمع کرکی راکس کی گهر مون پهنچی اور یهان دیکهی

که راکس دو پرکاله هوکر گر پڑا اور تین جوان راکس کی چهار پائی کی اوپر رهتی هین بعد اسکی تین جوان کتین بیدار کرکی مردمون نی کها که تم نی یه راکس دو پرکاله کیا تین یارون نی جواب دیا که هم نی اسکتین مار ڈالا چاکرون نی بادشاه کی کها که تم کتین بادشاه طلب کرتا یه بات سنکر تین یاران روانه هوئی بعد اسکی چاکرون نی راکس کتین اور تین جوان کتین بادشاه کی روبرو کهڑی کیا اور بادشاه نی تعظیم تواضع ستی احوال پر سوال کیا تین جوانون نی جواب دیا اور کها که هم تین یارون نی جان سین یه راکس هلاک کیئا اس بات کتین سنکر بادشاه نی سب تین دوستون کتین بادشاهانی خلوت مون نوازا اور کها که میری دو دختر کتین تمهاری بیچ دونو یارون سین کدخدائی کرونگا بادشاهزادی نی جواب دیا که خوب هی که بیاه کا عقد کتوال‌زادی اور سوداگرزادی کتین بادشاه کی دونو دختر سین بندهی سامان و سرانجام بهت سی کرکی بادشاهزادی نی اپنی دونون یاران بادشاه کتین سونپ دئیی اور کها که فلانی جگه مون نازنین سکل گلانداز رانی هی البتّه دست مون اسی لی آنا خوب هوئیگا بعد اس گفت و شنود کی بادشاهزاده ایک خدمتگار اپنی همراه لیکر روانه هوا اس شهر سین نکلکر دوسری شهر مون رهنی لگا بعد از آن وهان سین باهر گیا اور تیسری ملک کی قرب جوار مون پهنچکی ایک زن ضعیف کی گهر مون اسنی اپنی سکونت کی دو چهار روز گذری زن ضعیف نی ایک دن بادشاهزادی کتین اپنی نزدیک بیٹهایا اور اسّی کها که ای بابلجی اس شهر کی درمیان ایک بادشاهزادی مهتاب سکل هی جد چاند اسکی رخ

نی طرف نگاه کرتا هی اپنی صورت کتین پوشیده کرتا هی اور شرمندگی سین اپنی سر اوپر نهین اٹهاتا هی بهت سی زیبا شکل محبوب هی اور پانی کتین نوشیدن کی وقت تمام نگاه هوتی هی چنانچه رخ اسکا مهتاب اور صورت اسکی آفتاب صنعت کر نهین سکتی هین اس نازنین کی چشمان بادام هین بهت شکل اور شمایل رکهتی هی جد بادشاهزادهون نی هی هی کرکی اسکی جس مون قید هوکر خانه کی درمیان سکونت کی تد اس بادشاهزادی کا یه اقراز هی که مین دو چیزون کتین رکهتی هون ایک کلهاڑا لکڑی کا اور کنده سنگ کا رکهتی هون اور ایک شیرنر کتین رکهتی هون اس شیر کتین باهر کرنی هوتا هی اور اس سنگ کی کندی کتین لکڑی کی تبر سین پهاڑنی هوتا هی بادشاهزاده جو کوئی یهی دونو چیز کر سکی سو میری ساته شادی کری بادشاهزاده یه بات سنکر دل مون تصور کرنی لگا اور سمجها که یه کام کرنا مشکل هوئیگا بعد اسکی اسنی ایک کمهار کتین بلایا اور کها که ای کمهار دو هزار اشرافی تجهی نوازونگا اور بادشاهانی بخشش مون آراسته کرونگا ایک سوراخ اسقدر کا کهود که میری گهر سین اس بادشاهزادی کی رنگ محل تک زمین کی نیچی هوکر پیوست هوی کمهار نی تسلیمات بجالی آیا اور کها که میعاد هی که پندره روز کی بیچ یه کام تیار کرونگا ایک ایسا میعاد دونون کی بیچ هوا کمهار اپنی کام مون مقید رها اور جد پندره روز گذری تد یه سوراخ تیار هوا بادشاهزادی نی جسوقت سوراخ تیار پر نظر کی کمهار کتین دو هزار مهر اور بادشاهانی خلعت مون نوازا اور اتنی خبردار کیا که یه بات دوسری کی گوش مون نه هوئی کمهار تسلیم کرکی اپنی گهر کی جانب مون چلا گیا

بادشـــاهزاده دو پهر شب کی وقت اس سوراخ کی انـــدر سین بادشاهزادی کی رنگ محل کتین پهنچا اور کیا دیکهتا هی که یه ناز ستی خواب آلوده جاتی هی اور مهتاب کی مانند تمام دنیا کتین روشن کرتی بهت نازنین شکل اپنی نظر مون اٹی اور بادشاهزاده اسکی ایك دیدار مون بیهوش هوکی پڑا اور خود ستی گم هوا بعد دو گهڑی کی باهوش پهر هوا تد کیا کام کیا هی که تمام پان اپنی بٹی ستی نکالکر اسکی بٹی پر رکها اور اسکی پان کی بیری کتین اپنی غذا فرمایا هی اور عرق سرخ رنگ اس پان کا جو کهای تهی اپنی پارچی کی اندر لگایا اور اسکی پارچی خود لیا اور اپنی پارچی اسکی بدن اور چهاتی پر رکها اس روز اسی سوراخ کی راه پکڑکی اپنی گهر مون داخل هوا خدا کا تماشا ایسا هوتا هی اس نازنین نی صبح صادق کی وقت شیرین خواب سین اپنا سر آٹهایا اور دیکها که تمام پان وغیره غیر کا تصرف مون آیا تو اسنی اپنی خود عاقلی سین معلوم کیا که کوئی عاشق بادشاهزاده هی اور زمین کی راه ستی آمد و رفت کرتا هی اور اپنی دل مون دانائی کی راه ستی سمجهی که کسی مور کتین قدرت نهین هی که میری خانی کی دروازی پر آنی سـکی اور تمام پاسبان و نگاهبان میری اس گهر کی گرد سکونت کرتی هین کون ایك ایسی توانائی رکهتا هی که میری خانی کی دروازی مون اپنی قدم کتین دهرنی سکتا تمام ایك ساعت مون زیر زبر کر ڈالتی هون مگر کوئی بادشاهزادی کا یه کام هی خدا کا تماشا ایسا هوتا هی که دو چهار روز بادشاهزاده آمد و رفت کیا گلانداز نی بهت سا پریشان خاطر هوکر اپنی ایک انگشت کتین کارد کی چوٹ لگای اور اندك تراش کرکی نمك اس مون بیٹا یعنی

خون‌ریزی هوی اور سوزش بهت سی اس انگشت کی بیچ پڑی تمام روز گذر گیـ تو پهر رات کی وقت بادشاهزاده اس سوراخ کی راه ستی پهنچا اور جو کچهه خوردنی کا سرانجام تها سو تمام اسنی نوش جان کیا اور اپنی پارچی کتین اسکی چهاتی پر پهر ڈالا اور اسکی پارچی کتین اپنی اوپر ڈالا بعد از آن جو کچهه کرنا تها تمام کیا روانه هونی کی وقت بادشاهزادی شتابی سین اٹهکر اسکا دست پکڑی اور کهی که تو کون هی جو دو پهر رات کی وقت آمد و رفت هماری گهر مون کرتا هی اسنی جواب دیا که مین تمارا عاشق هون اور یه نازنین گلانداز بهی جوان کی چهری پر عاشق هوئی

تب گلانداز پوچهنی لگی که تم کهو کس شهر مون بستی هو اور کس بادشاه کا فرزند هوتی تد بادشاهزادی نی اپنی سراندیب ملک کی خبر دیئی اور اپنی‌پدر کی نام کی خبر دیئی تو گلانداز رانی نی کها که میری خواهش یه تهی که اگر سراندیب کی بادشاهزادی کتین میسر هی تو مین اسکی ساتهه کدخدائی کرونگا باری تعالی تم کتین اس جگه کی درمیان پهنچایا پهر کها که، ای معشوق میرا پدر دو کام کرنی فرماتا هی که اگر تم وی دو کام بجا لانی سکتی هو همارا شوهر هو جاؤگی تو اسنی زبان کشاده کرکی پوچها یهی دو کام کیسی هین اور پادشاهزادی نی تمام مقدمه تبر کا اور کندهء سنگ کا اور شیر کی حقیقت کهی که لکڑی کی کلهاڑی سین سنگ کی کندی کتین پهاڑنی اور شیر کتین دور نکالنی فرماتا هی تو بادشاهزاده انهه سب باتون سین اطلاع‌مند هوکر نازنین سین کهنی لگا که جیسا تمارا اختیار هووی ایسا کرو پر میری قدرت نهین هی که انهه کامون کتین بجالاون اور اس سخت

مشکل کتیں خلاص کرونگا جب اس بازنین نی اِس بات کتیں گوش کیا بادشاهزادی سین کہا کہ ای جان میری بدن کا کیا کام مشکل هؤیگا کہ اس لئیی تم پریشانی کی ورطی مون گر پڑی هو تب اپنی سرکا ایک بال اکھاڑکر بادشاهزادی کتیں دیا اور کہا جس وقت اس شیر کتیں دور نکالنی همارا پدر فرماٰویگا تم اس بال کتیں اسکی سر پر رکھوگی اور کهوگی کہ گلانداز چپ رہ اور وہ خامرش هوکر دور نکالنی دیؤیکی اور جس وقت لکڑی کی کلھاڑی سین سنگ کی کندی کتیں پھاڑنی فرماویگا تبر اپنی دست مون لیکر اس سنگ کی کندی پر ماروگی اور کهوگی کہ دریدہ هو جا تو دو پرکالہ هویگا یہ جواب و سوال عاشق اور معشوق کی درمیان گذرا بادشاهزادہ سوراخ مون آکر اپنی مکان کتیں پھر گیا اور اسنی تمام حقیقت زن ضعیف کی مقابلہ کیا

بعد از آن بادشاهزادی نی اس نازنین کی پدر کی روبرو هوکر کہا کہ میرا منصوبہ یہ هی کہ تماری خانہ دامادی هون مشرف هون ایک ایسی بات سنکر بادشاہ نی فرمایا کہ کتنک بادشاهزادی خانہ دامادی کی واسطی لیکر میری قید بندی مون پڑی هین اور کتنک امیرزادی سب میری حبس مون بندوی هین جب بادشاهزادی نی یہ بات گوس کیی پھر دوسری مرتبی جواب مون کہا کہ خانہ دامادی مون بندہ هونگا پھر بادشاہ نی کہا کہ دونو کام کتیں درپیش بجالاو بعد اسکی خانہ دامادی مون مشرف هو اسنی جواب دیا کہ فی الحال انہ دو کام کتیں بجالاونگا اور کیا چیز هی اور کیون مشکل هی کہ مین اس مقصد کتیں رها کرون جب بادشاہ نی تمام یہ سخن گوش کیا اور سنا تب فرمایا کہ تبر

هیزم کا لی آو اور کنده سنگ کا لی آو جس وقت فرمان هوا خدمتگارون نی حاضر کیا بادشاهزادی نی هیزم کی تبر کتین پکڑکر مارا سنگ کی کندی کی اوپر اور کها گلانداز دو پرکاله هو اٹنی بات کهکر سنگ کا کنده دو پرکاله هو گیا حاضر هونی والی دیکهی اور سعه بادشاه تعجب کی باعث انگشت کتین اپنی دندان ستی کاتنی لگی بادشاه اور سب حاضر لوگ اپنی اپنی دل مون تصور کیی اور کهی که یهی بادشاهزاده کدخدائی اور خانه دامادی مون مشرف هوا بعد اسکی بادشاه نی فرمایا که شیر غران کتین پنجری کی ساتهه لی آو خدمتگارون نی اس ساعت کی درمیان اسکتین حاضر کیا تو بادشاهزاده پنجری کی دروازه خود ستی کشاده کرکی اندر پیوست هوا اور شیر غران اپنی خورش کی واسطی اسکتین قید کرنی کا منصوبه کیا تب اسنی وه بال جو اپنی سر ستی گلانداز رانی نی اکهاڑا اور دیا تها شیر کی گردن پر ڈالا اور غرام جانور چپ هوکر کهڑا هوا تد بادشاهزاده شیر کتین نکالکر اور وهی کٹهری ستی نکلکر سبهون حاضرون سین کهنی لگا که تم دیکهو که تماری دور وه شیر کهڑا هوتا هی حاضر هونیوالون مون ستی بادشاه دیکها اور حکم کیا که شادی کی سب طبل سین نوازو اور شادیانی باجاو تو بادشاهزادی کی دست گیری کرکی اور خود دست بسته هوکر مسند زربفت پر بیٹهالا دهل شادیانی کا تمام شهر کی درمیان پهرایا دو ایک روز کی بعد گلانداز رانی کتین بادشاهزادی کی ساتهه کدخدائی کیا اور خانه دامادی مون مشرف کیا سب حاضران زهی زهی تعریف کرنی لگی بادشاهزادی نی اس نازنین کتین اپنی گودی مون دو روز تک رکهه دیا اور ایک ذره تفاوت نکیا اور صحبت هزه داری سین کیا

خدا کا تماشا ایسا هوتا هی که ایک روز بادشاهزاده نازنین سین کہا که میری ملک اور مادر اور پدر کتین کتک چند سین چھوڑ کر آیا هون اور بہت مدّت سی تماری واسطی مین نی تصدیع قبول کیی آج تمهین دست مون لی آیا هون خوب هوَیگا که اپنی ملک کی طرف اب روانه کرین اور دوستون سین جو مین نی ایك ایك جگه مون چھوڑا پسهر ملون نازنین نی جواب دیا که اگر تم چلوگی همهین اپنی همراه لیو کس واسطی که بزرگ نی فرمایا هی که جس سی زن کی کدخدائی هوی یه زن مادر اور پدر کی اختیار سین کذری اور اپنی خصم یعنی شوهر کی اختیار مون آیی اس لئیی هم تماری عورت هوکر اب میری پدر و مادر کی قدرت نهین هی که اپنی اختیار سین همهین لیجاوین تد بادشاهزاده کہا که تماری پدر کی ساته اقرار کی ڈوری کتین باندها هون جسنی خانه دامادی مون مجهی قبول کیا هی تب نازنین نی کہا که میری نزدیك ایك تخت پرنده هی اس تخت کی اوپر هر دو زن و شوهر سوار هوکر راه گریزی پکڑین اور اپنی قدیمی گھر مون پهنچین بادشاهزاده اس بات کی اوپر گوش کیا اور کہا که یه بزرگ مصلحت هی ایك ایسی گفت و شنود دونون ی درمیان هو گذری دوسری دن بعد دو پهر رات کی نازنین اور پادشاهزاده تخت پر سوار هوئی اور تمام بیش قیمت جوهر کا مندوقچی اور لوازمات جو کچھ درکار تهی بالکل تخت کی اوپر اپنی ساته رکهکر دو پاس شب کی وقت سبهون سین رخصت هوکی انون نی تخت کتین حکم کیا که فلانی بادشاه کی شهر مون داخل کرو اتنی بات کهتی می تخت اڑ گیا اور یکبارگی اس پادشاه کی شهر مون داخل

ہوا بادشاہزادہ تخت سین اترا اور دونو دوستون کتین معہ قبایلان لیکر تخت کی اوپر سوار کیا پھر اسنی اس جگہ سین نکلنی کا حکم تخت کتین کیا اور دوسری دوست کی ملک بیچ پہنچا اس دوست کتین اپنی ساتھ لیکر اور بیٹھاکر تخت کتین حکم کیا کہ پر باندھی اور اپنی ملک کی درمیان داخل ہوا اور مادر و پدر کی قدمبوسی اسنی کیئی تین دوست اپنی اپنی گھرون مون گیئی تب بادشاہزادہ گلانداز رانی کتین لیکر اپنی گھر مون محظوظ مزہ داری کرنی لگا ۔

TEXTES HINDIS.

I. CONTES ET RÉCITS.

१

एक कमीने और एक भले आदमी से इफ़लास में दोस्ती हुई-कमीनः दौलतमंद होते ही नजीबज़ादे से आंखें लगा चुराने-तब वह ख़फ़ा होकर बोला यह सच है कि कमीने की दोस्ती जैसी बालू की भीत

२

एक ऊंठ और गधे से निहायत दोस्ती थी-इत्तिफ़ाक़न दोनों को सफ़र दर्पेश हुआ-दर्मियान राह के एक नदी मिली-पहले ऊंठ पानी में पैठा उसके पेट तक पानी हुआ-कहने लगा ऐ यार इधर आओ पानी थोड़ा है-गधा बोला सच है तेरे शिकम तक है तुझे थोड़ा मअ़लूम होता है लेकिन मेरी पीठ तक होगा मैं डूब जाऊंगा

३

एक वज़ीर का बेठा नादान व कुन्द ज़िह्न था-वज़ीर ने एक दाना के पास उसे भेजा और कहा कि इस लड़के को तबींयत कर शायद कि अक़लमन्द हो जावे-चुनांचिः दाना ने उसके तअ़लीम में बहुत सी कोशिश की पर कुछ फ़ाइदा न हुआ-पस लाचार होकर लड़के को उस के बाप के पास फेर भेजा और कहा कि तेरा बेठा आक़िल नहीं हुआ और मुझे दीवानः किया

४

एक गिरहस्ति ने अपना लड़का तरबीयत करने के वास्ते एक शख़्स को सुपुर्द किया-हरचन्द उसने चाहा कि वुह आरास्तः हो-न हुआ-एक मुद्दत के बअ़्द लड़के के बाप ने आकर उस से पूछा कि कहो हज़रत मेरा लड़का कुछ दुरुस्त हुआ-उस ने कहा कि तुम्हारे लड़के को वुही नक़्ल है कि नीम न मीठा होए सींच गुड़ घी से

५

दो सिपाही आपस में किसी शहर के कूचे में ख़ान जंगी कर रहे थे-एक जुलाहा यिह ख़बर सुन्ते ही

अपने करगह से उठ कूचे में आया और तमाशा देखनें लगा-कज़ाकार एक तलवार जो दूसरे के सिर से उछली तो जुलाहे के आ लगी-मसल-करगह छोड़ तमाशे जो जाए-ना हक़ चोट जुलाहा खाऐ

६

एक सायिस रोज़गार के वास्ते अपने शहर से किसी मुल्क को चला-राह में एक कूए पर बैठकर कहने लगा कि एक खाऊं कि दोनों-इत्तिफ़ाक़न उस कूए में दो परियान रहती थीं-उन्हों ने यिह जाना कि कोइ राकस है हमें खाया चाहता है-इस दहशत से एक एक तोड़ा रुपओं का लाईं और उस मुसाफिर के साम्हने रख गईं-वह माल मुफ़त लेकर अपने घर शौक़ से चला आया

७

किसी दिन सवाई जयसिंह एक ठौर बैठे ब्राह्मन खिलाते थे और द्वार पालों को यह आज्ञा थी कि बिना ब्राह्मन के भीतर और कोई आने न पावे-इस

में एक भाट द्वार पर गया और उस ने चाहा कि भीतर जाऊं पर पौरियों ने न जाने दिया-इस ने कारन पूछा उन्हों ने जो राजा की आज्ञा थी सो कह सुनाई-तब इस ने इतना राजा को लिख भेजा

दर्दमंद दरवाजे ठाढ़े भीतर हैं बेदुआ
रख की बतियों हम जानत हैं वे बांधत हैं दुआ

इस बात के पढ़ते ही हंसकर राजा ने सौ रूपये दिलवा भेजे वह ले असीस दे आनंद से अपने घर गया

८

एक बनियां सदा भंडसाल भरा कर्ता-किसी दिन उस के बड़े भाई ने आके उस से कहा कि भैया तुके इस में क्या लाभ होता होगा कुछ और कमाई क्यों नहीं कर्ता जो अधिक लाहा हो-बोला भाई जी इस में भी आम के आम गुठली के दाम होते हैं और कितना लाभ होगा-उस के भाई ने कहा मैं कुछ नहीं समका बुकाके कहो-उत्तर दिया लाभ समेत दाम उठाता हूं और जो बचतर है सो बरस भर अच्छी भांति खाता हूं-यह सुन वह चुपका हो चला गया

९

एक बड़ा महाजन किसी सिद्ध उदासी के यहां जाकर गुरुमुख हुआ और गुरु की सेवा में आठों पहर उपस्थित रहने लगा परमेश्वर का चाहा छः महीने के बीच उस का ऐसा काम बिगड़ा कि खाने पीने को भी कुछ पास न रहा। एक दिन गुरु ने इसे उदास देख कहा कि बाबा तू ने यह कहावत नहीं सुनी। जो इतना सोच कर्ता है। अलह दाद कर्ता की बातें क्या न करंता क्या न करे। हाथी मार गर्द में डाले अदना के सिर छत्र धरे। रीते भरे भरे छलकावे। मिहर करे तो फेर भरे

१०

मच्छरों का एक झुंड उड़ता हुआ अपने मार्ग में चला जाता था। उन में से एक मच्छर ने देखा कि एक सिंह आखेट करते करते दौड़ते दौड़ते बहुत थककर भारी नींद में अचेत सो रहा है। तब उस ने पुकारके सब मच्छरों से कहा अरे भाइओ देखो। वह सिंह सोता है। उस को मैं ऐसा मारूंगा कि वह दुखदायी लोहूलुहान हो जावेगा। यह कह बड़ी सूरता कर सिंह की पूंछ पे चढ़ डंक मार उड़ गया और ऐसा

घमंड करने लगा जैसे उस ने बड़ी सूरता का करतब किया। पर मुड़के जो देखा तो सिंह हिला भी न था। तब उस के मरने का अनुमान करके और मच्छरों से कहा जो सिंह मर गया हो तो मैं ने बन को दुख और भय से छुड़ा दिया। अरे मित्रो देख लेओ। तेंदुआ जिस से डरता है वह मेरे डंक से गिर गया। अब हम सूरता करके सब अपने बैरियों को मारके हटा देवेंगे। ऐसी ऐसी लम्बी चौड़ी (बात) ही कर रहे थे और आगे के विजय के मनोरथ में लग रहे थे कि इतने में वह अचेत सिंह नींद से जग पड़ा और अपना आखेट ढूंड़ता चला गया

११

हिरण्य और भूमि के लाभ से मित्र का लाभ उत्तम है इस लिये मित्र मिलने का यत्न करना और सावधानी से अपनी सचावट बचाए रहना। स्वामी अमात्य जन दुर्ग कोश दण्ड और मित्र ये सात राज्य के मूलकारण हैं इस लिये राज्य सप्ताङ्ग कहलाता है। ऐसा राज पाकर राजा दुष्टों को दण्ड दे क्योंकि पूर्व-काल में ब्रह्मा ने दण्डरूप से धर्म को बनाया। जो

लोभी और चञ्चलबुद्धि होना है वह न्याय से दण्ड नहीं चला सकता किंतु जो सच्चा पवित्र अच्छे सहायकों से युक्त और बुद्धिमान होता है वह न्याय से चलाता है। शास्त्र की विधि से जो दण्ड का प्रयोग करे तो देवता असुर और मनुष्य सहित सब जगत को आनन्द होता है इस से अन्यथा करे तो सब कोप करते हैं। अधर्मदण्ड देने से राजा का स्वर्ग कीर्ति और लोक नष्ट होते हैं परंतु विधि से दण्ड दे तो उसको स्वर्ग कीर्ति और जय की प्राप्ति होती है। भाई बेटा अर्घ्य श्वशुर और मामा ये भी अपने धर्म से च्युत हों तो राजा को दण्ड देना उचित है और दूसरों की क्या चर्चा क्योंकि धर्महीन ऐसा कोई नहीं जिसे राजा दण्ड न दे सके। जो राजा दण्डयोग्य मनुष्यों को दण्ड देता और वध के योग्यों को मारता वह बड़ी दक्षिणावाले यज्ञों का फल पाता है

II. EXTRAIT DU *SIMHÂSAN BATTÎSÎ.*

एक दिन राजा बीर बिक्रमाजीत सभा में इंद्र समान बैठा था और गन्धर्ब मधुर मधुर सुरों से गा रहे

थे पातुर नृत्य कर भाव बता रही थीं कहीं भाट खड़े हुए जस बर्णन कर रहे थे। किसी तरफ़ मल्ल आपस में युद्ध कर रहे थे। किसी तरफ़ ब्राह्मण बेद पाठ कर रहे थे और किसी तरफ़ चीते कुत्ते सियाहगोश हिरण मेंढे मीरशिकार लिये खड़े थे और जितनी तैयारी राजाओं की चाहिये सब थी। सभा में एक से एक पंडित चतुरवीर बैठ थे उन में राजा इंद्र की तरह बैठा था और सामान सब इन्द्र के अखाडे का सा था। इस में राजा ने अपने चित में बिचार किया फिर पंडितों से कहा कि तुम एक बात मेरी सुनो कि स्वर्ग में राजा इंद्र जो है सो मृत्य लोक का सब मरम जानता है कहो कि पाताल का राजा कौन है और किस जगह रहता है॥

तब उन में से एक पंडित बोला कि महाराज। पाताल का राजा शेषनाग है कि जिसके हज़ार फन हैं और पद्मिनी राणी उस के यहां। कभी सोग संताप उस के नहीं ब्यापता आनन्द से अचल वहां का राज करता है और जैसा वः राजा सुखी है वैसा संसार में कोई नहीं॥

यह सुंकर राजा को उसके मिलने की इच्छा हुई।

बैतालों को बुलाकर कहा कि। मेरेतईं पाताल को ले चलो मैं शेषनाग के दर्शन को जाऊंगा॥

बैताल उठाकर पाताल को ले गये और शेषनाग का मंदिर दूर से दिखा दिया। राजा ने दूर से देख बैतालों को बिदा किया और आप मंदिर को चला। जब जाकर उस के पास पहुंचा देखे तो वः कंचन का मंदिर है रतन जडे हुए जगमगा रहे हैं और ऐसी ज्योति उस की है कि जिस में रोशनी के सिवाए रात दिन कुछ मञ्लूम न होता था। द्वार द्वार पर कमल के फूलों की माला की बंदनवारें बंधी हुई हैं और घर घर आनंद हो रहा है। राजा कुछ डरता हुआ कुछ ख़ुशी द्वारे पर जा खड़ा हुआ और वहां के द्वारपालों को दंडवत कर कहा। महाराज को हमारा समाचार पहुंचाओ और कहो कि मृत्य लोक से एक राजा आप के दरशन को आया है॥

दर्बान राजा को ख़बर देने गया और द्वार पर खड़ा तब कहता है कि धन्य भाग हैं मेरे कि मैं यहां तक आन पहुंचा हूं और चारों तरफ़ से राम राम कृष्णा कृष्णा आवाज़ आती थी और राजा के मंदिर से बेद की धुनि कान पड़ती थी॥

तब दरबान राजा के सन्मुख जा प्रनाम को हाथ जोड़कर खड़ा हुआ। राजा ने उस की तरफ़ दृष्टी की। उन्ने कहा महाराज। एक मनुष द्वारे पर खड़ा है और कहता है कि मृत्य लोक से आया हूं द्वारे को हज़ारों दंडवतें कर रहा है। बलकि जिसको देखता हूं उस के भी आप के दर्शन की अभिलाषा है जिस से निहायत बेचैन है। यह बात सुन्ते ही शेषनाग उठके द्वारे पर आया॥

राजा ने देखते ही अष्टांग प्रणाम किया। उसने हंसके आसीस दी और पूछा कि तुम्हारा नाम क्या है और कौन सा देश है। राजा ने हाथ जोड़कर कहा स्वामी। भूपाल मेरा नाम राजा बीर बिक्रमाजीत है और मृत्यलोक का राजा हूं आप के चरण दर्शन की मुझे इच्छा थी सो मेरे मन की इच्छा पूरी हुई आज मुझे करोड़ यज्ञ का फल हुआ और करोड़ों दान किये का पुण्य और धन्य भाग मेरे जो आप के चरण कमल के दर्शन हुए बलकि चौंसठ तीर्थ न्हाने का मुझे फल हुआ। बिक्रम का नाम सुन्ते ही शेषनाग मिला और हाथ पकड़ अपने मकान में ले गया। अच्छी जगह बैठा क्षेम कुशल पूछी। राजा ने कहा।

आप के दर्शन से सब आनंद हैं। फिर कहा। तुम किस कारण यहां आये हो और आते हुए पंथ में तुम ने बहुत कष्ट पाया होगा। बिक्रम बोला कि। हे फणीनाथ मैं ने जो कष्ट पाया सो सब तुम्हारे दर्शन किये से बिसरा॥

फिर राजा के रहने के लिये एक अच्छा मकान दिया और बहुत से लोग टहल करने को उन लोगों से कह दिया कि। मेरी सेवा से भी तुम अधिक राजा की सेवा जानना। इस तरह से पांच सात दिन राजा वहां रहा॥

बअद उस के एक दिन हाथ जोड़कर कहा पृथवी नाथ। मुझे बिदा कीजिये तो मैं अपने नकर में जाऊं और वहां से बैठ आप का गुण गाऊं। तब शेषनाग ने हंसकर कहा कि अब राजा तुम्हें घर जाने की इच्छा हुई है भला कुछ प्रसाद हम देते हैं तुम लेते जाओ। यह कह चार लअल मंगवा राजा को दिये और उन का गुण कहने लगा। एक रतन का यह स्वभाव है कि जितना गहना चाहोगे सो यह तुम्हें देगा और छिण भर देते विलंव न करेगा और दूसरे लअल का यह स्वभाव है कि हाथी घोड़े पालकियां जितने तुं

मांगोगे इतने इस से पाश्रागे श्रौर तीसरे लश्रल का यह स्वभाव है कि जितनी लक्ष्मी मांगोगे उतनी देगा श्रौर चौथे रतन की यह स्वभाव है कि हरी भजन श्रौर सतकर्म करने की इच्छा जितनी रखोगे उतनी यह पूरी करेगा। इस तरह चारों लश्रलों के गुण राजा से समझाकर कहे श्रौर बिदा किया॥

राजा हाथ जोड़कर खड़ा हो कहने लगा। महाराज मैं श्राप के गुण की उपमा नहीं दे सकता पर श्राप मुझे दास समझकर कृपा राखियेगा। यह कहकर राजा वहां से रुख़सत हुश्रा श्रौर बैतालों को बुला सवार हो श्रपने नगर को श्राया। जब कोस एक नकर रहा तब बैतालों को छोड़ श्राप राजा पाउं पाउं श्रपने शहर को चला॥

देखता क्या है कि एक दुर्बल भूखा ब्राह्मण चला श्राता है। जब यः पास श्राया उस ने कहा मैं भूखा हूं कुछ मुझे भिक्षा दे जो जाकर मैं कुटुंब को पालूं। सुन्ते ही चिंता कर श्रपने मन में कहा इस ब्राह्मण को इस में से एक लश्रल दूं यह बिचारकर ब्राह्मण से कहा कि। देवता मेरे पास चार रतन हैं श्रौर चारों के ये गुण हैं जो तू इन में से चाहे वः मैं दूं। तब ब्राह्मण ने

कहा पहिले अपने घर हो आऊं तब तुम से कहूं । यह कह वः अपने घर को गया और राजा यहां खड़ा रहा । वः घर में जाकर अपनी स्त्री और पुत्र और पुत्र की बहू से कहने लगा कि लअ़लों का यह ब्यौरा है । उन में से उस की ब्राह्मणी बोली कि । स्वामी तुम वः लअ़ल लो जो लक्ष्मी हे है और खियाल मन से उठा हो क्योंकि लक्ष्मी से मिलते हैं सहाय और लक्ष्मी से सब होता है इससे तुम और त़रफ़ चित मत डुलाओ जाकर लक्ष्मी ले आओ ॥ फिर उसका पुत्र बोला कि । लक्ष्मी किस काम की है जो साथ सामान न हो तो दुर्जन डरें संसार में शोभा पावे जो लक्ष्मी हुई संसार में शोभा न पाई तो उस पुरुष का जन्म लेना निर्फल है तुम वः लअ़ल लो जो संसार में शोभा हे ॥ इतने में उस के बेटे की बहू बोली । तुम वः लअ़ल लो जो आभूषण हे कि गहने के पहनने से स्त्री अपसरा मअ़लूम होती है जो रांड भी पहने तो अतिसुंदरी दिखाई दे और बिपत पडे तो वेच बहुत सा धन ले और जितना मांगोगे उतना उससे पाया है और चिन्त बहुत मत डुलाओ पुरुष हमारा बावला है ऐसा बुद्धि हीन है इस से तुम ससुर सुज्ञानी हो

और तुम से मैं कहती हूं वही लअ़ल ले आओ जो मैं ने तुम से कहा है उस से तुम सब पावोगे।

यह सुनकर ब्राह्मण बोला कि तुम तीनों बौराये हो और मेरी इच्छा सिवाए धर्म के और किसी पर नहीं क्योंकि धर्म से काम सिद्ध होता है और धर्म से संसार में यह काया अमर हो जाती है धर्म से गर्भ बास छुट जाता है इस से तुम मेरा धर्म मत डुलाओ और मैं भी अपने सत न छोडूंगा इस में जो हो सो हो। इसी तरह चारों ने चार मत की बातें कहीं एक की एक ने न मानी। तब वः ब्रह्मण फिर राजा के निकट आया। आकर सब अहवाल सुनाया कि। महाराज मैं घर तो गया पर बात कुछ न बन आई अपना अपना सब कोई कहता है और हम चारों की चार मन हैं और आप ने यहां खड़े होकर हमारे लिये दुख पाया पर हमारा मता बन न आया॥

यह सुन राजा ने कहा कि। महाराज तुम अपने चित में निरास होकर उदास न हो चारों लअ़ल तुम घर ले जाओ मैं तुम्हें देता हूं क्योंकि जिस में तुम्हारा कुटुंब भी प्रसन्न हो और तुम भी हम भी इसी में कल्यान है। निदान राजा ने चारों लअ़ल खुश होके ब्रा-

ह्मण के हाथ दिये। ब्राह्मण लेके आसीस दे अपने धाम को गया। राजा बिक्रमा जीत भी अपने मंदिर को आया देने दान कुछ बिलंब न लाया। ऐसा दानी इस कलियुग में कौन है उस के समान दान दे है इस आसन पर बैठे और नहीं तो नर्क पावे अभी तू मत डर उस का धीरज धर्म और आगे कथा जो जो राजा ने साहस दान किये है

III. PLAINTES DE DAÇARATHA.

दशरथ बिलाप

कहां हो ऐ हमारे राम प्यारे
किधर तुम छोड़ मुझ को सिधारे
बुढ़ापे में यह दुख भी देखना था
इसी के देखने को मैं बचा था
छिपाई है कहां सुन्दर वह मूरत
दिखा दो सांवली सी मुझ को सूरत
छिपे हो कौन से परदे में बेटा
निकल आओ कि अब मरता है बुडठा
बुढ़ापे पर दया जो मेरे करते

तो बन की ओर क्यों तुम पैर धरते
किधर वह बन है जिस में राम प्यारा
अयुध्या छोड़कर सूनी सिधारा
गई संग में जनक की जो लली है
इसी से और मुझ को बेकली है
कहेंगे क्या जनक यह हाल सुनकर
कहां सीता कहां यह बन भयंकर
गया लछमन भी उन के साथ ही साथ
तड़पता रह गया मलते ही मैं हाथ
मेरी आंखों की वह पुतली कहां है
बुढ़ापे की मेरी लकड़ी कहां है
कहां ढूंढूं मुझे कोई बता दो
मेरे बच्चों को बस मुझ से मिला दो
लगी है आग छाती में हमारे
बुझाओ कोई उन का हाल कहके
मुझे सूना दिखाता है ज़माना
कहीं भी अब नहीं मेरा ठिकाना
अंधेरा हो गया घर हाय मेरा
हुआ क्या मेरे हाथों का खिलौना
मेरा धन लूट कर के कौन भागा

मेरे घर को किस ने उजाड़ा
हमारा बोलता तोता कहां है
अरे वह राम सा बेटा कहां है
कमर टूटी न बस अब उठ सकेंगे
अरे बिन राम के रो रो मरेंगे
कोई कुछ हाल तो आकर के कहता
है किस बन में मेरा प्यारा कलेजा
हवा और धूप से कुम्हलाके थककर
कहीं साये में बैठे होंगे रघुवर
जो डरती देखकर मिट्टी का चीता
वह बन बन फिर रही है आज सीता
कभी उतरी है न सेजों से ज़मीन पर
वह फिरती है पियादह आज दर दर
न निकली जान तक बेहया हूं
भला मैं राम बिन क्यों जी रहा हूं
मेरा है बज़र का लोगो कलेजा
कि इस दुख पर नहीं अब भी य फटता
मेरे जीने का दिन बस हाय बीता
कहां हैं राम लक्ष्मन और सीता
कहो मुखड़ा तो दिखला जायें प्यारे

न रह जायें हवस जी में हमारे
हमारे राम मेरे राम ए राम
मेरे प्यारे मेरे बच्चे मेरे श्याम
मेरे जीवन मेरे सरबस मेरे प्रान
हुए क्या हाय मेरे राम भगवान
हमारे राम हा प्राणों से प्यारे
य कह दशरथ जी सुर पुर को सिधारे

VOCABULAIRE HINDUSTANI-URDU.

ا

اب *ab*, maintenant.

P اباد *âbâd*, cultivé, prospère, habité, heureux.

P ابرو *âbrû*, sourcil.

ابکائي *ubkâyî*, vomissement.

ابے *abê*, hé! holà, animal!

اُترنا *utarnâ*, descendre.

A إتّفاقا *ittifâqan*, par hazard, il arriva que . . .

آٹھ *âṭh*, huit.

اٹھانا *uṭhânâ*, lever, faire se lever.

اٹھنا *uṭhnâ*, se lever, quitter.

اٹوانٹي کھٹوانٹی *aṭwânṭî-khaṭwânṭî*, état de dépression qui fait prendre le lit.

آج *âj*, aujourd'hui.

اجڑا *ujṛâ*, désolé, déserté.

A اجل *ajal*, mort.

اچنبا *acanbâ*, étonnement.

اچھا *acchâ*, bon.

A احتياط *i'ḥtiyâṭ*, précaution. soins.

A احمد *a'ḥmad*, Ahmed, n. pr.

A احمق *a'ḥmaq*, imbécile, idiot.

A احوال *a'ḥwâl*, histoire, détails (pl. de حال *'ḥâl*).

A اخبار *a'kbâr*, journal (pl. de خبر *'kabar*).

A اِختِلاط *i'ktilâṭ*, intimité, familiarité.

A اِختيار *i'ktiyâr*, choix.

A اخر *â'kir*, finalement, enfin.

AP اخرش *â'kiraṣ*, finalement, enfin.

A اخون *â'kûn*, maître, précepteur.

A ادا *adâ*, accomplissement.

A اداب *âdâb*, salutation.

A ادب *adab*, politesse.

A ادمی *âdmî*, homme (descendant d'Adam).

ادها *âdhâ*, demi.

ادهر *idhar*, d'ici, par ici.

آدهیا *âdhyâ*, demi.

P اراسته *ârâsta*, préparé, arrangé.

P ارام *ârâm*, santé, repos.
T اردو *urdû*, camp.
A ارشاد *irṣâd*, ordre, direction.
P از *as*, de, par, avec.
P ازما *âsmâ*, essai.
اڑنا *uṛnâ*, s'envoler.
A اسباب *asbâb*, choses, affaires (pl. de سبب *sabab*).
P اسپ *asp*, cheval.
اِسپهان *Ispahân*, Ispahan, n. pr.
P استاد *ustâd*, maître, professeur.
P آستان *âstân*, seuil, entrée.
A استعمال *isti'mâl*, emploi.
AP اشارت *iṣârat*, signe, signal.
A اشتياق *iṣtiyâq*, désir.
A اشراق *iṣrâq*, (prière au) lever du soleil.
P اشرفي *aṣrafî*, pièce d'or (valant environ seize roupies).
A اشعار *aṣ'âr*, vers (pl. de شعر *ṣi'r*).
P آشنا *âṣnâ*, ami.
P اشناي *aṣnâî*, amitié.
P اصفهان *iṣfahân*, Ispahan.
A اصيل *aṣîl*, noble.
AP اطلاعمند *itlâ'mand*, informé.
A اعتباري *i'tibârî*, de confiance.
A آفت *âfat*, calamité, infortune.
P آفتاب *âftab*, soleil.
P افسوس *afsôs*, chagrin, douleur, contrariété.
A إفلاس *iflâs*, pauvreté.
T اقا *âqâ* (proprement اغا *âgâ*) maître.
A اقرار *iqrâr*, convention, promesse.
A اقليم *iqlîm*, climat.
اك (pour ايك *êk*) *ik*, un.
A اكبر *akbar*, très-grand; Akbar, n. pr. (de كبير *kabîr*, grand).
اكٹها *ikaṭṭhâ*, réuni, fait un.
A اكثر *aksir*, *aksar*, beaucoup.
اكهاڑنا *akhâṛnâ*, arracher.
اكهٹا *ikhaṭṭâ*, réuni, assemblé, totalité.
اكيلا *akêlâ*, seul.
P آگاه *âgâh*, attentif, informé.
P اگر *agar*, si.
P اگرچه *agarci*, quoique.
آگره *âgrah*, Agra, n. pr.
اگلنا *ugalnâ*, vomir, rejeter.
آگو *âgû*, devant.
آگے *âgê*, devant, au devant.
A البتّه *albatta*, certainement.
الگ *alag*, à part, séparément.
A الله *allâh*, Dieu.
P آلوده *âlûda*, plongé.
A الهي *illahî*, divin.
AP إله آباد *Allah-âbâd*, Allahabad.
A إمام *îmâm*, Iman.
AP امانت *amânat*, dépôt.
A إمتحان *imti'hân*, preuve, expérience.
P امد *âmad*, *âmd*, (il est venu), venue.

P امد و رفت *âmd ô raft*, relations, allées et venues.

P امد و شد *âmd ô şud*, allées et vennes.

A امير *amîr*, émir, chef, noble (pl. امرا *umrâ*).

P اميزش *amêzis*, mélange.

P ان *ân*, cela.

انا *ânâ*, venir.

P انبوه *ambôh*, troupe, foule, tombe.

A انتها *intihâ*, fin, terminaison.

انچل *ancal*, coin, bord.

P انداز *andâz*, qui jette.

P اندازه *andâza*, manière, mesure, valeur.

P اندر *andar*, dedans.

P اندك *andak*, petit, un peu.

اندها *andhâ*, aveugle.

اندهيرا *andhêrâ*, sombre, obscur.

P انديشه *andêşa*, pensée, souci.

انديكها *andêkhâ*, non vu.

A انسداد *insidâd*, prévention, empêchement.

آنسو *ânsu*, larme.

A انشا الله تعلي *inşâ 'llah ta'âlâ*, Si Dieu le très-haut veut.

A انصاف *inçâf*, justice.

A انعام *in'âm*, prime, récompense.

A انكسار *inkisâr*, humilité, affaissement.

انكهه *ânkh*, f., œil.

انگ *ang*, corps.

انگريزي *angrêzî*, Anglais.

P انگشت *anguşt*, doigt.

انگلي *ungli*, f., doigt.

انگوٹهي *angûṭhî*, anneau de doigt, bague.

P انگور *angûr*, vigne.

HP انگورانا *angûrânâ*, faire des granulations, cicatriser.

P آواز *âwâz*, *awâz*, son, bruit, voix.

اوپر *ûpar*, au dessus.

اودهر *ûdhar*, de là, par là.

اوا *âur*, et, autre.

اوسان *âusân*, sang-froid, courage, présence d'esprit.

A اوّل *awwal*, premier, d'abord.

اونٹ *ûnt*, chameau.

اونے پونے *âunê-pâunê*, plus ou moins, à perte.

P اويز *âwêz*, note.

A اهتمام *ihtimâm*, soin, souci.

P آهسته *âhista*, doucement.

ايك *êk*, un.

ايدهر *îdhar*, d'ici, par ici.

A ايما *îmâ*, signe.

AP ايمان دار *imândâr*, honnête, fidèle.

ب

P ب، به *ba*, dans, avec, par.

HP بابا *bâbâ*, Monsieur, Seigneur, Enfant (poli) — بابا جي *bâbâ ji*, mon cher enfant.

P باپ *bâp*, père.
بات *bât*, parole, affaire.
باٹ *bâṭ*, route, chemin.
P باد *bâd*, qu'il soit.
P بادام *bâdâm*, amande.
P بادشاه *bâdṣâh*, roi.
P بادشاهانه *bâdṣâhâna*, royal.
P بادشاهت *bâdṣâhat* règne, royauté.
P بادشاهزاده *bâdṣâzâda*, prince
P بادشاهزادي *bâdṣâzâdî*, princesse.
P باديان *bâdyân*, anis.
بار *bâr*, fois, occasion, admission.
P بارگي *bârgî*, fois, tour — ايک بارگي *êk bârgî*, tout d'un coup.
باری *bârî*, tour.
A باري تعالي *bârî ta'âla*, (Dieu) le très-haut.
P باز *bâz*, de nouveau — rejeté.
P بازار *bâzâr*, bazar, marché.
P بازاری *bâzârî*, gens du bazar, gens inférieurs.
P بازديد *bâzdîd*, visite rendue.
بازو *bâzû*, bras.
P باشاد *bâṣâd*, il peut être.
A باعث *bâ'is*, cause, raison.
P باغ *bâġ*, jardin.
A باقي *bâqî*, restant.
بال *bâl*, poil, cheveu.
A بالكل *bi'lkull*, totalement, entièrement.
بالو *bâlû*, sable.
باندهنا *bândhnâ*, attacher, lier.
PT باورچي *bâwarcî*, cuisinier.
PT باورچه خانه *bâwarcî-'kâna*, cuisine (cuisinier-demeure).
AP باوصف *bâwaçf*, néanmoins, avec qualité.
باهر *bâhar*, dehors.
P باهم *bâham*, ensemble.
P باهوش *bâhôs*, bon sens, ranimé.
بتانا *batânâ*, indiquer, expliquer.
PA بتقدير *bataqdîr*, fatalement, en mesure.
بٹّا *baṭṭâ*, boite à bétel.
بٹهانا *biṭhânâ*, faire asseoir.
بٹوهي *baṭôhî*, voyageur.
بجانا *bajânâ*, sonner, retentir, exécuter.
P بجاے *bajâê*, à la place de.
بچهانا *bicânâ*, étendre.
بچنا *bacnâ*, s'échapper, se sauver.
بچه *bacca*, بچّا *baccâ*, petit enfant.
بچهونا *bichâunâ*, couche, tapis.
PA بحق *ba'haq*, en cas de, à cause de.
P بخت *ba'kt*, fortune.
P بخشش *ba'kṣiṣ*, don, libéralité.
P بخشنا *ba'kṣnâ*, donner, gratifier, accorder.
P بخود *ba'kûd*, à ou de soi-même.

A بخیل *ba'kîl*, avare.
P بد *bad*, mauvais.
P بدبخت *badba'kt*, infortune.
P بدتر *badtar*, (comp.) pire.
بدلا *badlâ*, en échange, à la place de.
بدن *badan*, face, visage.
A بدوي *badawî*, du désert, bédouin.
بدیا *bidyâ*, science, connaissance.
P بر *bar*, sur — mais.
برا *burâ*, méchant.
P برابر *barâbar*, égal, pareil.
P برپا *barpâ*, dressé, établi.
P برخورد *bar'kûrd*, succès, prospérité.
P برداري *bardârî*, transport.
برس *baras*, année.
A برق *barq*, éclair (fusil, canon).
A برقعه *burqa*, voile.
P برگزیده *barguzêda*, choisi, élu, distingué.
بڑا *barâ*, grand.
P بزرگ *busurg*, ancêtre, grand.
AP بسبب *basabab*, à cause.
P بستر *bistar*, lit, matelas.
بستي *bastî*, endroit habité.
بسنا *basnâ*, habiter, demeurer.
P بسیار *bisyâr*, nombreux, beaucoup.
A بعد *ba'ad*, après, en suite (de).
P بغداد *bağdâd*, Bagdad, n. pr.
A بقا *baqâ*, éternité, immortalité.
بکرا *bakrâ*, bouc.
بکری *bakrî*, f., chèvre, chevreau.
A بلا *bilâ*, sans.
بلانا *bulânâ*, faire appeler.
P بلکه *balki*, mais, de plus, au contraire.
بلنا *balnâ*, tourner.
P بلند *buland*, haut, élevé, supérieur.
بلوانا *bulwânâ*, faire parler à, faire appeler.
بن *ban*, forêt.
بن *ban*, quotidienneté.
بنارس *banâras*, Bénarès, n. pr.
بنانا *banânâ*, faire, former, arranger.
P بند *band*, fermeture, cessation.
P بندش *bandiş*, combinaison, conspiration.
بندهوانا *bandhwânâ*, faire attacher.
P بنده *banda*, serviteur, esclave.
بنوانا *banwânâ*, faire construire.
بنگالي *bangalî*, homme du Bengale.
بنیان *baniyân*, marchand, négociant.
P بو *bô*, odeur.
بوجهنا *bûjhnâ*, comprendre, deviner, concevoir.
بوڑھا *bûrhâ*, vieillard.

بولنا *bôlnâ* parler.

P به *ba*, avec, par.

P بها *bahâ*, valeur, prix.

بهاکها *bhâkhâ*, langage.

بهانکڑا *bhankṛâ*, parasite.

بهاي *bhâî*, frère.

بهت *bahut*, beaucoup.

P بهتر *bihtar*, meilleur.

بهتیرا *bahutêrâ*, abondant, beaucoup.

بهٹکنا *bhaṭaknâ*, errer.

بهر *bhar*, plein.

بهرا *bahrâ*, sourd.

بهرم *bharam*, caractère, réputation.

بهرنا *bharnâ*, être plein.

بهروسا *bharôsâ*, espérance.

بهڑکانا *bhaṛkânâ*, éclater, faire explosion.

بهکنا *bahaknâ*, s'égarer.

بهگو *bhigô*, humecté, trempé, mouillé.

بهگوان *bhagwân*, Dieu, divinité, Providence.

بهلا *bhalâ*, bon, brave.

بهلاي *bhalâî*, bonté, bienveillance.

بهلیا *bahalyâ*, joueur.

P بهم *baham*, ensemble.

بهن *bahin*, sœur.

بهنا *bahnâ*, couler.

بهنور *bhanwar*, gouffre, abîme.

بهنوي *bahnûî*, beau-frère (époux de la sœur).

بهوکه *bhûkh*, faim.

بهوکها *bhûkhâ*, affamé.

بهول *bhûl*, f., négligence, oubli.

بهولنا *bhûlnâ*, se tromper, oublier.

بهیا *bhayâ*, frère.

بهیت *bhît*, f., mur.

بهیجنا *bhêjnâ*, envoyer.

بهید *bhêd*, secret.

بهینت *bhînt*, f., mur.

بیاپاري *byâpârî*, commerçant.

A بیان *bayân*, explication.

بیاه *byâh*, mariage.

P بیبي *bîbî*, dame, femme.

بیتنا *bîtnâ*, arriver, tomber, passer.

A بے ثباتي *bê sabâtî*, instabilité.

بیچ *bîc*, dans, entre.

P بیچاره *bêcâra*, pauvre, sans ressource.

بیچنا *bêcnâ*, vendre.

بیٹهنا *bâiṭhnâ*, s'asseoir, se poser.

بیٹا *bêṭâ*, fils.

بیٹی *bêṭî*, fille.

P بید مشك *bêd muṣk*, saule odoriférant.

P بیدار *bêdâr*, éveillé.

P بیدم *bêdam*, sans souffle.

بيرا *bîrâ* ou بيڑا *bîṛâ*, chique de bétel et d'arec.

بيرن *bîran*, frère.

A بيرحم *bêra'hm*, sans pitié.

بے سبب *bê-sabab*, sans cause.

P بے سر و پا *bê sar ô pâ*, malheureux (sans tête et pied).

P بيس *bêṣ*, supérieur, grand.

P بيشتر *bêṣtar*, plus, mieux, le plus, en général.

AP بيطرح *bêtara'h*, sans façon, inhumainement.

AP بے فكري *bê-fikrî*, absence de préoccupation.

P بيگ *bêg*, chef.

P بيگانه *bêgâna*, étranger.

بيربل *bîrbâl*, Birbal, n. pr.

A بے لوث *bê laus*, sans tache.

P بيمار *bîmâr*, malade.

P بيمارپرسي *bîmârpursî*, visite aux malades.

HP بيوا *bêwâ*, veuve.

A بيوفا *bê-wafâ*, sans foi.

P بيوه *bêwa*, veuve.

AP بے وقوف *bê wuqûf*, imbécile, sans intelligence.

P بيهوش *bêhôṣ*, privé de ses sens.

پ

P پا *pâ*, pied.

پاٹ *pâṭ*, pierre.

P پاپياده *pâ-piyâda*, à pieds.

پاچهين *pâchên*, derrière.

پار *pâr*, de l'autre côté.

پارچهه *pârcha*, morceau.

پاس *pâs*, auprès.

P پاس *pâs*, garde, veille, espace de trois heures.

P پاسبان *pâsbân*, sentinelle.

P پاكيزه *pâkîza*, propre, pur, chaste.

پاگ *pâg*, turban.

پان *pân*, bétel.

پانا *pânâ*, obtenir, trouver.

پاني *pânî*, m., eau.

پاو *pâô*, *pâw*, un quart.

پتا *patâ*, marque, adresse.

پتلي *putlî*, poupée, pupille (de l'œil).

پتّهر *patthar*, pierre.

پٹا پٹي *paṭṭâ*, *paṭṭî*, bandage.

پچتانا *pactânâ*, regretter.

P پدر *padar*, père.

پر *par*, sur — mais.

P پر *par*, aile.

پرجا *parjâ*, *prajâ*, sujet.

A پرجفا *perjafâ*, très inique.

پرچا *parcâ*, épreuve, témoin.

P پرده *parda*, rideau, voile.

P پركاله *parkâla*, part, portion.

P پرنده *paranda*, aile, volant.

P پرورش *parwariṣ*, protection, nourriture.

P پرهيزگار *parhêzgâr*, sage, abstinent.

P پری *pari*, péri, fée.
P پریشان *parêšân*, troublé, en désordre.
P پریشانی *parêšânî*, désordre, dispersion.
پڑنا *paṛnâ*, tomber, s'arrêter, atteindre, arriver à.
پڑھنا *paṛhnâ*, lire, réciter.
پڑوس *paṛôs*, voisinage.
P پس *pas*, ensuite.
P پسر *pusar*, enfant, fils.
پسرنا *pasarnâ*, se répandre, s'étendre, s'ouvrir.
P پستہ *pista*, pistache.
P پسند *pasand*, approuvé.
پسینا *pasîna*, sueur.
پکّا *pakkâ*, parfait.
پکار *pukâr*, cri d'appel.
پکڑنا *pakaṛnâ*, prendre, saisir.
پکوان *pakwân*, mets cuit.
پگڑی *pagṛî*, turban.
پلانا *pilânâ*, abreuver, faire boire.
پلاو *pulâô*, pilau, ragoût.
P پناہ *panâh*, protection.
پنجرا *pinjrâ*, cage.
پندرہ *pandra*, quinze.
پوچھنا *pûchnâ*, demander.
P پوشاک *pôšâk*, f., vêtement.
P پوشیدہ *pôšîda*, caché.
پونا *pônâ*, moins un quart.
پہ *pah*, sur.

پہاڑ *pahâṛ*, montagne, objet terrible, charge, ennui.
پھاڑنا *phâṛnâ*, déchirer, rompre.
پھایا *phâyâ*, rame (de coton), emplâtre.
پھر *phir*, ensuite, de nouveau.
پہر *pahar*, veille, huitième du jour (3 heures).
پھرای *phirâî*, tour.
پھرنا *phirnâ*, retourner, revenir.
پھل *phal*, fruit.
پھلانا *phalânâ*, fructifier, mûrir.
P پہلوان *pahlawân*, brave, héros.
P پہلوانی *pahlwânî*, bravoure, héroïsme.
پہلا *pahlâ*, premier.
پہلے *pahlê*, d'abord.
پہنچانا *pahuncânâ*, faire arriver, conduire, amener.
پہنچنا *pahuncnâ*, arriver, atteindre.
پہننا *pahannâ*, s'habiller, se vêtir.
پھیرنا *phêrna*, tourner.
پیار *piyâr*, *pyâr*, affection, amour.
P پیاز *piyâz*, oignon.
پیٹ *pêṭ*, estomac, ventre.
پیٹنا *pîṭnâ*, battre, frapper.
پیٹھ *pîṭh*, dos.

پيٹھنا *pâithnâ*, entrer, pénétrer.
پيچھلا *pichlâ*, dernier.
پيچھے *pichê*, en suite de, par derrière.
P پيدا *pâidâ*, né, créé, produit.
P پيدايش *pâidâyiṣ*, enfance.
P پير *pîr*, père spirituel, guru, saint.
پيڑھي *pîrhî*, génération.
پيسا *pâisâ*, monnaie de cuivre, sou (quart d'anna).
P پيش *pêṣ*, devant, en avant.
P پيش پاس *piṣ pâs*, broiement.
پينا *pinâ*, boire.
پينتاليس *pâintâlis*, quarante-cinq.
P پيوست *pâiwast*, jonction, communication.

ت

P تا *tâ*, que, tant que.
تابڑتوڑ *tâbartôr*, coup sur coup.
تاپ *tâp*, chaleur, fièvre, douleur.
A تاجر *tâjir*, marchand.
P تاخت *tâ'kt*, attaque.
P تازه *tâsa*, jeune.
P تازيانه *tâziyâna*, fouet, lanière, mèche de fouet.
P تاك *tâk*, niche dans le mur.
P تاكه *tâki*, de sorte que.
A تاكيد *tâkid*, insistance.
تب *tab*, alors.
P تبر *tabar*, cognée.
AP تبيعت *tabi'yat*, suite, conséquence, dépendance, résultat.
تپ *tap*, m., pénitence.
P تپ *tap*, f., fièvre, chaleur.
A تجّار *tajjâr*, marchands (pl. de تاجر *tâjir*).
AP تجارت *tijârat*, commerce.
A تحصيل *ta'hçîl*, acquisition.
A تحفه *ta'hfa*, précieux.
A تخت *ta'kt*, siège, trône.
تد *tad*, alors.
A تدبير *tadbîr*, résolution.
P تر *tar*, frais, jeune.
P تراش *tarâṣ*, coupure.
P تربتر *tarbatar*, inondé, noyé.
AP تربيت *tarbiyat*, éducation, correction.
A تردّد *taraddud*, hésitation, refus.
P ترش *taraṣ*, sûr, acide.
A ترك *tark*, abandon.
A تسلي *tasallî*, consolation, soutien, confiance.
A تسليم *taslîm*, salutation.
AP تسليمات *taslîmât*, salutations, compliments.
A تشفي *taṣaffî*, consolation, rétablissement.
A تشريف *taṣrîf*, honneur.
A تصحيح *taçhî'h*, correction, amélioration.
A تصديع *taçdî'*, affliction, chagrin.

A تصرّف *taçarruf*, possession.
A تصوّر *taçawwur*, pensée, ré-flexion.
A تعجب *ta'ajjub*, étonnement, admiration.
A تعريف *ta'arîf*, louange.
A تعظيم *ta'azîm*, respect, civilité.
A تعلق *ta'alluq* (pl. تعلقات *ta'alluqât*), parenté.
A تعليم *ta'alîm*, enseignement.
A تعمير *ta'amîr*, construction.
A تفاوت *tafâwat*, distance, éloignement.
A تقدير *taqdîr*, destin.
A تقريب *taqrîb*, approche, mention.
تك *tak*, jusqu'à, tant que.
P تكّا *tikkâ*, petit morceau (de viande).
A تكلف *takalluf*, profusion, abondance.
P تكيه *takiya*, appui, confiance.
TP تلاش *talâș*, recherche.
A تلف *talaf*, perte.
تلك *talak*, jusque.
تلوار *talwâr*, épée, sabre.
HP تلواربازي *talwârbâzî*, maniement du sabre.
تلے *talê*, au dessous.
تم *tum*, vous — تمهارا ou تمارا (dial.), de vous.
P تماشا *tamâșâ*, vue, spectacle.
P تماش بيني *tamâș bînî*, licence, frottement.
A تمام *tamâm*, entier, achevé, tout.
A تمرهندي *tamrhindî*, tamarin.
P تن *tan*, corps.
A تنبّه *tanabbu*, avis, avertissement.
P تن تنها *tan tanhâ*, seul, seulement.
P تنها *tanhâ*, seul.
تو *tô*, alors.
تو *tû*, toi.
A تواضع *tawâçu'*, présent, cadeau.
P تواناي *tawânâî*, pouvoir, puissance.
توڑ *tôṛ*, explosion, invasion.
توڑا *tôṛâ*, bourse.
توڑنا *tôṛnâ*, briser, détruire.
A توكّل *tawakkul*, confiance.
تهانبنا *thânbnâ*, se soutenir.
A تهجد *tahajjud*, prière de la veillée.
تهم *tham*, tige, pilier, colonne.
تهوڑا *thôṛâ*, petit.
A تيار *taiyâr*, prêt.
AP تيّاري *taiyârî*, préparation.
P تير *tîr*, flèche.
P تيز *têz*, acre, piquant.
تيس *tîs*, trente.
تيسرا *tîsrâ*, troisième.
تيل *têl*, huile.
P تيمارداري *timârdârî*, soin, entretien.

تیمور *tîmûr*, Timour, n. pr.

تین *tîn*, trois.

ٹ

ٹانکا *ṭânkâ*, épingle.

ٹکا *ṭakâ*, petite monnaie de cuivre.

ٹکر *ṭakkar*, attaque, querelle, rivalité.

ٹکڑا *ṭukṛâ*, morceau.

ٹوپی *ṭôpî*, chapeau, bonnet.

ٹوٹنا *ṭûṭnâ*, tomber, se briser.

ٹھڈی *ṭhuḍḍî*, grain séché.

ٹھکانا *ṭhikânâ*, endroit déterminé.

ٹہلنا *ṭahalnâ*, se promener.

ٹھنڈا *ṭhanḍâ*, froid.

ٹھور *ṭhâur*, endroit, place.

ٹھہرانا *ṭhahrânâ*, établir, poser, fixer.

ٹھہرنا *ṭhaharnâ*, se fixer, s'établir.

ٹیکا *ṭîkâ*, marque.

ث

AP ثابت خانی *sâbit 'hânî*, soldat d'escorte.

A ثواب *sawâb*, récompense.

ج

P جابجا *jâbajâ*, çà et là.

P جادوگر *jâdûgar*, sorcier.

جاگنا *jâgnâ*, se réveiller.

A جامع *jâmi'*, réunion, réunissant.

P جامی *jâmî*, Jâmi, n. pr.

P جان *jân*, âme, vie.

P جان کندنی *jân kandanî*, agonie de vie.

P جانکنی *jânkanî*, agonie.

جانا *jânâ*, aller.

A جانب *jânib*, vers, adv.

جاننا *jânnâ*, connaître.

P جانور *jânwar*, animal.

P جایزه *jâyiza*, examen, vérification, récompense.

جب *jab*, quand, lorsque.

جتانا *jatânâ*, faire connaître, faire savoir.

جد *jad*, quand, lorsque.

P جدا *judâ*, séparé, à part.

جدهر *jidhar*, d'où, par où.

A جرات *jurât*, effort, courage.

A جرّاح *jarrâḥ*, chirurgien.

AP جرّاحی *jarrâḥî*, chirurgie.

جڑاو *juṛâô*, pierre précieuse, joyau.

A جزی *juzî*, partie.

جس *jas*, renommée.

P جست *jast*, saut, bond.

جگ *jug*, âge, époque.

P جگر *jigar*, foie, cœur, esprit, pensée, réflexion.

جگه *jagah*, endroit, place.

A جلد *jald*, vite.

AP جلدی *jaldî*, vitesse.

جلنا *jalnâ*, brûler, s'émouvoir, s'emporter.

جلنا *julnâ*, se rencontrer, s'unir.

A جمال *jamâl*, beauté.
A جمع *jama'*, réunion.
جن *jan*, être, homme.
A جنس *jins*, genre, objet, article.
جنگل *jangal*, forêt.
جو *jô*, si, quand, que, ce que.
A جواب *jawâb*, réponse.
جوار *jawâr*, flot.
جوالامکهي *jwâlâmukhî*, volcan sacré.
جوان *jawân*, jeune, jeune homme.
P جوان مردي *jawân mardî*, générosité.
جواني *jawânî*, jeunesse.
جوتا *jôṭa*, paire, couple.
جوڑنا *joṛnâ*, joindre, unir.
جوگي *jôgî*, Yôgi, pénitent contemplatif.
جون *jôn*, quand, comme.
جون تون *jôn tôn*, tel que, d'une façon quelconque
جونهين *jônhin*, aussitôt que.
PA جوهر *jauhar*, joyau, bijou.
A جهاز *jahâz*, navire.
P جهان پناه *jahân panâh*, protection du monde (titre).
جهروکها *jharôkhâ*, fenêtre, jalousie.
جهنکار *jhankâr*, tapage.
جهوٿه *jhûṭh*, fausseté, mensonge.
جهوٿها *jhûṭhâ*, faux, mensonger.
جي *jî*, vie, cœur, Maître.
جيتنا *jîtnâ*, vaincre, dominer.
جيسا *jâisâ*, quel.
جينا *jînâ*, vivre.

چ

چار *câr*, quatre.
P چاک *câk*, déchirement, rupture.
P چاکر *câkar*, domestique, serviteur.
چاليس *câlîs*, quarante.
چاند *când*, lune, mois.
چاهنا *câhnâ*, désirer.
SP چاه و چوز *câh ô côz* ou چا و چوز *câ ô côz*, affection, tendresse.
چبانا *cabânâ*, mordre, ronger, croquer.
چپ *cup*, silence.
چپکا *cupkâ*, silencieux.
چٿهي *ciṭhî*, lettre, note.
P چراغ *cirâg*, lampe.
چرانا *curânâ*, détourner.
چرچا *carcâ*, récitation, rumeur.
چرنا *carnâ*, manger, paître.
چرواها *carwâhâ*, pasteur.
چڑهانا *caṛhânâ*, faire monter.
چڑهنا *caṛhnâ*, monter, arriver, ramper.
P چشم *caśm*, œil.
چکنا *cuknâ*, finir, terminer.

چکّي ***cakkî***, moulin, meule.

چلانا ***calânâ***, faire sortir, faire marcher.

چلنا ***calnâ***, sortir, partir, marcher.

چلون ***cilwan***, f., rideau, store.

P چمچا ***camcâ***, cuillère.

چمڑا ***camṛâ***, peau, cuir.

چمکنا ***camaknâ***, briller.

P چنانچه ***cunânci***, comme, pour ainsi dire, ainsi que.

P چند ***cand***, quelque, combien.

چند ***cand***, mois, lune.

چنگا ***cangâ***, bon, en bonne santé.

چو ***câu***, quatre.

چوانا ***cuwânâ***, faire couler.

P چوب ***cûb***, bâton, masse.

چوٹ ***côṭ***, coup.

چوده ***câuda***, quatorze.

چور ***côr***, voleur.

چوکي ***câukî***, garde.

چونا ***cûnâ***, couler, s'écouler.

چهاتي ***châtî***, poitrine.

چهاگل ***châgal***, outre.

چهت ***chat***, chambre, cellule.

P چهار ***cahâr***, quatre.

P چهارپاي ***cahârpâî***, estrade, lit (à quatre pieds).

P چهره ***cihra***, visage, face.

P چهلم ***cihlum***, quarantième (jour).

چهلنا ***chilnâ***, se frotter, peler.

چهوٹ ***chûṭ***, séparation, division.

چهوٹا ***chôṭâ***, petit.

چهوڑ ***chôṛ*** (gér.), outre, excepté, non-seulement.

چهوڑنا ***chôṛnâ***, laisser, abandonner.

چهيجنا ***chîjnâ***, décroître, diminuer, être enlevé.

P چيز ***cîz***, chose.

ح

A حاجب ***‘hâjib***, portier.

A حاذق ***‘hâziq***, habile.

A حاصل ***‘hâçil***, produit.

A حاضر ***‘hâẓir***, présent.

A حافظ ***‘hâfiz***, protecteur.

A حاکم ***‘hâkim***, juge, magistrat.

A حال ***‘hâl***, état, condition.

AP حالت ***‘hâlat***, état, situation.

A حبس ***‘habs***, prison.

A حجّام ***‘hajjâm***, barbier.

A حد ***‘hadd***, à l'excès.

A حرام ***‘harâm***, défendu, mauvais.

AP حرکت ***‘harkat***, mouvement.

AP حرمزاده ***‘harmzâda***, bâtard, fils de courtisane.

A حسن ***‘husn***, beauté.

AP حشرات ***‘haṣarât***, bruit confus.

AP حضرت ***‘huzrat***, présence, Majesté.

A حضور ***‘huzûr***, présence, Majesté.

A حق ***‘haqq***, juste, Dieu.

AP حقارت *'haqârat*, dédain, mépris.

AP حقيقت *'haqîqat*, histoire, récit.

A حكم *'hukm*, ordre.

AP حكمي *'hukmî*, ordonné, obéissant.

A حكيم *'hakîm*, sage, philosophe, médecin.

AP حكيمي *'hakîmî*, médecine.

A حلق *'halq*, gorge.

A حلقوم *'halqûm*, gorge.

A حلوا *'halwâ*, gâteau.

A حمّام *'hammâm*, bain.

AP حمله *'hamlah*, attaque.

A حواس *'hawâs*, les sens.

AP حواله *'hawâla*, possession, confiance, remise.

A حوض *'hôç*, citerne, réservoir, fontaine.

AP حويلي *'hawêlî*, demeure, district.

A حيا *'hayâ*, honte, pudeur.

AP حيراني *'hâirânî*, trouble, fatigue.

A حيله *'hîla*, ruse, fraude.

خ

AP خاصّا *'hâççâ*, superbe, noble.

PA خاصّ بردار *'hâççbardâr*, héraut, porteur d'armes.

AP خاصدان *'hâçdân*, porte-manteau.

AP خاصه *'hâça*, privé, particulier, noble, superbe.

A خاطر *'hâtir*, esprit, cœur, en faveur de, pour (ordinairement f., dial. m.).

AP خاطرجمعي *'hâtirjâmî*, tranquillité.

AP خاطرداري *'hâtirdârî*, encouragement.

P خاك *'hâk*, cendres, poussière.

P خاكروب *'hâkrûb*, balayeur.

A خاله *'hâla*, tante paternelle.

A خالي *'hâlî*, inoccupé, vide.

P خام *'hâm*, rude, vain, imparfait.

P خاموش *'hâmôs*, silencieux.

P خاندان *'hândân*, famille, maison.

P خانمان *'hânmân*, mobilier, ménage.

P خانه *'hâna*, maison, demeure.

P خانه دار *'hâna-dâr*, maître de maison.

A خبر *'habar*, nouvelle.

AP خبردار *'habardâr*, attentif.

P خدا *'hudâ*, Dieu («sa propre loi»).

P خداپرست *'hudâparsat*, adorant Dieu.

P خدانخواسته *'hudâ na 'hâsta*, Dieu ne veuille pas.

P خداوند *'hudâwand*, Maître, seigneur.

AP خدمت *'hidmat*, service.

PA خدمتگار *'kidmatgâr*, serviteur.
AP خرج *'karc*, dépense, fourniture.
P خرگوش *'kargôs*, lièvre.
P خريد *'karîd*, achat.
PA خزانه *'kazâna*, trésor.
AP خسته حالي *'kasta-'hali*, affliction, détresse.
P خشک *'kuşk*, sec.
P خشکه *'kuşka*, riz cuit à l'eau.
AP خصم *'kaçam*, mari.
A خصوصًا *'kuçuçan*, particulièrement.
A خطّ *'kati*, lettre, ligne.
A خطا *'katâ*, faute.
A خطاب *'kitâb*, titre, appellation, discours.
A خطوط *'kutût*, lettres, lignes.
P خفا *'kafa* ou خفه *'kafa*, en colere, contrarié.
P خفگي *'kafagi*, colère.
A خلاص *'kalâç*, délivrance.
A خلاف *'kilâf*, fausseté.
A خلافت *'kilâfat*, khalifat.
AP خلعت *'kil'at*, robe d'honneur.
A خلق *'kalq*, créature.
AP خلقت *'kilqat*, création.
AP خلوت *'kilwat*, retraite, appartement.
AP خمسه *'kamsa*, cinq.
P خواب *'kâb*, songe, sommeil.
P خواجه *'kâjah*, maître.
P خوار *'kâr*, souffrant, pauvre.
P خوان *'kân*, lecture, récitation — lecteur.
P خواني *'kânî*, lecture, récitation.
P خواهان *'kâhân*, désirant.
P خواه *'kâh*, content, désirant.
P خواهش *'kâhiş*, désir.
P خوب *'kûb*, bien, bon.
P خوبي *'kûbî*, excellence.
P خود *'kûd*, soi-même.
P خودنما *'kûdnumâ*, vain, présomptueux.
P خورجي *'kûrjî*, porte-manteau.
P خوردني *'kûrdanî*, provisions, vivres.
P خورش *'kûriş*, nourriture.
P خوش *'kuş*, agréable, content.
P خوشامد *'kuşâmad*, flatterie.
P خوشامدی *'kuşâmadî*, flatteur.
P خوشي *'kuşî*, contentement.
P خون *'kûn*, sang.
P خوني *'kûnî*, meurtrier, sanguinaire.
A خيال *'kiyâl*, imagination.
A خير *'kâir*, bonne santé.
A خيرات *'kâirât*, aumône, charité.
AP خيريت *'kâiriyat*, sûreté, sécurité.

د

A داخل *dâ'kil*, entrée.
A دار *dâr*, maison.
P دارو *dârû*, remède.

P داگ *dâg* (داغ *dâg*) manque, dommage.

دال *dâl*, légumes.

P دامادي *dâmadî*, état de gendre.

P دانـا *dânâ* ou دانه *dâna*, grain, nourriture.

P دانا *dânâ*, sage, savant.

P داناي *dânâî*, sagesse, science.

دانت *dânt*, dent, défense.

P دانستاگي *dânistâgî*, science, connaissance.

دانگ *dâng*, nom d'un poids.

P داني *dânî*, libéral, charitable.

دبنگ *dabang*, informe, rude, barbare.

AP دجله *dajla* (le recouvreur), le Tigre, n. pr.

P دختر *du'htar*, fille.

P در *dar*, porte.

P در *dar*, dans.

P دراز *darâz*, long.

P دربار *darbâr*, cour, audience publique.

P دربان *darbân*, portier.

P درخت *dara'kht*, arbre.

دخرچي *da'kharchî*, prodigalité.

P دركار *darkâr*, nécessaire.

درگاه *dargâh*, endroit, empire.

AP درم *diram*, monnaie d'argent (drachme).

P درمن *darman*, médecine.

P درميان *darmiyân*, entre, parmi, dans, au milieu de.

P درنده *daranda*, féroce, cruel.

P دروازه *darwâza*, porte.

P درويش *darwêş*, derviche.

P دريا *daryâ*, m., eau, fleuve, mer.

P دريافت *daryâft*, connaissance, conviction.

P درياي *daryâî*, marin.

P دريده *darîda*, brisé, rompu.

دس *das*, dix.

P دست *dast*, main.

P دست ياب *dast-yâb* (qui obtient la main), ami, compagnon.

P دسترخوان *dastar-'kân*, nappe.

P دستور *dastûr*, premier ministre, vizir, maître.

P دشمن *duşman*, ennemi.

P دشوار *duşwâr*, difficile.

A دعا *duâ*, prière.

P دعويدار *da'wîdar*, réclamant, demandant.

AP دفعه *dafa'a*, tour, fois.

A دق *diqq*, irrité, ennuyé, troublé.

A دقيق *daqîq*, difficile.

دكهانا *dikhânâ*, montrer, faire voir.

دكهاي *dikhâî*, apparition.

دكهلانا *dikhlânâ*, montrer.

دل *dil*, cœur, esprit.

P دلدر *daliddar*, pauvreté.

دلّي *dillî* Delhy, n. pr.

P دم *dam*, souffle, moment.

P دم بدم *dam ba dam*, continuellement.

A دماغ *dimâġ*, vanité.

P دمشق *dimasq*, Damas.

دمڑي *damṛî*, petite pièce de cuivre.

A دمکنا *damakná*, étinceler.

دن *din*, jour.

دن بدن *din ba din*, continuellement, jour par jour.

P دند *dand*, dent.

A دنيا *dunyâ*, monde présent.

دو *dô*, deux.

A دوا *dawâ* (pl. دوانيان *dawâiniyân* et دواين *dawâîn*), f., remède, médecine.

دو پٹا *dô paṭṭâ* (deux largeurs), voile.

دودھ *dûdh*, lait.

دور *dûr*, loin.

دوسرا *dûsrâ*, second, autre.

P دوست *dôst*, ami.

P دوستي *dôstî*, amitié.

دوش *dôs*, crime, faute.

PA دوکان *dûkân*, boutique.

P دوکاندار *dûkândâr*, boutiquier.

دوگنا *dôgunâ*, deux fois répété.

AP دولت *daulat*, richesse, fortune.

P دولتمند *daulatmand*, riche, prospère.

دونا *dûnâ*, double.

P دوم *duwum*, second, secondaire, inférieur.

P دهان *dahân*, bouche, orifice.

دهانا *dhânâ*, se précipiter, labourer.

دهاوا *dhâwâ*, hâte, course.

دهرنا *dharnâ*, mettre, placer, tenir.

P دهل *duhal*, tambour.

دهلي *dihlî*, Delhy, n. pr.

P دهليز *dahlîz*, varangue, portique.

دهوپ *dhûp*, encens, parfum, chaleur solaire.

دهونا *dhônâ*, laver, nettoyer.

دهوني *dhûnî*, fumée, fumigation.

دهي *dahî*, lait caillé.

دهيان *dhyân*, méditation, attention.

دوڑنا *dauṛnâ*, courir.

ديا *diyâ*, lampe.

P ديد *dîd*, vue, spectacle.

P ديدار *dîdâr*, vue, entrevue.

HP ديدارو *dîdârû*, beau, digne d'être vu.

P دير *dêr*, délai, intervalle.

ديس *dês*, pays.

ديکهنا *dêkhnâ*, voir.

دينا *dênâ*, donner.

دين *dîn*, pauvre.

A دين *dîn*, la religion.

P دينار *dînâr*, f., pièce de monnaie (denier).

P ديو *dêw*, *dêw*, mauvais génie (dieu).

P ديوار *dîwâr*, mur.

P ديوان *dîwân*, cour, tribunal, ministre.

P ديوان خانه *dîwân-'kâna*, salle d'audience.

ڈ

ڈاکا *ḍâkâ*, vol, pillage.

ڈالنا *ḍâlnâ*, secouer, jeter.

ڈبڈبانا *ḍabḍabânâ*, se répandre, être inondé, être couvert.

ڈبیا *ḍibiyâ*, petite boite.

ڈر *ḍar*, peur, crainte.

ڈرنا *ḍarnâ*, craindre, avoir peur, trembler.

ڈلوانا *ḍalwânâ*, faire jeter, abattre.

ڈنڈوت *ḍanḍwat*, salut, prosternement.

ڈوبنا *ḍûbnâ*, se plonger, s'enfoncer.

ڈورا *ḍôrâ*, fil, cordon.

ڈھکوسنا *ḍhakôsnâ*, avaler gloutonnement.

ڈھلیت *ḍhalayit*, garde armé.

ڈھونڈھنا *ḍhûnḍhnâ*, chercher.

ڈیٹھبندي *ḍîṭhbandî*, enchantement de la vue.

ذ

A ذبح *zabh*, meurtre.

P ذرّا *zarrâ* ou ذرّه *zarra*, atome, morceau, un peu.

رات *rât*, nuit.

راجا *râjâ*, roi.

P رازنیاز *râzniyâz*, communication secrète.

P راستی *râstî*, loyauté, justesse.

راکس *râkas*, Râkchasa, ogre, géant.

رامیسوار *Râmêsvar*, Ramêçvara, n. pr.

P ران *rân*, cuisse.

راني *rânî*, reine, princesse.

P راه *râh*, f., route.

HP راهبات *râhbât*, grande route.

AP رتبه *rutba*, marche, degré, qualité, dignité.

AP رحلت *ri'hlat*, voyage, départ.

A رحم *ra'hm*, miséricorde, pitié.

A رخ *ru'k*, face.

AP رخصت *ru'kçat*, congé.

P رسائي *rasâyî*, arrivée, accès, rapidité.

A رسم *rasm*, habitude.

رسي *rassî*, petite corde, ficelle.

P رشته *rista*, parent, apparenté.

AP رفاقت *rifâqat*, société, compagnie.

P رفت *raft*, il est allé; voir آمد.

P رفته *rafta*, allé, passé.

A رفیق *rafîq*, compagnon, suivant.

AP رقّت *riqqat*, cordialité, affection.

ركهنا *rakhnâ*, placer, garder.

ركهوال *rakhwâl*, gardien.

ركهوالي *rakhwâlî*, protection, garde.

ركهوانا *rakhwânâ*, faire placer.

A رمضان *ramaẓân*, Ramazân (9e mois musulman).

رمنا *ramnâ*, aller, se promener.

رنگ *rang*, couleur, plaisir.

رنگت *rangat*, tempérament.

P روانه *rawâna*, voyageant, parti.

P روبرو *rûbarû*, face à face, en face.

روپيا *rûpiyâ* ou روپيه *rûpiya*, argent, roupie, pièce d'argent valant de 1 fr. 50 à 2 fr.

روٹي *rôṭî*, pain.

P روز *rôz*, jour.

P روزنامه *rôznâma*, éphéméride, quotidienneté.

P روسياه *rûsiyah*, effrayant, laid.

P روشن *rôṣan*, brillant, lumineux.

P روشني *rôṣnî*, lumière, splendeur.

A روح *rûh*, âme, esprit.

رونا *rônâ*, pleurer.

روئي *rûyî*, coton.

P ره *rah*, route, chemin.

P رهبر *rahbar*, guide, conducteur.

P رهبري *rahbarî*, indication de route, conduite.

رهنا *rahnâ*, demeurer.

AP رياضت *riyâẓat*, austérité, discipline.

ريتي *rêtî*, file.

P ريزه *rêza*, pièce, morceau.

P ريزي *rêzî*, écoulement.

P ريش *rîṣ*, barbe.

ز

P زانو *zânu*, genou.

A زاهد *zâhid*, ermite, religieux.

P زبان *zabân*, langage.

P زباني *zabânî*, de ou par la langue, verbal.

P زبر *zabar*, dessus, par dessus.

زٹل *zaṭal*, f., conte, facétie.

P زخم *za'km*, blessure.

P زخمي *za'kmî*, blessé.

P زربافت *zarbâft*, brocard.

P زرد *zard*, jaune.

A زرق‌برق *zarq-barq*, éclat, splendeur.

AP زمان *zamân*, زمانه *zamâna*, temps, monde.

P زمين *zamîn*, terre.

P زن *zan*, femme

زندگي *zindagî*, vie, existence.

P زنده *zinda*, vivant.

P زور *zôr*, force.

P زهي *zahî*, زهي *zihî*, bravo, très-bien.

P زياده *ziyâda*, plus, exagérément.

زياد *ziyâd*, plus, d'avantage.

AP زيارت *ziyârat*, visite de cérémonie.

P زيبا *zêbâ*, beau, orné.

P زیر *sêr*, sous, au dessous.
P زیر و زبر *sêr ô sabar*, dessous et dessus.
P زین پوش *sîn-pôs*, tapis de selle.

س

سا *sâ*, tel, semblable.
سات *sât* pour ساتھ.
ساتھ *sâth*, en compagnie, avec.
سادھو *sâdhû*, honnête.
سارا *sârâ*, entier.
P ساز *sâs*, harnais, accoutrement.
A ساعت *sâ'at*, moment, temps.
P سال *sâl*, année.
P سامان *sâmân*, appareil, provisions.
سامنے *sâmné*, en face, devant.
سامھنے *sâmhnê*, en face, devant.
سان *sân*, signe, marque.
سانپ *sânp*, serpent.
P سایا *sâyâ* ou سایه *sâya*, ombre (protection).
سب *sab*, tout.
A سبب *sabab*, à cause de.
P سبز *sabs*, vert, fleurissant.
سبکی *subkî*, abois, agonie.
P سپاه *sipâh*, armée.
P سپاهگری *sipâhgarî*, état militaire.
P سپاهی *sipâhî*, soldat.
P سپرد *supard*, confié.
ستی *sitî*, de, à, avec.
AP سجده *sijda*, cérémonie cultuelle.
سچ *sac*, vrai.
P سخت *sa'ht*, difficile, dur.
P سخن *su'kan*, discours.
سد *sadd*, mot, bruit.
سدهارنا *sidhârnâ*, s'éloigner.
P سر *sir*, *sar*, tête.
P سراپا *sarâpâ*, de la tête aux pieds.
P سرآمد *sar-âmad*, accompli, maître, chef.
P سرانجام *sarânjâm*, attirail, ustensiles.
P سرانديب *sarândîb*, Ceylan, (Ile d'or).
P سربسر *sarbasar*, complètement.
P سرخ *sar'k*, rouge.
P سرد *sard*, froid, refroidi.
P سردار *sardâr*, chef.
P سرداری *sardârî*, commandement.
سرسای *sarsâî*, accroissement, abondance.
P سرفراز *sarfarâz*, élevé, distingué.
P سرکار *sarkâr*, chef, gouverneur.
P سرکاری *sarkârî*, Gouvernement, Cour.
سرکانا *sarkânâ*, éloigner, remuer.
P سرکه *sirka*, vinaigre.
P سرگذشت *sarguzast*, f., évènement.

P سرگردانی *sargardâni*, étonnement, affliction.

P سروچشم *sar-ô-casm*, entièrement (tête et œil).

سری *sri*, *siri*, bonheur, prospérité, succès.

P سریپاؤ *sirêpâô*, serpeau, robe d'honneur.

سسرال *susrâl*, maison du beau-père.

A سفر *safar*, voyage.

P سفید *sufâid*, *sufêd*, blanc.

سکت *sakat*, force, pouvoir.

P سکنجبین *sikanjabîn*, vinaigre et miel, miel vinaigré.

P سکونت *suhûnat*, résidence, demeure.

سکنا *saknâ*, pouvoir.

سکھانا *sikhânâ*, enseigner.

A سلام *salâm*, salut, paix.

سلانا *sulânâ*, endormir.

A سلطان *sultân*, Sultan.

AP سلطنت *saltanat*, empire, royauté.

A سلف *salaf*, passé, trafic.

A سیر *sâir*, promenade.

سلوانا *silwânâ*, faire tisser.

سلوک *sulûk*, politesse.

سمبھلنا *sambhalnâ*, se tenir, être soutenu.

A سمجھنا *samajnâ*, comprendre.

سمیت *samêt*, réuni, avec.

سمینت *samêt*, tour, le tour

سن *sun*, étonné, ahuri.

سناٹا *sunnâṭâ*, grand bruit, cris.

سنسان *sunsân*, silencieux, désert.

سنسنانا *sunsunânâ*, s'évanouir.

P سنگ *sang*, pierre.

سننا *sunnâ*, entendre, écouter.

سَو *sâu*, cent.

P سوار *sawâr*, cavalier.

A سوال *sawâl*, demande.

P سواے *siwâê*, excepté, outre.

سوجنا *sûjnâ*, s'enflammer, se gonfler.

سوجھتا *sûjhtâ*, arrangement.

P سوختہ *sû'kta*, brûlé.

P سودا *sâudâ*, commerce, trafic.

P سوداگر *sâudâgar*, commerçant, marchand.

P سوداگری *sâudagari*, commerce.

P سودے والا *saudêwâlâ*, fruitier, marchand de vivres.

P سوراخ *sûrâ'k*, trou.

سورج *sûraj*, soleil.

P سوزش *sôzis*, ardeur, brûlure.

سونپنا *sônpnâ*, livrer, remettre.

سوہن *sôhan*, beau, agréable, bonbon.

سے *sê* avec, de, à.

سیانا *siyânâ*, sage, mûr, prudent.

سیت بندہ *sêtubandh*, Sêtubandha, n. pr. (le pont de Râma).

P سير *sîr*, plein, rassasié, lassé.

سيکهنا *sîkhnâ*, apprendre.

سيلي *sîlî*, montagneux.

سين *sîn*, pour سے *sî*.

سينا *sînâ*, coudre.

P سينه *sîna*, giron, sein.

ش

P شاد *şâd*, joyeux, heureux, agréable.

P شادي *şâdî*, joie, plaisir, union, mariage.

P شاديانه *şâdiyâna*, réjouissance.

P شاعري *şâ'irî*, art poétique.

P شاکي *şâkî*, plaignant.

P شام *şâm*, soir.

P شاه *şâh*, roi, prince.

P شايد *şâyad*, il se peut, peut-être.

A شائق *şâyiq*, amateur passionné.

P شب *şab*, nuit.

AP شبهه *şubha*, doute.

P شتابي *şitâbî*, promptitude.

A شخص *şa'kç*, individu, personne, corps.

P شد *şud*, il fut.

A شراب *şarâb*, vin.

AP شربت *şarbat*, sorbet, boisson.

HA شرت *şart* (pour شرط *şart*), gage, enjeu, condition.

P شرم *şarm*, honte.

P شرمندگي *şarmandagî*, infortune, modestie.

A شروع *şurû'*, commencement.

A شعر *şi'r*, poésie.

P شعلا *şu'lâ*, flamme, ardeur.

A شفا *şifâ*, guérison.

AP شفقت *şafaqat*, bonté, faveur, affection, compassion.

P شکار *şikâr*, proie, dépouille.

P شکاربند *şikârband*, cordes pendues à la selle.

AP شکايت *şikâyat*, plainte.

A شکر *şukr*, grâce, merci.

AP شکرگزار *şukrguzâr*, remerciant, reconnaissant.

P شکرگزري *şukrguzârî*, reconnaissance.

A شکل *şakl*, forme, figure, ressemblance.

P شمار *şumâr*, nombre, calcul.

A شمايل *şamâyil*, qualités, vertus.

P شمشير *şamşêr*, cimeterre, sabre.

P شنود *şanûd*, entendement.

P شوربا *şôrbâ*, bouillon, potage.

P شوهر *şauhar*, mari.

P شهر *şahr*, m., cité, ville.

P شهرپناه *şahrpanâh*, protection de ville, rempart.

P شهزاده *şahzâda*, le prince royal.

P شير نر *şîr nar*, tigre mâle.

P شيرين *şîrîn*, doux.

P شيشي *şîşî*, fiole.

A شيطان *çhâitân*, le diable, Satan.
P شيوة *çhîva*, manière, occupation.

ص

A صاحب *çâhib*, maître.
A صادق *çâdiq*, vérité.
PA صاف *çâf*, simple, net, propre.
A صبح *çub'h*, aurore, matin.
A صبر *çabr*, patience.
A صحبت *çu'hbat*, union, société.
A صحن *ça'hn*, cour (de maison), coupe, plat.
P صد *çad*, cent.
AP صدقة *çadiqa*, offrande.
P صدها *çadhâ*, centaine, beaucoup.
A صرف *çirf*, seulement.
P صفائي *çafâî*, propreté, assainissement.
A صلاح *çalâ'h*, convention, accord, traité, avis.
A صلحكاري *çul'hkârî*, placidité.
PA صلة *çila*, présent, récompense.
A صندوق *çandûq*, coffre, caisse.
PA صندوقچه *çandûqca*, cassette.
AP صنعت *çan'at*, profession, œuvre.
A صنم *çanam*, idole.
AP صورت *çûrat*, forme, figure.

ض

A ضامن *ẓâmin*, Zamin, n. pr. (caution, garant).
A ضرور *ẓarûr*, nécessaire.
PA ضرورت *ẓarûrat*, nécessité, besoin.
A ضعيف *ẓa'îf*, infirme.
AP ضيافت *ẓiyâfat*, accueil des hôtes, fête.

ط

A طاق *tâq*, niche dans un mur.
AP طاقت *tâqat*, effort, force.
PA طالع مند *tâli'mand*, heureux.
A طبل *tabal*, tambour.
A طبيب *tabîb*, médecin.
AP طبعيت *tab'îyat*, disposition naturelle.
A طرح *tara'h*, manière, façon.
A طرف *taraf*, côté.
AP طعمة *tu'ma*, pâture, nourriture.
AP طعنة *ta'na*, reproche.
A طلب *talab*, demande.
A طلسم *tilism*, merveille, talisman.

ظ

A ظالم *zâlim*, tyran, cruel.
A ظاهر *zâhir*, évident, manifeste.

ع

A عاجز *'âjiz*, faible, pauvre.
A عاشق *'âçiq*, amoureux.
AP عاقلي *'âqilî*, intelligence.
A عالم *'âlam*, gens, monde.
AP عالم گير *'âlamgîr*, conquérant

du monde, irrésistible, destructeur; — Alanguir, n. pr. [Aurangzeb].

PA عبادتگاه *'ibâdatgah*, endroit pour le service religieux, ermitage, couvent.

A عجب *'ajab*, merveille.

A عذر *'uzr*, hésitation, succès, excuse.

A عراقي *'irâqî*, d'Iraq.

A عرب *'arab*, Arabe.

P عرصه *'arça*, espace.

A عرض *'arz*, f., représentation, requête.

A عرق *'araq*, essence, jus.

PA عزت *'izzat*, honneur, respect.

A عزيز *'azîz*, cher, affectionné.

A عطر *'itr*, parfum, essence.

PA عقد بندي *'aqd-bandî*, attachement du lien.

PA عقده *'uqda*, nœud, lien.

A عقل *'aql*, intelligence.

AP عقلمند *'aqlmand*, sage.

A علاج *'ilâj*, remède.

A علم *'ilm*, art, science.

A عمر *'umr*, âge, vie.

A عمل *'amal*, travail, domination.

AP عنايت *'inâyat*, présent, cadeau.

A عوام *'awâm*, commun, vulgarité.

AP عورت *'aurat*, femme (proprement: pudendum muliebre, chose à cacher).

A عهد *'ahd*, promesse, convention.

AP عيادت *'iyâdat*, visite (aux malades).

A عيسى *'isâ*, Isâ, n. pr. (Jésus).

A عيش *'aiș*, vie, plaisir.

A عين *'aïn*, œil, source, principal, même.

غ

A غافل *gâfil*, insouciant, indolent.

A غالب *gâlib*, excellent, supérieur — le plus.

A غالبًا *gâliban*, très probablement.

A غذا *gizâ*, nourriture.

P غران *garân*, féroce, rapace.

A غرض *garaz*, enfin, bref.

A غرور *gurûr*, orgueil.

A غريب *garib*, pauvre, étranger.

AP غريبي *garîbî*, humilité.

P غزنوي *gaznawi*, de Gazna, Gaznévide.

A غسل *gusal*, bain, ablution.

AP غش *gaș*, évanouissement.

AP غصه *gussa*, colère, rage.

AP غفلت *gafilat*, négligence, insouciance.

A غلام *gulâm*, esclave, serviteur.

AP غلامي *gulâmi*, esclavage.

A غلط *galat*, erreur, faute, méprise.

PA غم *gam*, douleur, plainte.

HP غنڈا *gundâ*, vaurien.

غوري *gôri*, Gori, n. pr.

A غيب *ĝaib*, secret.

A غير *ĝair*, différent, autre. — وغيره *waĝaira*, et le reste, et caetera.

AP غيرت *ĝairat*, jalousie, dédain.

AP غيرتى *ĝairti*, audace, aplomb.

ف

AP فاتحه *fâti'ha*, prière, commencement (du *Qorân*).

AP فاحش *fâ'hiṣ*, impudent, insolent, audacieux.

P فارسي *fârsi*, persan.

AP فاقه *fâqa*, jeûne, privation.

AP فائده *fâida*, usage, avantage.

A فائق *fâiq*, supérieur.

A فجر *fajr*, matin, aurore.

فرّاش *farrâṣ*, tapissier, valet de chambre.

AP فراغت *farâĝat*, tranquillité, repos.

P فراهم *farâham*, réunion, collection.

A فرائض *farâiẓ*, devoirs, obligations.

P فرزند *farzand*, enfant.

A فرش *farṣ*, tapis, étendu.

P فرشته *firiṣta*, ange.

A فرض *farẓ*, supposition, devoir religieux.

P فرمانا *farmânâ*, ordonner.

P فروخت *farô'kt*, vente.

P فروش *farôṣ*, f., vente.

P فرياد *faryâd*, plainte.

P فريادي *faryâdî*, plaignant.

P فريب *farêb*, tromperie.

A فقط *faqat*, seulement.

A فقير *faqîr*, faquir, pauvre.

A فكر *fikr*, f., pensée, réflection, souci.

AP فلانه *fulâna*, tel, un tel.

A فلك *falak*, ciel, destin.

A فن *fann*, art.

A فورًا *fâuran*, tout de suite, immédiatement.

A في *fi*, à, dans, parmi, sur.

A في آلحال *fi'l'hâl*, sur le champ, à l'instant.

A فيض *faiẓ*, abondance.

P فيل *fîl*, éléphant.

P فيل بان *fîl bân*, conducteur d'éléphant, cornac.

P فيل خانه *fîl 'kâna*, étable à éléphants.

ق

PT قابو *qâbû*, avantage.

A قارون *qârûn*, Karun (le Crésus musulman).

AP قافله *qâfila*, caravane.

A قال *qâl*, dicton, bavardage.

A قبايل *'qabâil* (pl. de قبيله) enfants, famille.

A قبله *qibla*, point de l'horizon vers lequel on se tourne en faisant les prières rituelles.

AP قبله گاه *qiblagâh*, objet vénérable, père.

A قبول *qabûl*, acceptation, agrément, consentant.

A قبيله *qabîla*, m., épouse.

A قتل *qatl*, meurtre.

A قدر *qadr*, valeur, mérite, honneur, prix, destin.

AP قدرت *qudrat*, pouvoir.

A قدم *qadam*, pied, pas.

A قدمبوسي *qadambôsî*, baisement de pieds, hommage.

A قديم *qadîm*, ancien, vieux.

A قديمي *qadîmî*, ancien, âgé.

A قران *qirân*, conjonction (des astres).

A قرآن *qurân*, le Qoran (la chose à lire).

A قرب *qurb*, proximité.

A قريب *qarîb*, proche, presque.

PA قرينه *qarîna*, cause, manière.

A قصد *qaçd*, projet.

A قصور *qaçûr*, manque, omission.

PA قصه *qiçça*, récit, histoire.

A قضا *qiẓâ*, destin, sort, réparation.

T قزّاق *qazzâq*, buigand, voleur (cosaque).

A قضاكار *qaẓâkâr*, par hasard, il arriva que, par les décrets divins, fatalement.

A قطار *qatâr*, ligne.

PA قلعه *qil'a*, citadelle, forteresse, fort.

A قلعي *qala'î*, étamage, blanchiment.

P قليه *qaliya*, mets grillé.

AP قوّت *quwwat*, pouvoir, force.

A قول *qâul*, promesse, parole.

A قوم *qâum*, classe, catégorie (de gens).

A قيد *qaîd*, f., prison, liens.

A قيل و قال *qîl ô qâl*, proposition et réponse.

AP قيمت *qîmat*, prix, valeur.

P قيمتي *qîmatî*, de valeur.

ک

کا *kâ*, کي *kî*, کے *kê*, de (gén.)

کاٹنا *kâṭnâ*, couper.

کاٹھ *kâṭ*, bois.

P کار *kâr*, acte, action, affaire.

P کارد *kârd*, couteau.

P کاروبار *kâr ô bâr*, affaires, travail.

P کاروباري *kâr ô bâr-i*, négoce.

P کاريگر *kârigar*, habile ouvrier.

کاشي *kâşî*, Kâçî, Bénarès, n. pr.

P کافور *kâfûr*, camphre.

کالا *kâlâ*, noir.

E کالراپل *kâlrâpill*, pillule contre le choléra (Cholera-pill).

E کالراٹنکچر *kâlrâṭangcar*, teinture contre le choléra (Cholera-tincture).

کام *kâm*, affaire.

کام انا *kâm ânâ*, devenir affaire, servir, être important.

A کامل *kâmil*, complet.

کامني *kâmini*, une belle.

کان *kân*, oreille.

کب *kab*, quand?

P کباب *kabâb*, rôti.

کبهو *kabhû*, toujours, jamais.

کبهي *kabhî*, toujours, jamais.

کپڑا *kapṛâ*, vêtement.

کتا *kuttâ*, chien.

کتّا *kittâ*, combien, adj.

A کتاب *kitâb*, f., livre.

کتک *kitak*, quelques.

P کتوال *kutwâl*, cotwal, agent de police.

کٹنا *kaṭnâ*, se couper, se rompre.

کٹورا *kaṭôrâ*, coupe, bol, vase de métal.

کٹهرا *kaṭharâ*, cage de bois.

کچّا *kaccâ*, rude, crû, non préparé.

کچه *kuc*, quelque, un peu.

P کدخداي *kad'kudâî*, mariage.

کدهر *kidhar*, par où, vers où.

کرانا *karânâ*, faire faire.

P کرايه *kirâya*, louage.

P کردار *kirdâr*, travail, ouvrage.

کرچهيتر *kurchêtr*, Kurukchêtra, n. pr.

P کرگس *kargas*, vautour.

کرم *karam*, grâce, acte.

کرنا *karnâ*, faire.

کروانا *karwânâ*, faire faire.

کڑاکا *kaṛâkâ*, craquement, acuité, fierté, longueur.

A کسب *kasab*, science, industrie.

کسنا *kasnâ*, attacher.

P کشاده *kuşâda*, ouvert, étendu.

P کشتي *kuştî*, lutte.

P کفني *kafnî*, vêtement (des faquirs).

کل *kal*, demain, hier — *en dakhnî*, hier *seulement*.

A کلّ *kull*, totalité.

A کلام *kalâm*, parole, discours.

P کلان *kalân*, haut, grand, gros.

کلبلانا *kulbulânâ*, s'agiter, se secouer.

کلي *kullî*, gorgée.

کليجا *kalêjâ*, foie, cœur.

کلهاڑا *kulhâṛâ*, cognée, hache.

E کلوروڈائن *klôrôḍâin*, Chlorodyne.

P کم *kam*, peu, petit.

A کمال *kamâl*, perfection.

کمانا *kamânâ*, gagner, travailler.

کمهار *kumhâr*, potier.

P کمينه *kamîna*, inférieur, de peu.

P کناره *kinâra*, bord, rive.

کندن *kundan*, or pur.

P کنده *kunda*, bloc, tronc.

کنے *kanê*, avec, à côté de, près de.

کو *kô*, à — suff. du gén. en dakhnî.

کواڑ *kiwâṛ*, porte.

P کوتاهي *kôtâhî*, défaut, manque, briéveté.

کوتوالي *kôtwâlî*, bureau du cotwal, bureau de police.

کوٹھی *kôṭhî*, grenier, magasin, comptoir.

P کوچ *kûc*, marche, départ.

P کوچه *kûca*, ruelle, allée.

کوس *kôs*, lieue (environ trois kilomètres).

کونا *kônâ*, coin, angle.

کون *kâun*, qui?

A کون *kaun*, existence.

P کوه *kôh*, montagne.

کوی *kôî*, quelqu'un, quelque.

کویلا *kôyilâ*, charbon.

که *ki*, que, à savoir.

کهانا *khânâ*, manger.

کهاوت *kahâwat*, f., dicton.

کهٹوانٹي *khaṭwânṭî*, voy. اٹوانٹي.

کهڑا *khaṛâ*, debout.

کهل *khal*, bas, méchant.

کهلانا *khilânâ*, nourrir, faire manger.

کهنا *kahnâ*, dire.

کهنچوانا *khincwânâ*, faire ôter, faire tirer.

کهوا *khawâ*, épaule.

کهودنا *khôdnâ*, creuser.

کهولنا *khôlnâ*, ouvrir.

کهونا *khônâ*, perdre, détruire.

PH کهیسا *khîsâ*, poche, bourse.

کهیل *khêl*, jeu.

کهین *kahîn*, quelque part.

کهینچنا *khâincnâ*, tirer.

کي *kî*, suff. fém. du gén. — dakhnî pour که.

کیا *kyâ*, quoi — soit.

کیتکي *kêtakî*, pandanus odoratissimus.

کیسا *kâisâ*, quel, de quelle espèce?

AP کیفیت *kâifiyat*, état, degré.

کیتنا *kitnâ*, combien, adj.

کیون *kyûn*, pourquoi, comment.

کیونکر *kyûnkar*, comment.

کیونکه *kyûnki*, afin que.

گ

گاڑنا *gâṛnâ*, conduire, plonger, couvrir.

گاي *gây*, *gâva*, chant.

P گران *girân*, lourd, important, difficile.

گردهر *girdhar*, vautour.

P گذر *guzar*, passage.

P گذرنا *guzarnâ*, passer.

گر *gur*, guru, maître spirituel.

P گرد *gird*, circonférence, alentour, autour.

P گردن *gardan*, cou.
P گردون *gardûn*, roue.
P گرده *girda*, rond, disque, pain rond.
P گرفتار *giriftâr*, pris, saisi.
P گرم *garm*, chaud, ardent, violent.
گرنا *girnâ*, tomber.
گرهستي *girhistî*, maître de maison, laïque.
P گريبان *girêbân*, collier.
P گريز *gurêz*, fuite.
P گزاری *guzârî*, passage.
گزر voy. گذر.
P گزند *guzand*, perte, accident.
P گفت *guft*, mot, discours.
P گفت و شنود *guft ô ṣanûd*, conversation, dialogue.
P گل *gul*, rose.
گلا *galâ*, cou, gorge.
P گلاب *gulâb*, eau de rose.
P گلانداز *gulândâz*, Gulândâz, n. pr. (qui lance des roses).
P گم *gum*, manquant, absent.
P گماشته *gumâṣta*, délégué, agent.
P گمان *gumân*, soupçon, doute.
گنج *ganj*, abondance, trésor.
گندهيلا *gandhilâ*, fétide.
گنگا *gangâ*, f., le Gange.
گننا *ginnâ*, compter.
گنوانا *ganwânâ*, perdre, gâter.
P گو *gô*, quoique.
گوداوري *gôdâwarî*, f., Godavéry, n. pr.
گودي *gôdi*, sein, giron.
P گوش *gôṣ*, oreille.
P گوشه *gôṣa*, coin, angle.
گول *gôl*, rond, cercle.
گولي *gôlî*, boulette.
P گونه *gûna*, couleur, caractère, manière.
P گويا *gôyâ*, comme si, pour ainsi dire.
P گويائي *gôyâî*, langage, conversation, éloquence.
گهبرانا *ghabrânâ*, se troubler.
گهاس *ghâs*, herbe.
گهايل *ghâyil*, blessé.
گهر *ghar*, maison.
گهڑا *ghaṛâ*, cruche, jarre.
گهڑکنا *ghuṛaknâ*, menacer.
گهڑي *ghaṛî*, heure (de vingt-quatre minutes).
گهنا *gahnâ*, bijou, ornement.
گهنٹا *ghanṭâ*, cloche, gong (plateau).
گهوڑا *ghôṛâ*, cheval.
P گيري *gîrî*, prise, entreprise.

ل

A لاثاني *lâṣânî*, sans second.
لاج *lâj*, honte.
A لاچار *lâcâr*, sans ressource.
لاڈ *lâḍ*, affection, tendresse, jeu.

لاڑ و کپور *lâṛ ô kapûr*, Lâr et Kapûr, n. pr.
A لازم *lâzim*, nécessaire.
لاکھ *lâkh*, cent mille.
لاگنا *lâgnâ*, pour لگنا *lagnâ*, être joint, se mettre à.
لالچ *lâlac*, envie, cupidité.
لانا *lânâ*, porter, apporter, amener.
A لایق *lâïq*, capable.
لٹانا *liṭânâ*, faire coucher.
لٹکنا *laṭakna*, pendre, être suspendu.
لڑای *laṛâî*, combat, guerre.
لڑکا *laṛkâ*, garçon, enfant.
لڑکي *laṛkî*, fille.
لڑنا *laṛnâ*, combattre.
P لشکر *laṣkar*, armée.
A لطف *lutf*, délicatesse, élégance.
لکڑي *lakṛî*, bois, bâton.
لکھنا *likhnâ*, écrire.
لکھنیوالا *likhnêwâlâ*, écrivain.
لکھوانا *likhwânâ*, faire écrire.
لگنا *lagnâ*, commencer, s'appliquer, se mettre à.
A للّه *li'l'lâhi*, par Dieu!
لنگوٹي *langôṭî*, f., vêtement rudimentaire, bande d'étoffe qui passe entre les jambes.
PA لوازمات *lawâzimat*, bagages.
لوانا *liwânâ*, faire prendre.
لوبان *lûbân*, encens.
لوٹ *lâuṭ*, de retour.
لوٹنا *lûṭnâ*, extorquer, voler, piller.
لودي *lôdî*, Lodi, n. pr.
A لوزیات *lâuziyât*, pâtisserie aux amandes.
لوگ *lôg*, monde, gens.
لونڈی *lâunḍî*, servante.
لهو *lahû*, sang.
AP لیکن *lêkin*, mais, cependant.
لینا *lênâ*, prendre.
لیے *liyê*, pour (ayant pris).

م

ما *mâ*, mère.
PA ماتم *mâtam*, chagrin.
P ماتم پرسي *mâtampursî*, sympathie.
ماتھا *mâthâ*, front.
ماجای *mâjâî*, sœur (née de la même mère).
P ماجرا *mâjarâ*, accident, évènement, aventure.
P مادر *mâdar*, mère.
مارنا *mârnâ*, battre, tuer (faire mourir).
مارے *mârê*, par, à cause de.
ماش *maṣ*, légume, sorte de fève.
A مال *mâl*, richesses, objets, marchandises.
P مالش *mâliṣ*, frottement, friction, machination, tendance.

P ماما *mâmâ*, mère, vieille femme, domestique de confiance.

ماما *mâmâ*, oncle maternel.

مانگنا *mângnâ*, demander.

ماننا *mânnâ*, exécuter, obéir.

P مانند *mânind*, pareil, semblable.

A مايوس *mâyûs*, désespéré.

A مبارك *mubârak*, béni, heureux, sacré.

A مبتلا *mubtalâ*, affecté, en détresse.

A مبرم *mubram*, ferme, solide.

مت *mat*, intelligence, esprit.

مت *mat*, non (avec l'impér.).

A متّفق *muttafik*, accordé, uni.

A متكبّر *mutakabbir*, arrogant, orgueilleux.

متلانا *matlânâ*, souffrir de l'estomac, avoir des nausées.

A متوجّه *mutawajjih*, regardant en face, attentif.

مٹهائي *miṭhâyî*, sucreries.

مٹّهي *muṭṭhî*, main, poignée.

مٹّي *miṭṭî*, terre, argile.

A مثل *masal*, proverbe, apologue.

A مجال *majâl*, pouvoir, endroit.

مچانا *macânâ*, lever, exciter.

AP محاورت *mu'hâwarat*, habitude, langage.

AP محبّت *mu'habbat*, amitié, affection.

A محبوب *ma'hbûb*, aimable, aimé.

A محظوظ *ma'hzûz*, heureux, joyeux.

A محل *ma'hall*, appartement, palais, sérail.

AP محلّه *mu'halla*, quartier.

A محمّد *mu'hammad*, Mahomet (très loué), n. pr.

A محمود *ma'hmûd*, Mahmoud (loué), n. pr.

PA محنت *mi'hnat*, effort.

A مختلّ *mu'ktall*, maigri, ruiné, troublé, hébété.

A مدّاح *maddâ'h*, panégyriste.

AP مدّت *muddat*, durée, espace.

A مدح *mad'h*, *mada'h*, approbation, louange.

A مدد *madad*, secours, aide.

A مذكور *mazkûr*, susdit.

A مذهبي *mazhabî*, cultuel, religieux.

E مڈكل هال *miḍkal hâl*, Medical hall.

A مراتب *marâtib*, degrés, détails, affaires (pl. de مرتبه).

A مرتبه *martaba*, pas, degré.

A مرخّص *mura'k'kaç*, légal, permis, autorisé.

P مرد *mard*, homme.

P مردم *mardum*, homme.

P مرده *murda*, mort, cadavre.

P مرزا *mirzâ*, Monsieur, Seigneur.

P مرزاي *mirzâî*, noblesse, primauté.

A مرشد *murşid*, directeur, guide spirituel.

A مرض *maraẓ*, maladie.

A مرضي *marẓî*, plaisir, consentement.

P مرغ *murǵ*, coq, oiseau.

P مرگ *marg*, mort.

مرنا *marná*, mourir.

P مرهم *marham*, emplâtre.

A مريد *murîd*, disciple.

P مريض *marîẓ*, malade.

A مزاج *mizâj*, santé, tempérament, disposition.

P مزه *maza*, goût, plaisir.

P مزيدار *mazîdâr*, délicieux.

P مژده *mujdah*, bonne nouvelle.

A مسافر *musâfir*, voyageur.

AP مسافرت *musâfarat*, voyage.

A مستعد *musta'id*, préparé, arrangé.

A مسجد *masjid*, mosquée.

مسكرانا *muskurânâ*, sourire.

AP مسلمان *musalmân*, musulman..

A مسند *masnad*, canapé, divan.

A مسواك *miswâk*, brosse à dents.

A مشرف *muşarraf*, honoré.

A مشق *maşq*, pratique, usage, exercice.

A مشكل *muşkil*, difficile.

A مشهور *maşhûr*, notoire.

A مصاحب *muçâ'hib*, favori, compagnon.

AP مصلحت *maçla'hat*, conseil, délibération.

AP مصيبت *muçibat*, mal, malheur, désastre.

A مضطرب *muẓtarib*, troublé.

A مع *ma'*, avec.

A معالج *mu'âlij*, médecin.

A معبود *ma'bûd*, adoré, vénéré.

A معرفت *ma'rifat*, savoir, cause, au moyen de.

A معشوق *ma'şûq*, amant.

AP معشوقه *ma'şûqa*, amante.

A معلوم *ma'lûm*, connu, certain, fameux.

A معلّم *mu'allim*, maître, professeur.

AP معلى *mu'allâ*, grand, élevé.

A معمور *ma'mûr*, habité, plein, prospère.

AP معه *ma'a*, avec, ensemble.

A مغرور *maǵrûr*, trompé, fier.

P مغزي *maǵzî*, bordure.

AP مفاجات *mafâjât*, soudaineté.

P مفت *muft*, gratuit, inutile.

AP مفلسي *muflisî*, pauvreté.

AP مقابله *muqâbala*, comparaison, contrôle, opposition.

A مقدّس *muqaddas*, consacré.

AP مقدّمه *muqaddama*, affaire, sujet.

A مقدور *maqdûr*, possibilité.

A مقرّر *muqarrar*, établi, confirmé, résolu.

A مقصد *maqçad*, dessein, intention.

AP مقوله *maqûla*, remarque, dicton.

A مقيد *muqayad*, appliqué, fixé.

A مكان *makân*, endroit.

A مكر *makar*, complot.

A مكلف *mukallaf*, splendide.

مكهڑا *mukhṛâ*, visage.

مكّهي *makkhî*, mouche.

P مگر *magar*, sinon, quoique.

AP ملاقات *mulâqât*, conversation, visite, rencontre.

A ملايم *mulâyim*, tendre, doux.

A ملك *mulk*, pays.

A ملك *malik*, roi.

A ملك الموت *malaku-'l-mâut*, l'ange de la mort, Izraîl (Azraël).

ملنا *milnâ*, venir, joindre, rencontrer.

AP منادي *manâdî*, proclamation.

A مناسب *munâsib*, convenable.

A منافع *munâf'i*, profit.

A منتقش *muntuqaş*, gravé.

منجنا *manjnâ*, se polir.

A منزل *manzil*, étape.

AP منصوبه *mançûba*, intention, résolution.

منظور *manzûr*, agréable.

AP منّت *minnat*, supplication.

منگوانا *mangwânâ*, faire demander.

منه *munh*, bouche, visage, face.

A موافق *muwâfiq*, conforme, convenable.

A موت *mâut*, f., mort.

موتي *môtî*, perle.

موٹا *môṭâ*, gros, épais.

A موجود *mâujûd*, présent, prêt.

P مور *môr*, fourmi.

A موعود *mâu'ûd*, promis.

A موقوف *mâuqûf*, arrêté, cessé.

مول *môl*, achat, prix.

مولانا *mâulânâ*, fleurir, s'épanouir.

A مولوي *mâulawî*, *mâulvî*, docteur, professeur, savant.

مون *môn* (dakh.), dans.

مهاپري *mahâpurî*, palais.

مهاجن *mahâjan*, grand personnage, banquier.

AP مهارت *mahârat*, supériorité.

مهاراج *mahârâj*, Seigneur (grand roi).

P مهتاب *mihtâb*, lune.

P مهر *muhr*, *muhur*, pièce d'or, sceau.

P مهرباني *mihrbânî*, amitié.

AP مهلت *muhlat*, retard.

P مهمان *mihmân*, hôte.

P مهمانداري *mihmândârî*, hospitalité.

مهن *muhn* pour منه *munh*, visage, bouche.

مهنا *mihnâ*, réprimande.

مهينا *mahînâ*, mois.

ميان *miyân*, époux, maître.

A ميدان *mâidân*, plaine, campagne, esplanade, plateforme.

A ميسر *muyassar*, praticable.

A ميعاد *mî'âd*, délai, terme.

ميلا *mêlâ*, réunion, assemblée

P ميوه *mêwa*, fruit.

مين *mên*, dans.

ن

HP نا *nâ*, non, préf. nég.

ناته *nâth*, Seigneur.

P ناپاک *nâpâk*, non propre, impur.

P ناپايداري *nâpâïdârî*, inconstance, instabilité.

ناچ *nâc*, danse.

P ناچار *nâcâr*, sans ressources, sans espoir.

A نادر *nâdir*, rare, admirable.

P نارجيل *nârjîl*, noix de coco.

P ناز *nâs*, grâce, élégance.

P نازنين *nâsnîn*, joli, délicat, beauté.

A ناس *nâs*, peuple.

P ناشته *nâsta*, déjeuner.

P ناگهاني *nâgahânî*, calamité.

نام *nâm*, nom.

P نامزد *nâmzad*, nommé.

P نامي *nâmî*, renommé, illustre.

P نان *nân*, pain.

P نان بائى *nân bâî*, boulanger.

نپٹ *nipaṭ*, très, extrêmement.

A نثار *nisâr*, dispersion, distribution, offrande.

AP نجات *najât*, salut, délivrance.

AP نجيبزاده *najîbzâda*, fils de noble.

A نجوم *nujûm*, étoiles.

P نخواسته *na'kâsta*, non voulant.

AP نخوت *na'kwat*, orgueil, vanité.

ندان *nidân*, à la fin.

A نذر *nazr*, vœu, offrande.

نرملا *nirmalâ*, pur.

P نزديک *nazdîk*, auprès, près.

P نشاني *nişânî*, signe, marque.

P نشستگاه *nişastgâh*, place où l'on s'asseoit.

A نصوح *naçû'h*, Nassou, n. pr.

A نصيب *naçîb*, destinée, lot.

AP نصيحت *naçî'hat*, conseil.

A نظر *nazr*, f., vue, regard.

A نقد *naqd*, prompt, prêt, choisi, précieux.

A نقص *nuqç*, défaut, manque.

نکالنا *nikâlnâ*, tirer, sortir (act.).

نکهارنا *nikhârnâ*, nettoyer.

نکهٹو *nikhaṭṭû*, paresseux.

P نگاه *nigâh*, f., regard.

P نگاهبان *nigâhbân*, gardien.

P نگاهداشت *nigâhdâşt*, engagement, surveillance.

P نماز *namâz*, prière.

P نمای *numâî*, indication.

A نمط *nimat*, manière, coutume, similitude.

P نمک *nimak*, *namak*, sel.

P نمونه *namûna*, exemple.

P ننگ *nang*, honneur, réputation.

H ننگ *nang*, nu, honteux.

P نوازنا *nawâznâ*, complimenter, consoler, faire grâce.

AP نوبت *nâubat*, tour.

A نور *nûr*, lumière.

P نوشِ جان *nôş-i jân*, nourriture.

P نوشیدن *nôşîdan*, boire.

P نوشت خواند *nawişt 'kând*, écrit et lu, contrat.

P نوکر *nâukar*, serviteur.

نه *na*, non.

نهال *nihâl*, jeune plante.

نهانا *nahânâ*, se baigner.

AP نهایت *nihâyat*, fin, extrémité —très, extrêmement.

نهین *nahîn*, non.

نے *nê*, par.

P نیام *niyâm*, fourreau, gaîne.

AP نیت *niyat*, attention, but.

نیچا *nîcâ*, abaissé, inférieur.

نیچے *nîcê*, au dessous.

نیم *nîm*, arbre *melia azadirachta*.

نین *nâin* pr. نهین, non.

نیند *nînd*, sommeil.

و

P و *ô*, et — (dakhni) cela.

A وارث *wâris*, héritier.

AP واسطه *wâsta*, moyen, but.

AH واسطے *wâstê*, en vue de, à cause de, pour.

A وافر *wâfir*, abondant, plein.

A والد *wâlid*, père — والدین *wâlidâin* (duel), les parents, le père et la mère.

وان *wân* pour وهان *wahân*, là.

A واویلا *wâwâilâ*, lamentation, plainte.

AP واهي تناهي *wâhîtabâhî*, absurdité.

A وبا *wabâ*, pestilence.

A وجه *waja*, raison, motif.

AP وحشت *wa'hşat*, désert.

A وداع *widâ'*, adieu.

ور *war*, désirable, meilleur, choix, don.

AP ورطه *warta*, labyrinthe, gouffre, embarras, trouble.

P ورنه *warna*, sinon, ou autrement.

A وزیر *wasir*, vizir, ministre, gouverneur.

وسے *wisê*, pr. اسے *usê*, à lui.

A وصیت *waçiyat*, testament.

A وضع *waẓa'*, état, situation.

AP وضو *wâzû*, ablution.

A وطن *watan*, pays, demeure.

A وعده *wa'da*, promesse.

A وغیره *wağâira*, et le reste, et cætera.

A وفا *wafâ*, fidélité, exactitude, accomplissement.

AP وفات *wafât*, mort, décès.

A وقت *waqt*, moment, temps, heure, occasion.

PA ولایت *wilayat*, vilayet, village, pays, juridiction.

وه *wuh*, celui-là.

وهان *wahân*, là.

P ویراني *wâirânî*, désolation, ruine.

ه

هاتهه *hâth*, main.

هاتهي *hâthi*, éléphant.

هان *hân*, pour یهان *yahân*, ici, demeure.

هتهیار *hathyâr*, arme.

هڈي *haḍḍî*, os, petit os.

P هر *har*, chaque.

HP هرایک *harêk*, chacun.

هردوار *haridwâr*, Haridvâra, n. pr.

P هریک *harik*, chacun.

P هرگز *hargiz*, jamais, toujours.

هرنا *harnâ*, pommeau de selle.

A هرون رشید *harûn raṣîd*, Haroun-al-Rachid, n. pr.

P هزار *hazâr*, mille.

P هشیار *huṣyâr*, prudent, intelligent.

P هفت *haft*, sept.

P هلالي *hilâlî*, Hilali, n. pr.

هلانا *hilânâ*, remuer.

A هلاک *halâk*, mort, perte, ruine.

AP همت *himmat*, énergie, idée.

P همره *ham rah*, compagnon de route.

P همسایه *hamsâya*, (même ombre) voisinage, voisin.

P همشیر *hamṣîr*, sœur.

P همیشه *hamêṣa*, toujours.

هندو *hindû*, Indien, Hindou.

هنسنا *hansnâ*, rire, sourire.

P هنگامه *hangâma*, bruit, foule, émeute.

هنگلاج *hinglâj*, Hinglâj, n. pr.

P هوش *hôṣ*, pensée, intelligence.

هونا *hônâ*, devenir, être.

هونته *hônth*, lèvre.

هي *hi*, même.

P هیزم *hîzam*, bois.

AP هیضه *hâiẓa*, choléra.

ي

ی *i*, ceci (dakh.).

P یاد *yâd*, souvenir, mémoire.

P یار *yâr*, ami, camarade.

یان *yân* pour یهان *yahân*, ici — maison, demeure.

A يتيم *yatîm*, orphelin.

A يعني *ya'nê*, à savoir, c'est à dire.

P يک *yak*, un.

P يکايک *yakâyak*, tout à coup.

P يکبارگي *yakbârgî*, tout à coup.

P يک بيک *yak bayak*, un à un.

يکّا *yakkâ*, unique.

P يکسان *yaksân*, également.

A يمن *yaman*, Yémen, n. pr.

يون *yûn*, ainsi.

A يوناني *yûnânî*, Ionien, Grec.

يه *yih*, ceci.

يهان *yahân*, ici, place, maison.

VOCABULAIRE HINDI.

अक़्लमन्द عقلمند *'aqlmand*, intelligent.

अखड़ा *akhâṛâ*, cour, salle de réunion.

अचल *acal*, immuable.

अचेत *acêt*, insensible, inconscient, insouciant.

अच्छा *acchâ*, bon, beau.

अति *ati*, beaucoup, très.

अदना ادنا *adnâ*, petit, inférieur.

अधर्मदण्ड *adharmadaṇḍ*, punition injuste.

अधिक *adhik*, beaucoup, plus, trop

अनुमान *anumân*, supposition, conclusion.

अन्यथा *anyathâ*, autrement.

अन्धेरा *andhêrâ*, sombre, obscur.

अपना *apnâ*, de soi.

अपसरा *apsarâ*, danseuse céleste.

अब *ab*, maintenant.

अभिलाषा *abhilâṣâ* (pron. *-khâ*), désir, envie.

अमर *amar*, immortel.

अमात्य *amâtya*, conseiller, ministre.

अयुध्या *ayudhyâ*, Aoude, n. pr.

अरे *arê*, hé! ho!

अर्घ्य *arghya*, offrande.

अल्लह الله *allâh*, Dieu.

अष्टांग *aṣṭâṅg* (pron. *akh-*), à huit membres.

असीस *asîs*, bénédiction.

असुर *asur*, démon, esprit mauvais.

अह़वाल احوال *a'hwâl*, aventure, histoire, détails.

आ़क़िल عاقل *'âqil*, instruit.

आखेट *âkhêṭ*, chasse, proie.

आग *âg*, f., feu.

आगे *âgê*, en avant, devant.

आज *âj*, aujourd'hui.

आज्ञा *âjñâ* (pr. *âgyâ*), f., ordre instruction.

आठ *âṭh*, huit.

आदमी ادمي *âdmî*, homme.

आनंद *ânand*, joie.

आना *ânâ*, venir.

आप *âp*, soi, seul.

आभूषन *âbhûṣan* (pr. *-khan*), bijou, parure.

आम *âm*, cru, non mûr.

आरास्तः اراسته *ârâsta*, arrangé, préparé.

आवाज़ اواز *âwâz*, bruit, voix.

आंख *âṁkh*, f., œil.

आसीस *âsîs*, bénédiction.

इच्छा *icchâ*, désir.

इत्तिफ़ाक़न اتّفاقًا *ittifâqan*, par hasard, il arriva que.

इतना *itnâ*, autant.

इधर *idhar*, par ici, vers ici.

इन्द्र *indr*, Indra, n. pr.

इन्द्रासन *indrâsan*, trône d'Indra.

इफ़लास افلاس *iflâs*, infortune, malheur.

उचटना *ucaṭnâ*, rebondir.

उचित *ucit*, convenable, juste.

उजाड़ना *ujâṛnâ*, détruire, dévaster.

उठाना *uṭhânâ*, enlever.

उठना *uṭhnâ*, se lever.

उड़ना *uṛnâ*, voler, s'envoler.

उत्तर *uttar*, suprême.

उत्तर *uttar*, réponse.

उतरना *utarnâ*, descendre.

उतना *utnâ*, autant.

उदाता *udâtâ*, avare, réservé.

उदास *udâs*, insouciant, indifférent, triste.

उदासी *udâsî*, ascète, solitaire.

उपमा *upamâ*, comparaison, ressemblance.

उपस्थित *upasthit*, arrivé, prêt, disposé.

उपाय *upây*, expédient, ruse.

ऊंट *ûṇṭ*, chameau.

एक *êk*, un.

ऐ *âi*, ô, hé!

ऐसा *âisâ*, tel.

ओर *ôr*, côté, direction, bord, limite, fin.

औ *âu*, et.

और *âur*, et, autre.

क़ज़ाकर قضاكر *qazâkar*, par hasard, il arriva que.

कंचन *kancan*, or.

करोड़ *karôṛ*, dix millions.

कभी *kabhî*, toujours, jamais.

कल्यान *kalyân*, bonheur, prospérité.

कमर كمر *kamar*, taille, reins.

कमाई *kamâî*, occupation, profit.

कमीनः كمينه *kamîna*, de peu, inférieur.

कंवल *kamwal*, lotus.

करंता *karantâ*, faiseur, Dieu.

करगह كرگه *karga*, métier.

करतब *kartab*, action, exploit.

करता *kartâ*, faiseur, Dieu.

करना *karnâ*, faire.

कलेजा *kalêjâ*, foie, cœur.

कष्ट *kaṣṭ*, peine, ennui.

कहाना *kahânâ*, faire dire.

कहावत *kahâwat*, dicton.

कहीं *kahîṁ*, quelque part.

कहना *kahnâ*, dire.

कहलाना *kahlânâ*, appeler.

का, के, की *kâ, kê, kî*, de (gén.).

कान *kân*, oreille.

काम *kâm*, affaire.

काया *kâyâ*, corps.

कारन *kâran*, cause, motif.

किधर *kidhar*, par où, vers où.

किंतु *kintu*, mais, cependant, néanmoins.

कीर्ति *kîrti*, gloire.

कुटुंब *kuṭumb*, famille.

कुछ *kuch*, quelque chose, un peu.

कुत्ता *kuttâ*, chien.

कुन्द كند *kund*, obtus.

कुशल *kuçal* (pron. *kuṣal*), bien-être, santé.

कृपा *krpâ*, grâce, miséricorde, bonté, faveur.

कृष्ण *krṣṇa*, Krichna, n. pr.

कुम्हलाना *kumhlânâ*, être abattu, être déjeté.

कूआ كوا *kûâ*, puits, citerne.

कूचः كوچه *kûca*, rue étroite, passage, sente.

को *kô*, à.

कोप *kôp*, passion, colère.

कोई *kôî*, quelqu'un.

कोश *kôç* (pr. *kôṣ*), trésor.

कोशिश كوشش *kôṣiṣ*, effort.

कोस *kôs*, lieue (environ trois kilomètres).

कौन *kâun*, qui, lequel.

क्योंकि *kyônki*, parce que.

क्षिन *kṣin*, clin d'œil, instant.

क्षेम *kṣêm*, bonheur.

खड़ा *khaṛâ*, debout.

ख़फ़ा خفا *'kafâ*, colère.

ख़बर خبر *'kabar*, nouvelle.

ख़ानजंगी خانه جنگي *'kânajangî*, querelle intestine, guerre civile, duel.

खाना *khânâ*, manger.

ख़ियाल خيال *'kiyâl*, pensée, imagination.

खिलाना *khilânâ*, faire manger, nourrir.

खिलौना *khilâunâ*, jouet.

ख़ुश خوش *'kuṣ*, content.

खोना *khônâ*, perdre.

गधा *gadhâ*, âne.

गंधर्व *ganaharb*, Gandharva, musicien céleste.

गर्द گرد *gard*, poussière.

गहना *gahnâ*, bijou, joyau.

गर्भ *garbh*, sein, matrice, germe.

गाना *gânâ*, chanter.

गिरहस्ती *girhastî*, maître de maison (sk. गृहस्थ).

गुठली *guṭhlî*, provision, amas.

गुड़ *guṛ*, sucre brut.

गुन *gun*, qualité.

गुरु *guru*, maître, directeur spirituel.

गुरुमुख *gurumukh*, disciple.

घमंड *ghamaṇḍ*, vanité, arrogance.

घर *ghar*, maison.

घाम *ghâm*, village, demeure.

घी *ghî*, mantèque, beurre clarifié par l'ébullition lente.

घोड़ा *ghôṛâ*, cheval.

चढ़ना *caṛnâ*, monter, sauter.

चतुर् *catur*, habile, intelligent.

चञ्चलबुद्धि *cancalbuddhi*, esprit incertain.

चर्चा *carcâ*, discours, discussion, mention, répétition.

चरन *caran*, pied.

चलाना *calânâ*, faire sortir, faire aller.

चलना *calnâ*, sortir, marcher.

चार् *câr*, quatre.

चाहा *câhâ*, volonté, désir.

चाहना *câhnâ*, désirer, vouloir.

चित *cit*, esprit, pensée.

चिंता *cintâ*, réflexion, souci.

चीता *cîtâ*, léopard.

चुनांचि: چنانچه *cunânci*, de sorte que.

चुपका *cupkâ*, silencieux.

चुराना *curânâ*, détourner.

चोट *côṭ*, coup, blessure.

चौड़ा *câuṛâ*, large, vaste.

चौथा *câuthâ*, quatrième.

चौंसठ *câunsaṭh*, soixante-quatre.

च्युत *cyut*, dévié, dégradé, tombé.

छत्र *chatr*, ombrelle, parasol.

छ: *chah*, six.

छाती *châti*, poitrine.

छिपना *chipnâ*, se cacher.

छिपाना *chipânâ*, cacher, faire cacher.

छुटना *chuṭnâ*, être délivré.

छोड़ना *chôṛnâ*, abandonner, laisser.

जग *jag*, monde.

जगना *jagnâ*, se réveiller.

जगह *jagah*, lieu, endroit.

जगमगा *jagmagâ*, brillant.

जड़ा *jaṛâ*, garni de joyaux.

जन *jan*, gens, peuple.

जनक *janak*, Janaka, n. pr.

जन्म *janma*, naissance.

ज़माना زمانه *zamâna*, le monde.

ज़मीन زمين *zamîn*, terre.

जय *jay*, victoire.

जयसिंह *jaysiṁh*, Jayasingh, n. pr. (roi de 1699 à 1743).

जस *jas*, gloire, réputation.

जाचना *jâcnâ*, demander.

जाना *jânâ*, aller.

जानना *jânnâ*, connaître.

ज़िहन ذهن *zihn*, esprit, intelligence.

जीना *jînâ*, vivre.

जीवन *jîvan*, vie, existence.

जुलाहा *julâhâ*, tisserand (musulman).

जैसा *jâisâ*, quel.

जोड़ना *jôṛnâ*, joindre.

जोति *jôti*, éclat, lumière.

झुंड *jhunḍ*, essaim.

टहल *ṭahal*, service.

टूटना *ṭûṭnâ*, se briser.

ठाड़ा *ṭhâṛâ*, fixé, arrêté.

ठौर् *ṭhâur*, endroit, localité.

ठिकाना *ṭhikânâ*, endroit fixe, résidence.

डरना *ḍarnâ*, avoir peur, craindre, trembler.

डंक *ḍank*, aiguillon.

डालना *ḍâlnâ*, jeter, lancer.

डुलाना *ḍulânâ*, agiter, troubler.

डूबना *ḍûbnâ*, se noyer, enfoncer.

ढूंढ़ना *ḍhûnṛnâ*, chercher.

ढूंढना *ḍhunḍhnâ*, chercher.

ढुलकाना *ḍhulkânâ*, faire tomber, renverser.

तअलीम تعليم *ta'lîm*, instruction.

तक *tak*, jusque.

तड़पना *taṛapnâ*, s'agiter, se remuer.

तमाशा تماشا *tamâśâ*, spectacle.

तरफ़ طرف *taraf*, côté.

तरह़ طرح *tara'h*, manière.

तर्बीयत تربيت *tarbîyat* ou *tarbiyat*, éducation.

तलवार *talwâr*, épée.

तीन *tîn*, trois.

तीरथ *tîrth*, pèlerinage, source sacrée.

तीसरा *tisrâ*, troisième

तू *tû*, toi.

तेंदुआ *têndua*, léopard, panthère.

तैयारी تياري *taiyârî*, préparatif.

तोड़ा *tôṛâ*, sac, bourse.

तोता *tôtâ*, perroquet.

थकना *thaknâ*, se fatiguer.

थोड़ा *thôṛâ*, petit.

दक्षिणवाला *dakṣiṇawâlâ*, conforme aux rites.

दण्ड *danḍ*, peine, punition — armée — verge.

दण्डयोग्य *danḍyôgya*, digne de punition.

दण्डरूप *danḍrûp*, Dandarûpa, n. pr.

दंडवत *danḍwat*, salutation.

दया *dayâ*, bonté, pitié, sympathie, grâce, compassion.

दर्दमंद دردمند *dardmand*, infortuné, affligé.

दर्पेश درپيش *darpêś*, nécessaire.

दरमियान درميان *darmiyân*, au milieu, entre, parmi.

दरवाज़ः دروازة *darwâza*, porte.

दरवान دروان *darwân*, portier.

दर्शन *darçan* (pr. *darśan*), vue, visite.

दसरथ *dasarath*, Daçaratha, n. pr., père de Râma.

दहशत دهشت *dahśat*, frayeur, consternation.

दाद داد *dâd*, loi, éloge.

दान *dân*, libéralité, don.

दाना دانا *dânâ*, sage.

दाम *dâm*, valeur, prix.

दास *dâs*, serviteur.

दिखाना *dikhânâ*, faire voir, montrer.

दिन *din*, jour.

दिलवाना *dilwânâ*, faire donner.

दीवानः ديوانه *dîwâna*, fou.

दुख *dukh*, douleur, chagrin, peine.

दुखदायी *dukhdâyî*, malfaiteur.

दुर्जन *durjan*, ennemi, méchant.

दुर्बल *durbal*, faible.

दुरुस्त درست *durust*, capable, en bon état.

दुर्ग *durg*, difficulté, obstacle.

दुष्ट *dust* (pr. *dukht*), vil, mauvais, corrompu, vicieux.

दूर *dûr*, loin.

दूसरा *dûsrâ*, second, autre.

दृष्ट *drṣṭ*, regard.

देखना *dêkhnâ*, voir.

देना *dênâ*, donner.

देवता *dêwtâ*, divinité.

देस *dês*, pays.

दो *dô*, deux.

दोनों *dônôm̃*, les deux.

दोस्ती دوستی *dôstî*, amitié.

दौड़ना *dâuṛnâ*, courir.

दौलतमंद دولتمند *dâulatmand*, riche.

द्वार *dvâr*, porte.

द्वारपाल *dvârpâl*, gardien de porte, portier.

धन *dhan*, fortune, richesse.

धन्य *dhanya*, fortune, richesse.

धरना *dharnâ*, placer, mettre.

धर्म *dharm*, devoir, vertu.

धर्महीन *dharmhîn*, dépourvu de vertu.

धुनी *dhunî*, son, bruit, murmure.

धूप *dhûp*, chaleur solaire.

न *na*, non.

नक़ल نقل *naql*, histoire, récit.

नग *nag*, pierre précieuse.

नगर *nagar*, ville, cité.

नजीबज़ाद: نجیبزاده *najîbzâda*, fils de noble.

नदी *nadî*, rivière.

नष्ट *naṣṭ* (pr. *nakhṭ*), perte, destruction, dégât.

नहीं *nahîm̃*, non, ne pas.

नादान نادان *nâdân*, ignorant.

निकट *nikaṭ*, auprès.

निकलना *nikalnâ*, sortir.

निदान *nidân*, enfin, à la fin.

निफल *niphal*, sans fruit, inutile.

निरास *nirâs*, désespéré, découragé.

निवाना *niwânâ*, incliner, courber.

निहायत نهایت *nihâyat*, extrême, extrêmement.

नींद *nîd*, sommeil.

नीम *nîm*, l'arbre *melia asadirachta*.

नृत्य *nṛtya*, danse.

नेम *nêm*, vœu, dévotion.

न्याय *nyây*, justice.

न्हान *nhân*, bain, ablution.

पकड़ना *pakaṛnâ*, prendre, saisir.

पद्मिनी *padminî*, Padmini, n. pr.

पंथ *panth*, route, chemin.

पंडित *paṇḍit*, savant.

पर *par*, sur — mais.

परी پری *parî*, péri, fée.

परद: پرده *parda*, rideau.

परंतु *parantu*, mais, cependant, de plus.

परमेश्वर *parmêçvar* (pr. *-mêṣ-*), Dieu, le Seigneur suprême.

पड़ना *paṛnâ*, tomber, devenir, se lever.

पढ़ना *paṛhnâ*, lire, réciter.

पवित्र *pavitr*, pur, purifié, propre.

पस پس *pas*, ensuite, enfin.

पहर *pahar*, veille, espace de trois heures.

पहुंचाना *pahuncânâ*, faire arriver, amener, conduire.

पहनना *pahannâ*, revêtir.

पहला *pahlâ*, premier.

पहले *pahlê*, premièrement.

पा پا *pâ*, pied.

पांच *pâṁc*, cinq.

पाताल *pâtâl*, Pâtâla, monde inférieur.

पातुर *pâtur*, danseuse, bayadère.

पाना *pânâ*, obtenir.

पानी *pânî*, m., eau.

पाला *pâlâ*, gardien.

पालकी *pâlkî*, litière, palanquin.

पालना *pâlnâ*, protéger, nourrir.

पास *pâs*, auprès.

पास پاس *pâs*, soin, attention.

पियाद پیاده *piyâda*, fantassin, piéton, à pieds.

पीठ *pîṭh*, dos.

पीना *pînâ*, boire.

पुकारना *pukârnâ*, appeler, crier.

पुतला *putlâ*, पुतली *putlî*, idole, image, figure, pupille de l'œil.

पुन्य *punya*, mérite, vertu.

पुर *pur*, cité, village.

पुरुष *puruṣ* (pr. *purukh*), homme.

पूछना *pûchnâ*, interroger, demander.

पूंछ *pûṁch*, queue.

पूरा *pûrâ*, plein, rempli, accompli.

पूर्वकाल *pûrvakâl*, temps ancien.

पृथ्वीनाथ *pṛthvînâth*, seigneur de la terre.

पेट *pêṭ*, ventre, estomac.

पै *pâi*, sur.

पैठना *pâiṭhnâ*, pénétrer, entrer.

पैर *pâir*, pied.

पौरिया *pâuriyâ*, portier.

प्यारा *pyârâ*, cher, aimé.

प्रण *praṇ*, promesse, vœu.

प्रनाम *pranâm*, salutation.

प्रयोग *prayôg*, application, emploi.

प्रसन्न *prasanna*, content.

प्रसाद *prasâd*, faveur, don, présent.

प्रान *prân*, souffle, respiration.

प्राप्ति *prâpti*, acquisition, avantage, succès.

फटना *phaṭnâ*, être détruit, être déchiré.

फन *phan*, chaperon (de serpent).

फनीनाथ *phanînâth*, seigneur des serpents.

फल *phal*, fruit.

फाइदा فايده *fâïda*, avantage.

फिर *phir*, ensuite.
फिरना *phirnâ*, se tourner, revenir.
फूल *phûl*, fleur.
फेर *phêr*, de nouveau.
बअद بعد *ba'ad*, en suite.
बचना *bacnâ*, se sauver, être épargné.
बचाना *bacânâ*, sauver, préserver, garder.
बच्चा *baccâ*, enfant, petit enfant.
बज्र *bajr*, diamant.
बड़ा *baṛâ*, grand.
बताना *batânâ*, expliquer, montrer.
बतिया *batiyâ*, parole.
बन *ban*, forêt.
बनना *bannâ*, s'arranger, se faire.
बनाना *banânâ*, faire, fabriquer.
बनियाँ *baniyân*, boutiquier, marchand.
बंदनवार *bandanvâr*, f., guirlande.
बंधना *bandhnâ*, s'attacher.
बरस *baras*, année.
बरनन *barnan*, description, éloge.
बलकि بلكه *balki*, mais.
बलि *bali*, Bali, n. pr.
बस *bas*, assez.
बहुत *bahut*, beaucoup.
बहू *bahû*, épouse.
बात *bât*, f., parole.
बाँधना *bândhnâ*, attacher, lier.
बाप *bâp*, père.
बाबा *bâbâ*, père, enfant, ami.
बालू *bâlû*, sable.
बावला *bâwlâ*, fou, insensé.
बास *bâs*, demeure, séjour.
बिगड़ना *bigaṛnâ*, détériorer, perdre.
बिचारना *bicârnâ*, penser, réfléchir, observer.
बिदा *bidâ*, congé.
बिन *bin*, sans.
बिना *binâ*, outre, excepté.
बिपत *bipat*, malheur.
बिलंब *bilamb*, délai, retard.
बिलाना *bilânâ*, perdre, se perdre.
बिसरना *bisarnâ*, s'oublier, s'effacer.
बीच *bîc*, milieu, entre, dans.
बीता *bîtâ*, empan.
बीर *bîr*, héros, guerrier.
बीर बिक्रमा जीत *bîr bikramâ jît*, Vîra Vikramâditya, n. pr.
बुझाना *bujhânâ*, calmer, éteindre, atténuer.
बुड्ढा *buḍḍhâ*, vieux, vieillard.
बुढ़ापा *buṛhâpâ*, vieillesse.
बुद्धि *buddhi*, esprit.
बुद्धिमान *buddhimân*, intelligent, spirituel.
बुलाना *bulânâ*, appeler.
बुलवाना *bulwânâ*, faire appeler.
बेकली بيكلي *békalî*, sans repos.
बेचना *bécnâ*, vendre.
बेचैन *bécâin*, inquiet, tourmenté.
बेटा *bêṭâ*, fils.
बेद *bêd*, Vêda, livre sacré.
बेदुआ بے دعا *bédu'â*, sans prière, sans supplication.

बेहया بیحیا *bé'hayâ*, sans modestie, sans pudeur.

बैठाना *bâiṭhânâ*, faire asseoir.

बैठना *bâiṭhnâ*, s'asseoir.

बैताल *bâitâl*, Vêtâla, mauvais génie, démon.

बैरी *bâiri*, adversaire, ennemi.

बौरा *bâurâ*, insensé, fou.

बोलना *bôlnâ*, parler.

ब्यापना *byâpnâ*, occuper, obtenir.

ब्यौरा *byâurâ*, différence, explication.

ब्रह्मा *brahmâ*, Brama, n. pr.

ब्राह्मन *brâhman*, brame, bramane.

ब्राह्मनी *brâhmanî*, bramine.

भगवान *bhagwân*, seigneur, divinité, providence.

भंडसाल *bhaṃṛsâl*, magasin de réserve.

भय *bhay*, terreur.

भयङ्कर *bhayaṅkar*, effrayant, terrible.

भर *bhar*, plein, entier.

भरा *bharâ*, plein, rempli.

भरना *bharnâ*, être plein, être chargé; remplir, supporter, porter.

भला *bhalâ*, bon, brave.

भाई *bhâî*, frère.

भाग *bhâg*, sort, destinée, fortune.

भागना *bhâgnâ*, fuir.

भाट *bhâṭ*, poète chanteur, panégyriste.

भारा *bhârâ*, lourd.

भाव *bhâw*, passion, état, geste, pantomime.

भाँति *bhânti*, manière.

भिक्षा *bhikṣâ*, aumône.

भी *bhî*, aussi.

भीत *bhît*, mur.

भीतर *bhîtar*, dedans, à l'intérieur

भूखा *bhûkhâ*, affamé.

भूपाल *bhûpâl*, gardien de la terre, roi.

भूमि *bhûmi*, terre.

भेजना *bhéjnâ*, expédier, envoyer.

भैया *bhâiyâ*, frère.

मअलूम معلوم *ma'lûm*, connu.

मकान مقام *makâm*, place, endroit, domicile.

मंगवाना *mangwânâ*, faire demander, faire apporter, faire venir.

मच्छर *macchar*, moustique, moucheron.

मति *mati*, esprit, avis.

मता *matâ*, avis.

मनुष *manuṣ* (pr. *manukh*), homme.

मनुष्य *manuṣya* (pr. *manukhya*), homme.

मत *mat*, non (avec l'impératif).

मधुर *madhur*, harmonieux, doux.

मनोरथ *manôrath*, *manôrth*, désir, envie.

मन *man*, esprit.

मनदिर *mandir*, palais.

मरम *maram*, mystère, secret.

मर्तलोक *martlôk*, monde mortel.

मर्त्यलोक *martyalôk*, monde mortel.

मरना *marnâ*, mourir.

मलना *malnâ*, frotter.

मल्ल *malla*, lutteur.

मसल مثل *masal*, proverbe.

महाजन *mahâjan*, banquier, homme distingué.

महाराज *mahârâj*, Seigneur (grand roi).

महीना *mahînâ*, mois.

माग *mâg*, route.

माँगना *mângnâ*, demander.

मानना *mânnâ*, accepter, considérer.

मामा *mâmâ*, oncle maternel.

मारना *mârnâ*, tuer, frapper, faire mourir.

माल مال *mâl* objet, affaire.

मिट्टी *miṭṭî*, terre glaise.

मित्र *mitr*, ami.

मिलाना *milânâ*, réunir, faire joindre.

मिलना *milnâ*, se joindre, se rencontrer.

मिहर مهر *mihr*, amitié, faveur.

मीठा *mîṭhâ*, doux.

मीरशिकार ميرشكار *mîrṣikâr*, chasseur.

मुद्दत مدّت *muddat*, espace de temps.

मुखड़ा *mukhṛâ*, bouche, visage, face.

मुड़ना *muṛnâ*, se retourner.

मुफ़्त مفت *muft*, gratis, sans peine.

मुल्क ملك *mulk*, pays.

मूरत *mûrat*, forme matérielle.

मूलकारण *mûlkâraṇ*, principe essentiel.

में *mẽ̂*, dans.

मेंढा *mẽ̂ḍhâ*, bélier.

य *y* pour यह ceci, ce . . . ci.

यज्ञ *yajña* (pr. *yagya*), sacrifice.

यतन *yatna*, *yatan*, effort.

यश *yaç* (pr. *yaṣ*), gloire, réputation.

यह *yah*, *yih*, ceci, ce . . . ci.

यहाँ *yahân*, ici, demeure.

यार يار *yâr*, ami.

युक्त *yukt*, joint, réuni.

युद्ध *yuddh*, combat, lutte.

योग्य *yôgya*, apte, digne.

रघुवर *raghuvar*, descendant de Raghu.

रखना *rakhnâ*, placer, garder.

रतन *ratna*, *ratan*, pierre précieuse.

रस *ras*, jus, essence, goût, convenance.

रहना *rahnâ*, demeurer.

राकस *râkas*, ogre, géant, Râkchasa.

राज *râj*, royaume.

राजा *râjâ*, roi.

राज्य *râjya*, royauté, souveraineté.

रानी *rânî*, reine.

राँड *rânḍ*, veuve, femme.

राम *râm*, Râma, n. pr.

राह راه *râh*, route.

रीता *rîtâ*, vide.

रुखसत رخصت *ru'kṣat*, congé.

रूप्य *rûpya*, roupie.

रोना *rônâ*, pleurer.

रोज़गार روزگار *rôzgâr*, emploi, vie journalière.

रोशनी روشني *rôṣnî*, éclat, splendeur.

लअल لعل *la'al*, rubis.

लकड़ी *lakṛî*, bâton, canne.

लक्ष्मी *lakṣmî*, Lakchmi, fortune.

लगना *lagnâ*, commencer.

लछमन *lachman*, Lakchmana, n. pr

लड़का *laṛkâ*, garçon, enfant.

लम्बा *lambâ*, long, étendu.

लला *lalâ* m., लली *lalî* f., enfant.

लाचार لاچار *lâcâr*, sans ressource.

लाना *lânâ*, porter, apporter.

लाभ *lâbh*, produit, profit, gain.

लाहा *lâhâ*, gain, avantage.

लिखना *likhnâ*, écrire.

लिये *liyê*, ayant pris, pour.

लूटना *lûṭnâ*, piller, voler.

लेकिन ليكن *lêkin*, mais.

लेना *lênâ*, prendre.

लोक *lôk*, monde, choses mondaines.

लोग *lôg*, monde, gens.

लोभी *lôbhî*, cupide, envieux.

लोहूलुहान *lôhûluhan*, couvert de sang.

व *wa*, *ô*, et.

वज़ीर وزير *wazîr*, vizir, ministre.

वध *vadh*, mort.

वह *wah*, *uh*, cela, ce . . . là.

वहाँ *wahân*, là.

वास्ते واسطے *wâstê*, à cause, pour.

विजय *vijay*, victoire.

विधि *vidhi*, rite, réglement.

शख़्स شخص *ṣa'kṣ*, individu, personne.

शहर شهر *ṣahr*, ville, cité.

शायद شايد *ṣâyad*, peut-être.

शास्त्र *çâstr* (pr. *ṣâstr*), science, livre sacré.

शिकम شكم *ṣikam*, estomac, ventre.

शेशनाग *çêçnâg* (pr. *ṣêṣ*-), Çêçanâga, n. pr.

शोभा *çôbhâ* (pr. *ṣô*-), beauté, gloire.

शौक़ شوق *ṣâuq*, joie, plaisir.

श्याम *çyâm* (pr. *ṣyâm*), noir, bleu foncé, nuage.

श्वसुर *çvasur* (pr. *ṣva*-), beau-père.

सकना *saknâ*, pouvoir.

सच *sac*, vrai.

सच्चा *saccâ*, franc, loyal, fidèle.

सचावट *sacâwaṭ*, sincérité.

सज्ञानी *sajñânî* (pr. *sagyânî*), sage, intelligent.

सत *sat*, vérité, vertu.

सतकर्म *satkarm*, bonne action.

सदा *sadâ*, toujours.

सन्ताप *santâp*, chagrin, affliction.

सनमुख *sanmukh*, en face, à l'opposé.

सपतांग *saptâng*, à sept membres.
सफ़र سفر *safar*, voyage.
सब *sab*, tout.
सभा *sabhâ*, assemblée.
समान *samân*, semblable.
समाचार *samâcâr*, nouvelle, annonce.
समेत *samêt*, ensemble, conjointement.
समझना *samajhnâ*, comprendre.
समझाना *samjhânâ*, expliquer, faire comprendre.
सरनजाम سرانجام *saranjâm*, appareil.
सरबस *sarbas*, propriété absolue, universalité.
सवाई *sawâî*, un quart de plus — titre du râjâ de Jâipûr.
सवार سوار *sawâr*, cavalier.
संग *sang*, compagnie, réunion.
ससुर *sasur*, beau-père.
सहाय *sahây*, compagnon.
सहायक *sahâyak*, ami, compagnon.
सहित *sahit*, ensemble.
संसार *saṁsâr*, univers, monde.
सा *sâ*, semblable.
सात *sât*, sept.
साथ *sâth*, compagnie — en compagnie, avec.
सामान *sâmân*, appareil.
साम्हना *sâmhnâ*, devant, face.
साईस سایس *sâîs*, domestique, groom.
सायह سایه *sâyah*, apparition, ombre.
सांवला *sâṁwlâ*, sombre, foncé.
सावधानी *sâwdhânî*, attention, circonspection.
सास *sâs*, belle-mère.
सिधारना *sidhârnâ*, partir, s'éloigner.
सिद्ध *siddh*, intelligence, contemplation, perfection — saint, sage.
सिपाही سپاهی *sipâhî*, cipaye, soldat.
सियाहगोश سیاه‌گوش *siyâhgôṣ*, lynx.
सिवा سوا *siwâ*, excepté, outre.
सिवाय سوای *siwâê*, excepté, outre.
सिंह *simh*, lion.
सिर *sir*, tête, sommet.
सींचना *sîcnâ*, arroser.
सीता *sîtâ*, Sîtâ, n. pr.
सुखी *sukhî*, heureux, satisfait.
सुन्दर *sundar*, beau.
सुनाना *sunânâ*, faire entendre.
सुपुर्द سپرد *supurd*, confié.
सुभाव *subhâw*, propriété, nature.
सुर *sur*, dieu, divinité.
सुर *sur*, chant.
सूना *sûnâ*, vide, désert, ruiné.
सूरत صورت *çûrat*, forme, apparence, aspect.
सूरता *sûrtâ*, f., courage, héroïsme, valeur.
से *sê*, de, à, avec.
सेज *sêj*, lit, couche.
सेवा *sêwâ*, service.

सोग سوگ *sôg*, peine, douleur.

सोच *sôc*, pensée, réflexion, attention, souci.

सोना *sônâ*, dormir.

सौ *sâu*, cent.

स्त्री *strî*, femme.

स्थान *sthân*, station, demeure, endroit.

स्वर्ग *svarg*, paradis, Svarga (ciel d'Indra).

स्वामी *svâmî*, seigneur.

हक़ حق *'haqq*, juste, mérite.

हज़ार هزار *hazâr*, mille.

हज़रत حضرت *'hazrat*, présence, vénération, majesté, Maître.

हटाना *haṭânâ*, repousser, chasser.

हम *ham*, nous.

हरन *haran*, daim.

हरि *hari*, Vichnou.

हरचन्द هرچند *harcand*, quoique, néanmoins, tant que.

हवस هوس *hawas*, désir, aspiration.

हवा هوا *hawâ*, air.

हँसना *haṁsnâ*, rire.

हाथ *hâth*, main.

हाथी *hâthî*, éléphant.

हाय *hây*, ah! hélas!

हाल حال *'hâl*, état, situation.

हिरण्य *hiraṇya*, or.

हिलना *hilnâ*, se remuer.

ही *hî*, même, vraiment, oui.

होना *hônâ*, être, devenir.

APPENDICE I.

NOTIONS DE GRAMMAIRE ARABE ET DE GRAMMAIRE PERSANE.

I. ARABE.

L'arabe appartient à la famille des Langues Syro-Arabes, plus connues généralement sous le nom de Sémitiques, qui comprend aussi l'hébreu, l'assyrien, l'éthiopien, l'araméen, etc. Ces langues, qui diffèrent essentiellement des idiomes indo-européens tant au point de vue de la grammaire qu'à celui du vocabulaire, sont caractérisées par ce fait que tous les mots y sont ramenés à des racines ou plutôt à des radicaux de trois lettres, c'est-à-dire de trois consonnes, d'où dérivent toutes les formes grammaticales, verbales ou nominales, par l'addition de suffixes et de préfixes, par le redoublement des consonnes radicales, et surtout par la variation des voyelles jointes à ces consonnes.

Formes nominales. L'arabe a deux déclinaisons, une indéterminée dont la dérivation a trois cas: *nominatif* en *u* ou *un*, *accusatif* en *a* ou *ân*, et *génitif* ou *oblique* en *i* ou *in*; une déterminée, en *u*, *a*, *i*, avec l'article *al.* Ex.:

Indét. Nom.	*ʿabd-un*	عبدٌ	serviteur
Acc.	*ʿabd-ân*	عبداً	
Obl. Gén.	*ʿabd-in*	عبدٍ	
Dét. Nom.	*'al-ʿabd-u*	ال عبدُ	le serviteur
Acc.	*'al-ʿabd-a*	ال عبدَ	
Obl. Gén.	*'al-ʿabd-i*	ال عبدِ	

La déclinaison s'opère d'ailleurs par diverses prépositions: *l* «à», *bi* «dans», *min* «comme», *fî* «sur, à», qui se joignent à l'oblique.

La relation du génitif se marque aussi syntactiquement par une construction, le nom possesseur venant le premier et étant immédiatement suivi du nom possédé: غُلَامُ ٱلرَّجُلِ *ġulâmu 'rrajuli* «l'esclave de l'homme», غُلَامُ رَجُلٍ *ġulâmu rajulin* «l'esclave d'un homme».

Le féminin est marqué par le suffixe *t*. Quand ce *t* est précédé d'un *a*, l'arabe moderne a soufflé ce *t* en *h*; mais il écrit ةَا au lieu de اَت, en mettant sur le ه les points du ت. Le persan et l'hindoustani rétablissent le ت et le prononcent.

Le pluriel est formé de deux façons différentes: 1° le féminin fait *ât*, le masculin est en *n*: *ʿabd-ûn-a, ʿabd-ân-a, abd-în-ʿa* masc.; *jann-ât-un* «jardins» (sing. *jann-at-un*) fém. C'est ce qu'on peut appeler le pluriel externe.

2° L'autre pluriel, dit pluriel brisé ou plus exactement pluriel interne, est formé par des additions de voyelles; ex.: خبر *'kabar* «nouvelle», pl. اخبار *a'kbâr*; حال *ʿhâl* «condition», pl. احوال *a'hwâl*; ملك *malik* «roi», pl. ملوك *mulûk*; امير *amîr* «émir, noble», pl. امرا *umarâ, umrâ*; جوهر *jâuhar* «joyau», pl. جواهر *jawâhir*; نايب *nâyib* «délégué, vice-roi», pl. نواب *nawâb*. Ces pluriels sont considérés d'ailleurs comme des collectifs et peuvent encore prendre, en hindoustani, soit la terminaison plurielle arabe *ât*, soit les pluriels indiens: جواهرات *jawâhirât* «joyaux», امراون *umrâôn* «(aux) nobles». Aussi quelques-uns sont-ils traités en hindoustani comme des singuliers; on y dira p. ex. میرا احوال *mêrâ a'hwâl* «ma situation» ou تیرا اسباب *têrâ asbâb* «ton affaire» (sing.) (¹). Quelques-uns de ces pluriels ont un genre différent au pluriel et au singulier: طرف *taraf* «côté» sing. est féminin, son pluriel اطراف *atrâf* est masculin; en revanche وقت *waqt* «temps» masc. a un pluriel اوقات *âuqât* féminin.

Le duel n'a que deux cas: nom. *âni*, acc. gén. *aini*: *al-'abd-âni* «les deux serviteurs».

L'hindoustani emploie des pluriels et des duels arabes avec leurs significations propres: والدین *wâlidâin* «les deux parents, le père et la mère», اخرین *â'kirîn* «les descendants». On voit que la voyelle finale est supprimée.

Pronoms personnels. Les pronoms personnels arabes ont deux formes, dont la seconde paraît être la forme fondamentale. Celle-ci sert de pronom régime et se suffixe aux verbes; elle se suffixe également aux noms et sert alors d'adjectif possessif:

Sing.	1. Pers.		*'anâ*	*-î, -ya*
	2. Pers.	masc.	*'anta*	*-ka*
	—	fém.	*'anti*	*-ki*
	3. Pers.	masc.	*huwa*	*-hu*
	—	fém.	*hiya*	*-hâ*
Plur.	1. Pers.		*na'hnu*	*-nâ*
	2. Pers.	masc.	*'antum*	*-kum*
	—	fém.	*'antunna*	*-kunna*

(¹) M. Platts fait remarquer que cela n'est pas général; ainsi *jawâhir* est singulier à Delhi et pluriel à Lakhnaû (Lucknow). On sait quelle a été la fortune du mot *nawâb* «nabab».

Plur.	3. Pers.	masc.	*hum*	*-hum*
	—	fém.	*hunna*	*-hunna*
Dual	2. Pers.		*'antumâ*	*-kumâ*
	3. Pers.		*humâ*	*-humâ*

Exemples: كتابي *kitâb-î* «mon livre», كتابك *kitâbuka* «ton livre», *kitâb-iyya* »mes livres», etc. — *qatalanî* «il m'a tué», *nagara-nî* (éthiopien) «il m'a raconté», *wahabanî-yôn* (éthiopien) «il me les (fém.) donna», etc.

Le pronom interrogatif est en *m*; le pronom relatif est ٱلّذِى *'alladi*, mais les constructions relatives sont imparfaites en arabe. Ainsi, on dit: ٱلرَّجُلُ ٱلَّذِى هُوَ مَرِيضٌ *'al-rajulu illadì huwa marîdun* «l'homme lequel malade» pour «l'homme qui est malade», ٱلرِّجَالُ ٱلَّذِينَ رَأَيْتُهُم أَمْسَ *'al-rijâlu illadîna ra'aitu-hum 'amsa* «les hommes lesquels je les ai vus hier» pour «les hommes que j'ai vus hier», etc.

Noms de nombre. Voici la forme masculine des premiers nombres, en supprimant les finales:

un	*a'had*	احد
deux	*isnân*	اثنان
trois	*salâsa*	ثلاثه
quatre	*'arba'*	اربعه
cinq	*'kamsa*	خمسه
six	*sitta*	ستّه
sept	*sab'a*	سبعه
huit	*samâniya*	ثمانيه
neuf	*tis'a*	تسعه
dix	*'aṣara*	عشرة
cent	*mi'a*	مايه
mille	*'alf*	الف

Des nombres ordinaux, il suffira de citer اوّل *awwal* «premier», ثاني *sânî* «second».

Verbe. C'est surtout dans le verbe que le système flexionnel apparaît le mieux. Pour faire bien saisir le fonctionnement de la dérivation, nous indiquerons par des capitales les consonnes radicales.

La conjugaison a deux temps, le prétérit et l'aoriste, distingués surtout par la position du signe pronominal: كتبت *KaTaB-ta* «tu as écrit» et تكتب *ta-KTuBa* «tu écris sans doute». Elle a aussi deux voix, l'active et la passive. De plus, chaque radical peut recevoir neuf formes différentes exprimant des nuances de l'action, ce sont:

	actif	passif
1 Fondamentale	*QaTaLa*	*QuTiLa*
2 Intensive	*QaTTaLa*	*QuTTiLa*
3 Augmentative	*QâTaLa*	*QûTiLa*
4 Causative	*'aQTaLa*	*'uQTiLa*
5 Réfléchie de 1	*'iQtaTaLa*	*'uQtuTiLa*
6 Réfléchie de 2	*taQaTTaLa*	*tuQuTTiLa*
7 Réfléchie de 3	*taQâTaLa*	*tuQûTiLa*
8 Réfléchie de 1	*'inQaTaLa*	*'unQuTiLa*
9 Réfl. de 4, Caus. de 5	*'istaQTaLa*	*'ustuQTiLa*

Le radical *QTL* a le sens de «tuer». Les diverses formes ci-dessus sont toutes de la 3e pers. sing. du prétérit et indiquent les diverses nuances de sens de «il a tué»: «il a beaucoup tué, il a complètement tué, il a fait tuer, il s'est tué, il s'est fait tuer, etc.».

De ces formes dérivent un grand nombre de noms et d'adjectifs, soit par de simples changements de voyelles soit par des changements de voyelles ainsi que par l'addition de la terminaison féminine singulière *at* et des préfixes *ma, mi, mu.* Chaque racine n'a, bien entendu, qu'un petit nombre de dérivés. Voici quelques exemples (les formes en *ma . . . û* sont des participes passés):

1. Racine *'aLaMa* عَلَمَ «savoir»; dérivés: *'âLiM* عالِم «sage», *ma'aLûM* معلوم «connu», *'aLLâM* علّام «savant», *ta'LîM* تعليم «instruction», علم *'iLM* «science».

2. Racine *HaKaMa* «prévenir, réprimer» — *HuKM* حكم «ordre», *HâKiM* حاكم «gouverneur», *maHKûM* محكوم «sujet», *taHaKKuM* تحكّم «autorité», *istiHKâM* «confirmation, fermeté», *mustaHKiM* «établi», *muHKaM* «ferme, fortifié», *maHKaMa* «cour de justice, tribunal».

3. Racine *HaMaDa* «louer» — *HaMD* حمد «louange», *taHMîD* تحميد «louant (Dieu)», *HaMîD* حميد «louable», *muHaMMaD* محمّد «loué» (Mahomet), *maHMûD* محمود «loué».

4. Racine *KaTaBa* «écrire» — *KiTâB* كتاب «livre», *KâTiB* «écrivain» كاتب, *maKTûB* مكتوب «écrit», *maKTaB* مكتب «école».

5. Racine *QaBaLa* «accepter, recevoir, faire face» — *QaBL* «avant», *QuBL* «antérieur», *QiBaL* «abondance, puissance», *QâBiL* «recevant, futur», *QiBLah(t)* «région en face, sud-est, point d'adoration», *QuBLah(t)* «baiser», *QaBîLah(t)* «tribu», *'aQBâL* «évènement», *muQBiL* «arrivant», *maQBûL* «accepté, agréable», *QaBûL* «consentant».

On peut se rendre compte par ces exemples du sens particulier de chaque forme; ainsi le préfixe *ma*, avec suppression de la première voyelle, marque l'endroit où se fait l'action indiquée par le verbe. M. Palmer donne, comme indication générale, le tableau suivant pour la racine *Fa'aLa* «il a fait»:

Forme *Fa'aLa*

Nom d'action	Transitif	*Fa'L*
—	Neutre	*Fa'ûL*
Nom d'unité		*Fa'Lah(t)*

Nom d'espèce	*Fi'Lah(t)*
Agent	*Fa'iL*
Patient	*maF'ûL*
Nom de temps ou de place	*maF'aL*
Nom instrument ou Agent intransitif	*miF'aL* *miF'âL* *miF'aLah(t)*
Nom de qualité	*Fa'iL*
Nom de supériorité	*aF'aLu*
Agent intensif	*Fa'ûL*

On formerait des dérivés analogues de *Fa''aLa*, de *taF'aLa*, de *inFa'aLa*, de *istaF'aLa*, etc.

II. PERSAN.

Le persan est une langue indo-européenne, se rattachant au groupe dit éranien qui comprenait le zend (langue de Zoroastre) et le vieux perse (langue de Darius et des autres Achéménides). Comme l'hindoustani, le persan a été formé sous l'influence et avec immixtion de l'arabe, lors de l'invasion musulmane. Le vocabulaire persan a adopté beaucoup de mots arabes. L'alphabet arabe s'est augmenté en Perse de quatre signes پ *p*, چ *c*, ژ *j* fr. et گ *g*.

Dans la déclinaison, il n'y a à signaler que le procédé appelé *izâfat* اضافت. Il consiste, lorsque deux noms se suivent, l'un au nominatif et l'autre au génitif, à mettre les deux noms à la suite l'un de l'autre, en plaçant le nominatif, c'est à dire le déterminé, au premier rang et le génitif, c'est à dire le déterminant, au second, mais en suffixant au premier un *i* bref (qui paraît être un reste du pron. relatif perse *hya*): شهرِ بغداد *ṣahr-i Bagdâd* «la ville de Bagdad», ملكهٔ هند *malika-i Hind* «Reine de l'Inde», اسپ مرد *asp-i mard* «cheval de l'homme». Cette construction ne s'emploie en hindoustani que si le premier substantif au moins est persan ou arabe. On peut, au lieu de l'*izâfat*, employer un procédé purement syntactique qui consiste à intervertir l'ordre des mots; le déterminant devient alors adjectif: جهان پناه *jahânpanâh* «rempart du monde (titre donné aux souverains)», پری رو *pari rû* «face de péri, de fée», لالرخ *lâlaruk* «joue de tulipe».

On emploie quelquefois dans l'Inde les vocatifs persans en *â* (ou *yâ*, si le nominatif est en *â*): دوستا *dôstâ* «ô ami», شاها *ṣâhâ* «ô roi», خدایا *'kudâyâ* «ô Dieu».

Le pluriel est en *ân* pour les choses animées et *hâ* pour les choses inanimées: مردان *mardân* «hommes», سالها *sâlhâ* «années»; *h* ة final tombe devant *hâ* et devient *g* devant *ân*: بندگان *bandagân* «esclaves», خانها *'kânhâ* «les maisons».

L'adjectif suit naturellement la règle du génitif; il se place après le nom qui prend *i* زبانِ شیرین *zabân-i ṣîrîn* «douce langue», مردانِ خوب *mardân-i 'kub* «hommes bons»; ou bien l'adjectif se place devant le nom et forme alors avec lui une sorte de composé: خوبصورت *'kubçûrat* «de belle figure», نیک مرد *nêk mard* «bon homme».

Le comparatif se dérive en suffixant تر *tar* et le superlatif en ajoutant ترین *tarîn* : *bihtar* بهتر «meilleur», خوبترین *'kubtarîn* «très beau».

Il ne me paraît pas utile de relever toutes les terminaisons ou tous les signes dérivatifs. Je ne signalerai que بے *bê*, préfixe négatif ou privatif, toujours joint à des substantifs (بے وفا *bê-wafâ* «sans foi», بے سروپا *bê-sar-ô-pâ* «infortuné (sans tête ni pied)» et به *ba* qui se place souvent entre deux mots répétés: دم بدم *dam-ba-dam* «de moment en moment, à chaque instant», ملک بملک *mulk-ba-mulk* «de pays en pays».

On forme des composés copulatifs par la répétition du même mot avec *â* long intercalaire: *barâbar* برابر «(poitrine à poitrine), égal», *sarâsar* سراسر «(de bout à bout) complètement». On en forme d'autres par la répétition du même radical verbal avec *ma* négatif intercalé (دارمدار *dârmadâr* «(possession non possession) conciliation») ou par deux radicaux de sens opposé réunis par la conjonction *ô* و «et» (امد و رفت *âmd ô raft* «(venir et aller) relations», گفت و شنود *guft ô ṣanûd* «(parler et écouter) conversation»; la conjonction peut être supprimée: امد رفت *âmd raft*. Ces radicaux servent ordinairement de 3ᵉ pers. au prétérit: *âmd* «il vint» etc.

Les diminutifs sont formés par *ak* pour les objets animés, ou *cah* (qui devient en hindoustani *câ, cî*): مردک *mardak* «petit homme», دیگچا *dêgcâ* «petit chaudron».

Les pronoms personnels ont, comme en arabe, deux formes, une fondamentale et une possessive (au singulier):

Sing.	1 pers.	من *man*	م *m*
	2 —	تو *tû*	ت *t*
	3 —	او *û* ou این *în*	ش *ṣ*
Plur.	1 pers.	ما *mâ*	» »
	2 —	شما *ṣumâ*	» »
	3 —	اوشان *ûṣân* ou ایشان *îṣân*	» »

La forme possessive ne se compose pas avec le verbe, mais seulement avec le nom: دلم *dilam* «mon cœur», دلش *dilaṣ* «son cœur». On peut dire aussi, en employant l'*izâfat*, دل من *dil-i man* «mon cœur, le cœur de moi», ou avec l'adjectif possessif ou génitif دل مارا *dil-i mârâ*.

Le pronom réfléchi est خود. Le relatif که *ki*.

Les démonstratifs sont *în* این «celui-ci, ceci» et او *û* «celui-là», ان *ân* «cela».

Noms de nombre. Voici les plus importants:

1	یک	*yak*
2	دو	*dû*
3	سه	*sih*
4	چهار	*cahâr*
5	پنج	*panj*
6	شش	*ṣaṣ*
7	هفت	*haft*
8	هشت	*haṣt*
9	نه	*nuh*
10	ده	*dah*
100	صد	*çad*
1000	هزار	*hazâr*

Verbe. Il suffit de faire connaître que les infinitifs sont en *dan* ou *tan* et les participes passés en *dah* ou *tah*.

Ces participes sont souvent usités, non seulement comme adjectifs, mais encore substantivement: دیده *dîdah* «vu, vue»; خفته *'kufta* «endormi, ensommeillé».

Ils ont souvent le sens du participe présent.

Ils forment fréquemment des composés avec des substantifs: سالخورده *sâl'kurda* «dévoré d'années, vieux».

APPENDICE II.

OUVRAGES QUI ONT ÉTÉ CONSULTÉS POUR LA COMPOSITION DU PRÉSENT *MANUEL*[1].

Grundriss der Sprachwissenschaft, von Dr. Fr. MÜLLER. *Wien*, 3 vol. in-8°: I. 1876, viii–178 p.; 1877, (ix)–263 p.; — II. 1879–1882, x–440 p.; 1880–1882, (x)–416 p.; — III. 1884, (x)–246 p.; 1885–1886, (x)–480 p.; 1887, (vi) p. et p. 481–687.

A sanskrit grammar . . . . by W.-D. WHITNEY. *Leipzig*, 1879, in-8°, xxiv–486 p.

Institutiones linguae pracriticae, scripsit CHR. LASSEN. *Bonn*, MDCCCXXXVII, in-8°, x–488–93 p.

A Comparative Grammar of the modern Aryan languages of India... by J. BEAMES. *London*, 3 vol. in-8°: I. 1872, xvi–360 p.; — II. 1875, xii–348 p.; — III. 1879, viii–316 p.

A comparative grammar of the gaudian languages, by A.-F.-R. HOERNLE. *London*, 1880, in-8°, 15–xl–418 p.; 1 pl. et 1 carte.

Simplified grammar of Hindûstânî, Persian and Arabic, by E.-H. PALMER. *London*, 1882, in-8°, vii–104 p.

Davidis MILLII . . . . Dissertationes . . . . *Lugduni Batavorum*, 1743, in-4°. — p. 455–488: Miscellanea orientalia. Cap. I: de lingua hindustanica.

---

(1) Cette notice n'est point une *Bibliographie* complète; aussi ne devra-t-on pas s'étonner de n'y pas trouver certains ouvrages très connus et plus ou moins importants, mais qui ne m'ont point servi.

Benjamini SCHULZII miss. ev. Grammatica hindostanica . . . . *Halae Saxonum*, M.DCC.XXXXV, pet. in-4°, 84 p. (préface de l'éditeur, J.-H. Callenberg — Imprimé à la façon des livres arabes).

Grammatical remarks on the practical and vulgar dialect of the indostan language commonly called Moors . . . by capt. G. HADLEY. *London*, M.DCC.LXXII, in-8°, xvi–133 (en caractères latins).

A Dictionary of the hindostan language . . . . . to which is prefixed a grammar . . . by J. FERGUSSON. *London*, MDCCLXXIII, in-4°, (iv)–viii–58–(ccxxi) p. (En caractères latins. — Le livre est devenu très rare, un grand nombre d'exemplaires qu'on avait expédiés dans l'Inde s'étant abîmés pendant la traversée. Vendu 153 fr. Court de Gébelin; 120 fr. Anquetil; 57 fr. en 1810, gâté; — une copie manuscrite, 51 fr. Garcin de Tassy, 1878).

Grammatica indostana a mais vulgar que se practica no imperio do gram Mogol . . . . . . *Roma*, impr. prop., MDCCLXXVIII, in-8°, 138 p. = Gramatica, etc. que se pratica, etc. *Lisboa*, impr. roy., 1805, pet. in-8°, 150 p.

The anti-jargonist or a short introduction to the hindoostanee language (by J. GILCHRIST). *Calcutta*, 1800, in-8°, (xii)–xxxix–295 p.

A grammar of the pure and mixed east indian dialects . . . . by Herasim LEBEDEFF. *London*, 1801, in-4°, (iv)–xxviii–86 p. (en caractères latins).

The hindee-roman orthoepigraphical ultimatum . . . by J. GILCHRIST. *Calcutta*, 1804, (iii)–85 p.; = second edition. *London*, 1820, in-8°, vi–clxvj–88–16–42 p. et 11 planches.

A grammar of the hindustani language, by J. SHAKESPEAR. 3[d] edition. *London*, 1826, in-4°, xviii–184 p. et 5 planches.

A new grammar of the hindostanee language, by W. PRICE. *London*, 1828, in-4°, vi–96 p.

Rudiments de la langue hindoustani, par M. GARCIN de TASSY. *Paris*, impr. roy., M.DCCC.XXIX, in-4°, 100 p.; appendice (textes), *Paris*, impr. roy., M.DCCC.XXXIII, in-4°, 68 p. et 7 pl. lithogr. = 2[e] édition, *Paris*, 1863, gr. in-8°, (iv)–80 p. (sans l'appendice).

A Grammar of the hindustani language, by J.-B. BALLANTYNE. *London*, MDCCCXXXVIII, in-8°, x–78 p. = 2[d] edition, *London*, 1842, in-8°, (iv)–76 p.

Elements of hindî and Braj bhâkhâ grammar, by J.-R. BALLANTYNE. *London*, 1839, in-4°, (iv)-38 p. et 1 pl. = 2[d] edition, *London*, 1868, pet. in-8°, (v)–38 p.

Rudiments de la langue hindoui, par M. Garcin de Tassy. *Paris*, Impr. Roy., M.DCCC.XLVII, in-8°, (iv)-100 p.

Grammar of the Hindûstânî language .... by D. Forbes. *London*, 1855, in-8°, viii-250 p. et 12 pl.

A concise grammar of the Hindûstânî language .... by E.-B. Eastwick. Second edition, enlarged by the rev. G. Small ..... *London*, M.DCCC.LVIII, in-8°, (ii)-iii-125-56-19 p. et 12 pl.

An Easy introduction to the study of Hindûstânî ..... by Monier Williams ..... Selections in Hindûstânî by Cotton Mather. *London*, 1858, pet. in-8°, xii-239 p. (Textes romanisés).

The student's grammar of the Hindî language, by the rev. W. Etherington. *Bénarès* and *London*, 1870, in-8°, (ii)-xii-220-xlviii p.

A Grammar of the hindûstânî or urdû language, by J.-T. Platts. *London*, 1874, in-8°, xvii-399 p.

A Hindi primer in roman character, by J.-F. Browne. *London*, 1882, in-12°, 36 p.

هندوستانى زبان كي قواعد — Grammatica indostana ad uso degli italiani, pel Prof. Al. Ed. Fouloues. *Napoli*, s. d. (1883), in-8°, (vi)-105 p.

A grammar of the Hindi language, by the rev. S.-H. Kellogg. *Allahabad* and *Calcutta*, 1876, gr. in-8°, xviii-380-26-9 p. = 2d edition, *London*, 1893, in-8°. xxxii-584 p.

Trumpp. Die ältesten Hindûî-Gedichte. (Sitzungsberichte der königl. bayer. Akademie der Wissenschaften, Philosophisch-philologische Classe, 1879, München, p. 1-48.)

Notes on the grammar of the Râmâyan of Tulsîdâs, by Ed. Greaves. *Bénarès*, 1895, in-8°, 38 p.

An introduction to the Maithilî language ..... by G.-A. Grierson. Part I: Grammar. *Calcutta*, 1881, gr. in-8°, (iv)-viii-114-3 p. et 3 pl. (Journal of the Asiatic Society of Bengal, extra no. to part I of 1880); — Part II: Chrestomathy and Vocabulary. *Calcutta*, 1882, gr. in-8°, (iv)-267 p. (J. R. A. S., extra no. to part I of 1882).

A Manual of the Hindustani language as spoken in Southern India... by lieut. col. Courtois. *Madras*, 1887, in-8°, (ii)-iii-146 p.

Grammaire persanne traduite de l'anglais de M. Jones, revue et corrigée par l'auteur. *Londres*, M.DCC.LXXII, in-8°, (iv)-xxvii-160 p. et 1 p. gravée.

Grammaire persane de sir W. JONES, 2e édition française, revue, corrigée et augmentée par M. GARCIN DE TASSY. *Paris*, impr. roy., 1845, in-12o, (iv)–iv–129 p.

How to speak hindûstânî . . . by E.-H. ROGERS. *London*, 1887, in-12, 84 p.

Theoretisch-Praktische Grammatik der Hindustani-Sprache . . . . von A. SEIDEL. *Wien, Pest, Leipzig*, s. d., pet. in-8o, vi–194 p.

The hindûstânî manual, by D. FORBES; . . . . revised by J.-T. Platts. 9th edition. *London*, 1889, pet. in-12, ix–188 p.

Abrégé de grammaire hindoustânie . . . . par René de ST. QUENTIN. *Rouen*, 1890, in-4o, 111 p. et 1 pl. (en caractères latins).

The Hindî manual . . . . by Fr. PINCOTT. *London* and *Calcutta*, 1890, pet. in-8o, xii–387 p.

The Syntax and Idioms of Hindustani . . . by M. KEMPSON. *London*, 1890, in-8o, viii–278 p. — Key to the exercises, in-8o, iii–74 p.

Grammatica della lingua indostana o urdu, per Camillo TAGLIABUE. *Torino, Roma, Firenze*, 1892, in-8o, xix–258 p. = Manuale e glossario, *Roma*, 1898, in-8o, (v)–290 p.

Grammatik der hindustanischen Sprache, von Dr. Martin SCHULTZE. *Leipzig*, 1894, in-8o, (iv)–56 p.

A practical Hindûstânî Grammar, by lieut. Col. A.-O. GREEN. *Oxford*, Clarendon Press, 1895; part I, x–291 p.; part II, v–192 p.

A Grammar of the Urdû or Hindûstânî language in its romanized character, par G. SMALL. *Calcutta*, 1895, in-8o, xx–205 p.

The popular dictionary in english and hindustani and hindustani and english . . . . by the rev. T. CRAVEN. *Lucknow*, 1888, pet. in-8o, (iii)–200–200–(xiv) p. à 2 col. = revised and enlarged ed. *Lucknow*, 1889, in-8o, (iv)–211–198–xxx–(xxiv) p. à 2 col.

A smaller hindustani and english dictionary, by D. FORBES (en caractères latins). *London*, 1862, pet. in-4o, (iv)–488 p. à 2 col.

A new hindustani-english dictionary . . . by S.-W. FALLON. *Banâras*, 1879, gr. in-8o, (vi)–xxiv–1217–(ix) p. à 2 col.

A dictionary of urdû, classical hindî, and english, by J.-T. PLATTS. *London*, 1884, gr. in-8o, viii–1259 p. à 2 col.

Dictionnaire hindoustani-français et français-hindoustani, suivi d'un vocabulaire mythologique, historique et géographique de l'Inde, publié, sous la direction de M. Garcin de Tassy . . . . . . par François Deloncle. *Paris*, 1876, in-4°, (ii)–xii–32 p. (Tout ce qui a paru; coll.: p. (i–ii) titre, i–vi introduction par M. Garcin de Tassy, vii–ix préface, x–xi alphabet et transcription, xii abréviations, 1–32 commencement du Dictionnaire hindoustani-français, de ا à ابسنا).

Hindee and hindoostanee selections to which are prefixed the rudiments of Hindoostanee and Braj Bhakha Grammar . . . . Second edition . . . . . *Calcutta*, Asiatic Lith. Compy, 1830. — I. (xii)–88–42–10–269–296 p.; — II. (ii)–132 p., p. 194 à 252, 320–159 p. (lithographié, sauf les 88 premières pages du premier volume).

Muntakhabat-i-Hindi or selections in hindustani . . . . . by J. Shakespear. 4th edition. *London*, 1840, 2 vol. in-4°. — I. (viii)–82–150 p.; — II. 48–196 p.

Chrestomathie hindoustani (urdû et dakhnî) . . . . . *Paris*, 1847, in-8°, (iv)–104–128 p. (par M. Garcin de Tassy, aidé de MM. Théodore Pavie et l'abbé Bertrand; il faut ajouter un erratum de 4 p.).

Chrestomathie hindie et hindouie . . . . *Paris*, M.DCCC.XLIX, in-8°, (iv)–iv–165–144 p. (par MM. Garcin de Tassy et Ed. Lancereau).

खड़ी बोली का पद्य kharî bôlî kâ padya, compiled by Ayodhya Prasad, khatri, edited by Fr. Pincott. *London*, 1888, pet. in-8°, viii–66 p. et portrait de la reine Victoria (Imprimé en rouge).

The persian & urdu letter-writer . . . . . by capt. T.-H.-G. Besant. *Calcutta*, M.DCCC.XCIII, in-8°, viii–175–191 p.

The hitopadesa, containing the sanskrit text with hindi translation and a glossary, by Pandit Ramajasan. 2d edition. *Banâras*, 1870, in-8°, 235–xvi p.

Bâgh o Bahâr. 2d edition, by D. Forbes. *London*, 1851, in-8°, (ii)–iv–257–120–(ii) p.

Bâgh o Bahâr, in roman characters, by D. Forbes. *London*, 1859, in-8°, (iv)–136–124 p.

The Bâgh o Bahâr, translated by E.-B. Eastwick. *Hertford*, 1852, in-8°, (ix)–251–(ii) p.

The Baitâl Pachîsî . . . . by W.-B. BARKER, edited by E.-B. EASTWICK. *Hertford*, MDCCCLV, in-8°, xi–369 p. (hindî, urdû et anglais mot à mot interlinéaire; traduction anglaise et notes).

توبة النصوح the Taubatu-n-Nasûh of maulvî Hâjî Hâfiz Nazîr Ahmed of Dehlî . . . by M. KEMPSON. *London*, 1886, in-8°, (iv)–68–327 p. (à la manière arabe).

— the repentance of Nussooh, translated . . . by M. KEMPSON. *London*, 1884, pet. in-8°, xii–118 p.

ADDITIONS AUX VOCABULAIRES.

URDU.

بهاري *bhârî*, lourd, grand, important.

بهاڑا *bhâṛâ*, loyer, prix.

پچهلا *pachlâ*, postérieur, passé.

جوڑي *jôṛî*, paire, couple.

دخل *da'kl*, entrée, trouble.

دوگانه *dûgâna*, doublé, répété.

A قطع *qata'*, section, coupe, forme.

كچ *kuc* (dial.), quelque, peu.

گهاو *ghâô*, blessure, plaie.

نيا *nayâ*, nouveau.

PH هي *hâi*, hélas!

HINDI.

अभी *abhi*, immédiatement.

आसन *âsan*, siège, trône.

कथा *kathâ*, mot, conte.

कलियुग *kaliyug*, 4e âge, âge de fer.

दानि *dâni*, libéral.

धीरज *dhîraj*, encouragement.

नर्क *nark*, enfer.

साहस *sâhas*, force, courage.

ERRATA MINORA.

P. 8 l. 6 *â* initial ا ou آ, médial et final ـَا
8 *î* médial et final ـِي
10 *û* médial et final ـُو
19 l. 5 Quand a
24 l. 20 composés
l. 29 گھوڑا
25 l. 29 بیٹی .... بیٹا
26 l. 14-15 بریٹھن... بریٹھا
l. dre *simhani*
note 2 en effet
27 l. 20 سامد
28 l. dre *ãim* comme en prâkrit
29 l. 1 *î* font *îm*
31 l. 9 *sôêm, sômhêm*
l. 11 *pâôm* «pieds»
36 l. 13 हिलिया
37 l. 10 عالمگیر *'âlamgîr*
l. 16 کوہسار
l. 27 سونٹے
l. 28 سونٹا
38 l. 5 ہٹ *haṭ*: کڑواہٹ
kaṛwâ-haṭ
40 l. 6 *Mâṛwâṛî* ... Râjpûtâna
43 l. 21 *Sani*
45 l. 10 مانند
46 l. 5 لونڈے
47 l. 29 तू تو
54 l. 18 3e col. *kâun*
55 l. 18 1ère col. کچھ
58 l. 7 گھوڑا

P. 58 l. dre نڈر
60 l. 9 غیر
62 l. 5 اٹھ
l. 11 پچھو
l. dre اڑ
64 l. 5 اٹھ
65 l. 19 ڈیڑھ
l. 22 اڑ
66 l. 4 کوڑي
l. 7 چارون
69 l. 20 ڈوب
l. 23 ڈبا
70 l. 15 چھوڑا
72 l. 23 *mâr-ûm*
77 l. 18 پڈ
84 l. 25 (ajoutez) et کیجیے *kîjê*
93 l. 19 *jagâî*
94 l. 17 ڈر
95 l. 26 بندۂ ou بندہء
101 l. 17 کہنے
104 l. 2 بغداد
16 بٹوہي
dre اب
107 l. 1 جوڑي
110 l. 16 بکرا
21 نین
111 l. dre ٹھکانا
112 l. 9 چھوٹے
113 l. 12 فقط
21 تھڈیان
117 l. dre ہوگئي

P. 118 l. 7 پهلون
24 پچهلے
id ڈاکا
119 l. 13 کهیسے
id ڈبیا
21 نه
120 l. 8 اُسے
id ڈالا
id مین
14 عذر
121 l. 23 تنہا
122 l. 5 دیکر آیا
8 طبیعتین
123 l. 5 ڈهونڈهنے
126 l. 19 قصّۂ
129 l. 5 ڈوبتی
17 گذر
130 l. 15 چهوڑ
132 l. 8 ڈالنی
135 l. 8 زمین
id ڈالا
135 l. 15 زمین
dre پهنچی
136 l. 4 ڈالا
17 شکل
31 پهنچکر
dre شکل
137 l. 2 اٹهاتا
14 تصور
15 هوبکا
19 بچالے
138 l. 4 اپنی
7 بتی

P. 138 l. 21 ڈالتی
139 l. 5 ڈالا
20 بادشاهزادی
141 l. 6 کاٹنی
14 ڈالا
id غران
dre مزه
142 l 13 ڈوری
15 هم
dre بادشاه
146 l. 11 इफ़शाँ
147 l. 13 नहीं
17 बचता
150 l. 1 होता
157 l. 5 होता
158 l. 1 हाथ
163 col. 2 l. 28 *imâm*
164 col. 2 l. 26 *îmândâr*
165 col. 2 l. 15 بٹهانا
16 بٹوهی
166 col. 2 l. 26 *bangâlî*
167 col. 1 l. 5 *bhânkrâ*
col. 2 l. 28 بیٹا
168 col. 1 l. 17 *bîrbal*
171 col. 2 l. 21 تهجد
172 col. 1 l. 10 ٹوٹنا
11 ٹهڈي
15 ٹهنڈا *than-dâ*
24 جست
col. 2 l. 25 جگ
173 col. 2 l. 1 جهوٹها
177 col. 1 l. 4 *dâmâdî*

P. 179 col. 1 l. 11 ڈبیا
12 ڈر
13 ڈرنا
14 ڈلوانا
180 col. 1 l. 16 روٹي
181 col. 1 l. 20 ou سامپ
sâmp
182 col. 2 l. 1 سمیٹ
27 ou سومپنا
sômpnâ
183 col. 1 l. 22 شبهه
185 col. 2 l. 31 غنڈا
186 col. 1 l. 31 فروخت
187 col. 1 l. 28 brigand
col. 2 l. 17 کاٹنا
188 col. 1 l. 24 *kuch*
189 col. 2 l. 22 *gâṛnâ*
194 col. 1 l. dre منظور
col. 2 l. 4 منهه ou منه
199 col. 2 l. 23 आखूसम
200 col. 2 l. 6 छोर

P. 200 col. 2 l. 18 कस्माई
22 कसेला
202 col. 1 l. 23 घोट
col. 2 l. 4 छोड़ना
12 ज़मीन
14 ज़र्थसिंह
203 col. 1 l. 30 sac de 1000 roupies.
204 col. 2 l. 32 एरी
205 col. 1 l. 8 पछिम
23 पानी
206 col. 2 l. 20 *buḍḍhà*
208 col. 1 l. 29 सुहून
209 col. 1 l. 12 सलसी
col. 2 l. 26 सज्ञानी
31 सन्ताप
210 tit. cour. सपतांग
col. 2 l. 9 सिपाही
215 l. 12 *'lladî*
14 *'lladîna*
224 l. 17 زبان

TABLE GÉNÉRALE.